Hausreinigung und Textilpflege

Basiswissen

von
Brigitte Lutz
Margarete Simon

4., durchgesehene Auflage

Dr. Felix Büchner · Handwerk und Technik · Hamburg

Vorwort

„Die Hauswirtschaft ist für das Funktionieren unseres gesellschaftlichen und privaten Lebens von großer Bedeutung, und gut ausgebildete Fachkräfte in diesem Bereich sind unerlässlich für das qualitätsorientierte Erbringen von Leistungen.“

(Grußbotschaft des Bundesministeriums für Wirtschaft und Arbeit anlässlich der Tagung „Lust am lebenslangen Lernen“ in Bergisch-Gladbach am 17.5.05) aus rhw 6/2005 S. 3

Das Buch „Hausreinigung und Textilpflege“ vermittelt Grundwissen aus den Bereichen

- Arbeitsgestaltung, Unfallverhütung, Hygiene, Kommunikation
- Textilpflege
- Hauspflege
- Textilarbeit

für die Hauswirtschaftshelferin und den Hauswirtschaftshelfer sowie für alle im hauswirtschaftlichen Bereich tätigen Personen.

Da viele Auszubildende in diesem Bereich weiblich sind, wird diese Anrede im Buch vorwiegend verwendet , um einen unkomplizierten Lesefluss zu gewährleisten. Männliche Auszubildende sollen sich jedoch ebenso angesprochen fühlen.

Die Konzeption des Buches ermöglicht den Auszubildenden, theoretisch dargestellte Sachverhalte in die Praxis umzusetzen und einzelne Arbeitsprozesse anschaulich in der Seitenspalte dargestellt vorzufinden. Kurze, leicht verständliche Sätze und entsprechend den Lernfeldern ausgewählte Themen zeichnen dieses Buch besonders aus. Die zahlreichen Abbildungen und Skizzen sollen zur besseren Veranschaulichung des Textes beitragen, das Interesse am Lernstoff wecken und Impulse für das selbstständige Arbeiten geben. In der Erarbeitung konkreter Aufgaben sollen berufsbezogene Kenntnisse und Fertigkeiten vermittelt werden. Dies erfordert eine sinnvolle Verknüpfung von Theorie und Praxis in der Ausbildung.

- **Arbeitshinweise** sind Zusatzinformationen für die Praxis.
- **Arbeitsabläufe** stellen Schritt für Schritt die einzelnen Handlungen dar.
- **Maßnahmen zur Qualitätssicherung** führen zur fachlich-sachlichen Überprüfung und Sicherung der Qualitätsstandards.
- **Arbeitsaufträge** zur Wiederholung und Vertiefung verlangen die konkrete Umsetzung in den Betrieben und die Überprüfung des Gelernten.
- Zeichen für Umwelt weist auf umweltgerechtes Handeln hin.

Unser Dank gilt Frau Ilse Siebel für die Vorbereitung des Buches.
Ein besonderer Dank geht an die Kolleginnen der Sibilla-Egen-Schule in Schwäbisch Hall: Marliese Hanschke, Gretel Baumann, Ute Gröber, Kornelia Welz. Sie haben uns in vielfältiger Weise unterstützt. Ein weiterer Dank gilt Gabriele Sperrer vom Pflegestift Nikolaihaus und dem Wohn- und Pflegestift Teurershof, wo wir mit der Auszubildenden Tanja Hofmann und dem Fotografen Jürgen Weller zahlreiche Bilder erstellen durften. Dankenswerterweise hat Frau Prof. Elke Huth die Erstellung der Fotos im Alten- und Pflegeheim ELIM in Hamburg-Eppendorf konstruktiv unterstützt.

Wir wünschen viel Freude und Erfolg beim Arbeiten mit dem Buch!

Autorinnen und Verlag

ISBN 978-3-582-0**4298**-9

Verlag Dr. Felix Büchner · Handwerk und Technik GmbH
Lademannbogen 135 · 22339 Hamburg · Postfach 63 05 00 · 22331 Hamburg · 2013
E-Mail: info@handwerk-technik.de · Internet: www.handwerk-technik.de

Layout und Satz: Artbox Grafik und Satz GmbH, 28203 Bremen
Druck: DZA Druckerei zu Altenburg GmbH, 04600 Altenburg

Allgemeine Grundlagen

Textilpflege

Hauspflege

1 Arbeitsgestaltung

Vorbildliche Arbeitshaltung

Ziel einer guten Arbeitsgestaltung ist, mit dem geringsten Aufwand an Zeit, Kraft und Material ein gutes Ergebnis zu erreichen.
So gehört sie in die Vorbereitung und in die Ausführung der praktischen Arbeit.

Zu berücksichtigen sind dabei die vielfältigen gesundheitlichen Belastungen und Gefährdungen, denen Fachkräfte in hauswirtschaftlichen Bereichen ausgesetzt sind.
Diese können sein:
- ungünstige Körperhaltungen und Verschleiß
- täglicher Umgang mit Reinigungs- und Waschmittel und Abfällen

1.1 Grundsätze für die Arbeitsgestaltung

Folgende Beispiele verdeutlichen eine gute Arbeitsgestaltung:
- Der Arbeitsplatz soll so ausgestattet sein, dass die Arbeit in möglichst bequemer Körperhaltung ausgeführt werden kann.
- Arbeitsplatz und Betriebsmittel sind so zu gestalten, dass keine Gefahr für Verletzungen besteht.
- Die Aufbewahrung von Geräten, Arbeitsmitteln und Materialien am Arbeitsplatz soll übersichtlich sein.
- Gute Belüftung, Beleuchtung und richtige Temperatur fördern die Konzentration und erhöhen die Arbeitssicherheit.
- Ein beidseitiger Einsatz von Armen und Händen ist anzustreben.

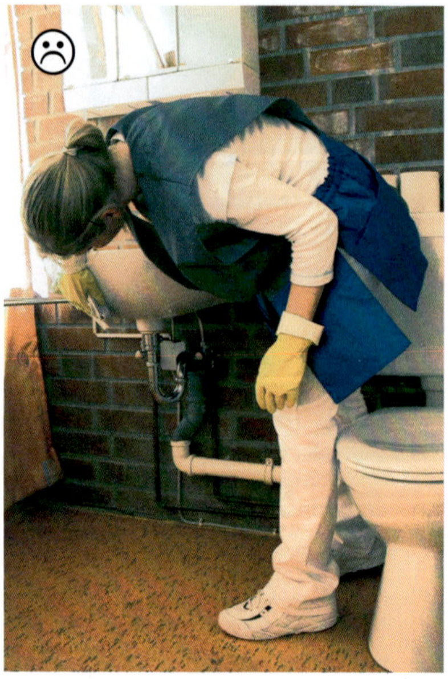
Ungünstige Arbeitshaltung

1.2 Körperhaltungen – ergonomisches Arbeiten

1.2.1 Ungünstige Körperhaltungen bei Arbeiten im Haushalt

Anders als bei vielen anderen Arbeitsplätzen ist bei den Arbeiten im Haushalt die Arbeitshöhe häufig nicht auf die Körpergröße des Mitarbeiters abgestimmt.
Die arbeitende Person muss sich oft zum Arbeitsgegenstand hinbewegen. Verstärkt wird die Situation durch nicht körpergerechte Bauweise und sonstige bauliche Fehler, z. B. Arbeiten in engen Räumen (Sanitärräume).
Bei täglichen Arbeiten soll ergonomisches Verhalten zur Gewohnheit werden.

1.2.2 Verschiedene Körperhaltungen bei Reinigungsarbeiten

① Oberschränke, Türrahmen

② Halten der Wischgeräte

③ Waschbecken, Tischflächen, Bügelarbeiten

④ WC-Becken reinigen, Stühle reinigen, Wäsche aus Korb entnehmen

⑤ Mopp aufnehmen, Schmutz aufnehmen

1.2.3 Arbeiten mit dem Breitwischgerät

Schmale Bahnen mit dem Breitwischgerät ziehen. Das ist weniger anstrengend für die Muskel und die Wirbelsäule. Es wird dicht am Körper gearbeitet (2).

Zu viel Fläche auf einmal erfordert einen hohen Kraftaufwand. Die Wirbelsäule wird ungünstig verdreht (1).

① *ungünstig*

② *günstig*

Arbeitshinweise:
- Die eine Hand (Oberhand) umfasst das Stielende so, dass die Handinnenfläche zum Körper zeigt.
- Die andere Hand (Unterhand) greift den Stiel in Hüfthöhe, die Wischschwünge gehen von der Mitte aus zur Seite.
- In kleinen Schritten rückwärts gehen.

1.2.4 Arbeiten mit der Einscheibenmaschine

Körper und Maschine sollten eine Linie bilden, d. h., sie sollten sich in eine Richtung bewegen. Verdrehungen sind zu vermeiden (4).

Wird eine Einscheibenmaschine nur aus dem Stand geführt, kommt es zu Anspannungen und Verdrehungen in der Wirbelsäule und im Oberkörper (3).

③ *ungünstig*

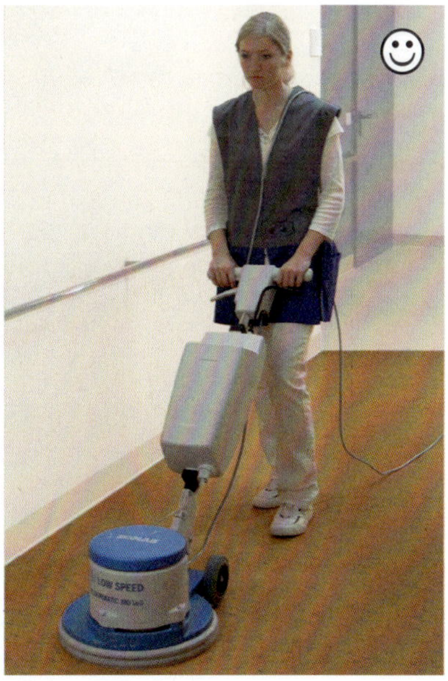

④ *günstig*

1.2.5 Staub saugen

Aufrechtes Arbeiten mit geradem Rücken und in leichter Schrittstellung (2) ist beim Staub saugen günstig.

Ungünstig ist das Saugen in vorgebeugter Haltung und aus dem Stand. Rücken, Arm und Schulter werden dabei sehr beansprucht (1).

Arbeitshinweise:
- Saugrohr möglichst mit beiden Händen fassen.
- In gleichmäßigen, ruhigen Bewegungen aus den Beinen heraus arbeiten.

(2) *günstig*

(1) *ungünstig*

1.2.6 Waagerechte Fläche reinigen

Reinigen von waagerechten Flächen über dem Kopf

Sinnvoll ist das Arbeiten mit dem Teleskopstiel. Das Arbeitsgerät vor dem Körper halten, mit den Beinen die Arbeitsbewegung unterstützen (4).

Ungünstig ist das Arbeiten über der Schulter, der Kopf wird dabei nach hinten gebeugt. Die Nacken- und Armmuskulatur wird stark beansprucht (3).

(4) *günstig*

(3) *ungünstig*

Arbeitshinweise:
- Eine Hand in Stielmitte halten, mit der anderen Hand auf das Stielende drücken.
- Nicht senkrecht über dem Kopf arbeiten.
- Mit den Beinen arbeiten (Wiegeschritt vor und zurück).

Reinigen von Tischen, Ablagen, Fensterbänken u.a.

Fläche in kleinere Arbeitsabschnitte einteilen.
Dabei dicht am Körper arbeiten und den Rücken gerade halten (1).

Arbeiten über die volle Breite hat einen hohen Kraftaufwand und die Wirbelsäule wird verdreht (2).

Arbeitshinweise:
- In Schrittstellung vor die Arbeitsfläche stellen, mit einer Hand abstützen.
- Kleine Wischbewegungen zum Körper hin führen.
- Arbeitshand wechseln.

① günstig

② ungünstig

1.2.7 Senkrechte Flächen reinigen

Reinigen von Betten, Stühlen, Unterschränken u.a.

In der Hocke arbeiten, dabei bleibt der Oberkörper gerade und man kann sich mit einer Hand abstützen (3).
Ist das Arbeiten in der Hocke nicht möglich (Raumverhältnisse oder schmerzende Knie), kann im Stehen gearbeitet werden. Dabei seitlich zur Arbeitsfläche stehen, mit der Hand abstützen und Knie leicht anwinkeln.

Wird die Tätigkeit in gebeugter Haltung durchgeführt, belastet das Rücken und Beine (4).

Arbeitshinweise:
- Die Arbeitshand so wechseln, dass die rechte Hand die rechte Fläche und die linke Hand die linke Fläche bearbeitet.
- Beim Aufstehen aus der Hocke mit einer Hand abstützen.

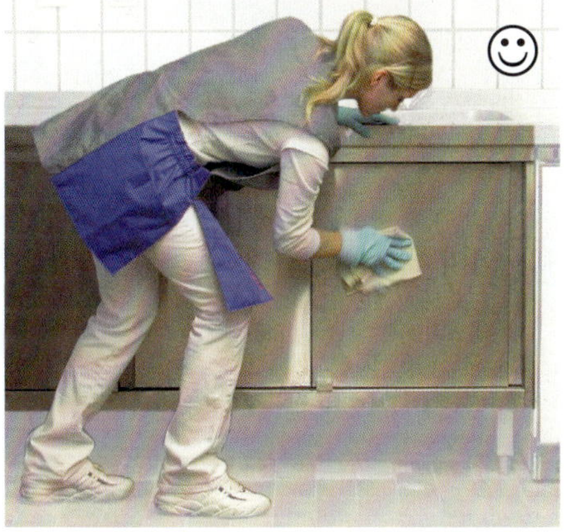

③ günstig

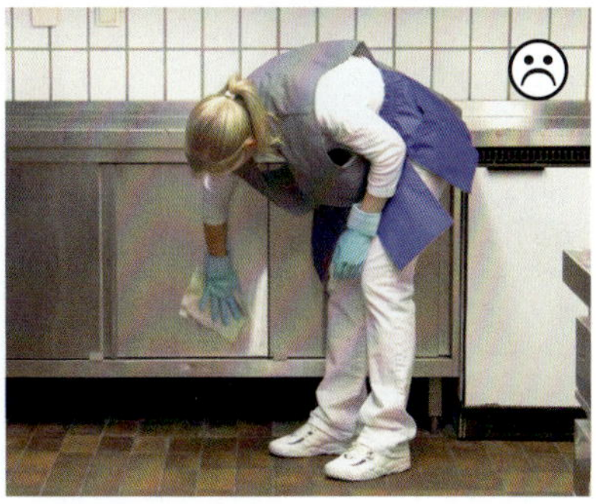

④ ungünstig

① günstig

② ungünstig

Reinigen von Türen und hohen Schränken

Arbeitsgerät vor dem Körper halten. Mit Beinbewegung arbeiten (1).

Kopf wird oft zu stark in den Nacken gelegt, Rücken und Kopf werden verdreht.
Dies führt zu starker Beanspruchung der Arm- und Nackenmuskulatur (2).

Arbeitshinweise:
- Das Gerät vor dem Körper halten.
- Mit Beinbewegungen arbeiten (Wiegeschritt vor – das Gerät steigt auf, Wiegeschritt zurück – das Gerät senkt sich).

③ günstig

④ ungünstig

1.2.8 Heben und Tragen von Gegenständen

Den Gegenstand mit beiden Händen fassen und dicht am Körper halten. Richtungsänderungen mit den Füßen und nicht mit dem Rücken vornehmen (3 + 4).
Gegenstand aus der halben Hocke möglichst nahe am Körper anheben. Der Rücken soll dabei gerade bleiben. Die Füße hüftbreit und leicht versetzt aufstellen (5).
Größeren oder schweren Gegenstand möglichst zu zweit tragen.

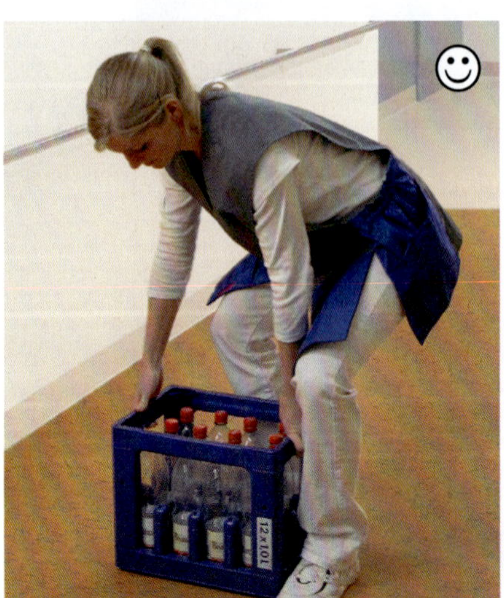

⑤ günstig

⑥ ungünstig

Ungünstig ist die einseitige Belastung von Armen und Beinen beim Heben von Gegenständen.
Dies ist sehr anstrengend und schadet den Gelenken (6).

Arbeitshinweis:
- Zum Tragen von Lasten sollen nach Möglichkeit Hilfsmittel eingesetzt werden.

Arbeitsaufträge:
1. Überlegen Sie, welche Arbeitshaltungen in Ihrem Betrieb häufig vorkommen. Teilen Sie die Arbeitshaltungen in anstrengend und weniger anstrengend ein.
2. Nennen Sie Beispiele für das schonende Tragen von Getränkekisten.
3. Führen Sie ein Rollenspiel durch: Eine Auszubildende reinigt in ungünstiger Arbeitshaltung Tische und Stühle, die Ausbilderin korrigiert sie und zeigt ergonomisches Arbeiten.

Günstiges Tragen einer Getränkekiste

1.3 Arbeitsplatz

Zur Erledigung der Arbeiten ist ein gut eingerichteter Arbeitsplatz erforderlich.
Allgemeine Regeln sind:
- eine ungehinderte Durchführung der Arbeit
- die übersichtliche und griffbereite Anordnung der Arbeitsmittel
- der Bewegungsablauf muss der ausführenden Arbeit entsprechen
- ein störungsfreier Arbeitsablauf muss möglich sein
- es sollte von rechts nach links gearbeitet werden können (Überkreuzgriffe werden vermieden)

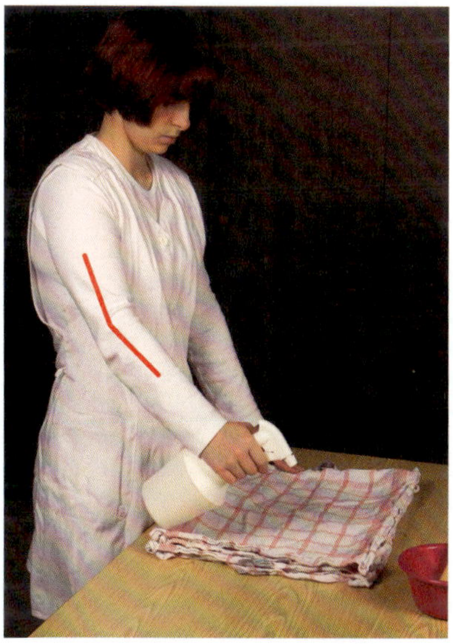

Günstige Arbeitshöhe beim Wäsche einsprengen

1.3.1 Körpergerechte Abmessungen und Umgebungseinflüsse

An körpergerechte Abmessungen, Beleuchtung, Belüftung und Raumklima am Arbeitsplatz sind bestimmte Anforderungen zu stellen.

Bei Arbeiten im Stehen sind die Unterarme mehr als 90° abgewinkelt.
Die Arbeitshöhe beträgt 85–90 cm.

Bei Arbeiten im Sitzen müssen die Füße genügend Raum haben, sonst wird eine gebeugte Körperhaltung erzwungen. Unter- und Oberarm sollen einen Winkel von ca. 90° bilden.
Die Arbeitshöhe beträgt 65–70 cm.

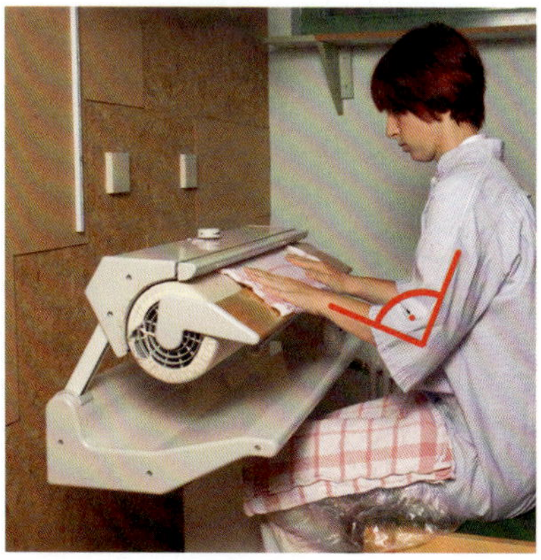

Bügeln im Sitzen

Arbeitsstuhl

Arbeitsstuhl
Bei einem Arbeitstuhl soll die Sitzfläche groß genug sein.
Zur Ausstattung gehören eine verstellbare Rückenlehne, eine verstellbare Sitzhöhe und fünf Rollen.

Beleuchtung
Wichtig bei der Arbeit ist eine ausreichende Beleuchtung.
Der Lichteinfall soll von links kommen (bei Linkshändern von rechts) oder von vorne auf die Arbeit fallen.
Das Licht darf weder blenden noch Schatten auf die Arbeit werfen.
Bei dunklen Möbeln oder Wänden ist eine stärkere Beleuchtung erforderlich.

Belüftung, Raumklima
Der Arbeitsplatz soll gut zu lüften sein. Von Vorteil sind Fenster, die zum Lüften geöffnet werden können.
Das Raumklima soll auf die auszuführende Tätigkeit abgestimmt sein.

1.3.2 Greifräume

Zur guten Arbeitsplatzgestaltung gehört neben der Anordnung der Arbeitsgeräte auch die Berücksichtigung der Armlänge. Den Raum, der während des Arbeitens mit den Armen erreicht wird, nennt man Greifraum.

Bei der Gestaltung und Aufteilung des Arbeitsplatzes ist zu unterscheiden:

- Innerer Greifraum: Raum, der mit angewinkelten Unterarmen erreicht wird. Hier werden häufig gebrauchte Gegenstände hingestellt.
- Äußerer Greifraum: Raum, der mit ausgestreckten Armen erreicht werden kann. Hier befinden sich Gegenstände, die nicht häufig benötigt werden.

Der horizontale Greifraum

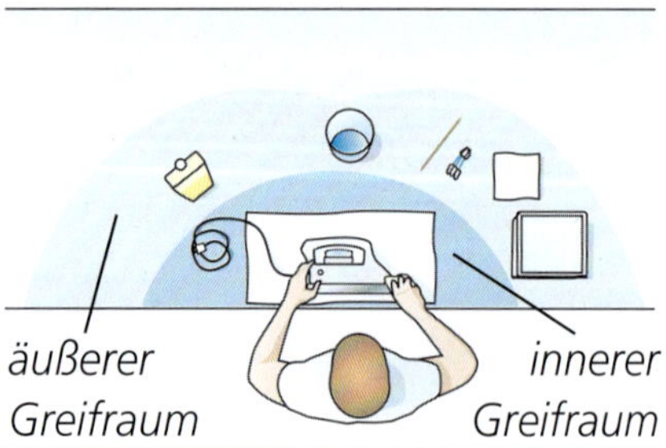

Zusätzlich wird die Bewegungsrichtung berücksichtigt (horizontal oder vertikal).
Die meisten Tätigkeiten lassen sich an einem horizontalen Arbeitsplatz gestalten.

Die Berücksichtigung des vertikalen Greifraums ermöglicht ein kräfteschonendes Arbeiten. Deshalb ist beim Einräumen der Küchenschränke darauf zu achten, dass häufig gebrauchte Gegenstände in der Griff- und Sichtzone platziert werden. Durch die Möblierung ist der vertikale Greifraum vorgegeben, sodass kein Einfluss darauf besteht.

Der vertikale Greifraum

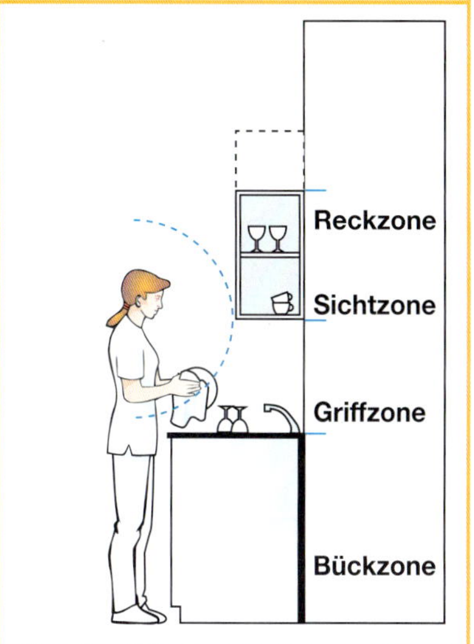

1.3.3 Arbeitsgeräte und Arbeitskleidung

Bei den Arbeitsgeräten sollte auf ergonomische Kriterien geachtet werden:

- leicht und handlich
- Stiel verstellbar
- griffgerechte und rutschfeste Griffmulden
- GS-Kennzeichnung
- mögliche Bereitstellung im Reinigungswagen

Der Raum für die Unterbringung der Arbeitsgeräte sollte in ausreichender Größe und Ausstattung in der Nähe der Arbeitsbereiche liegen. Der Raum ist ausreichend zu belüften, damit die Geräte trocknen können (Gefahr von Schimmelbildung).

Arbeitskleidung
Arbeitskleidung muss zweckmäßig, d. h. strapazierfähig, waschbar und bequem sein (s. S. 11).

Arbeitsschuhe
Die Schuhe haben einen bedeutenden Einfluss auf die Arbeitssicherheit und die Körperhaltung. Ein ungeeigneter Schuh lässt Beine und Füße schneller ermüden (s. S. 11).

Verstellbarer Stiel

Arbeitsaufträge:

1. Nennen Sie Umgebungseinflüsse, die Sie bei Ihrer Arbeit im Betrieb als störend empfinden.
2. Welche Arbeitsmittel gehören bei der Tätigkeit „Topf reinigen" in den inneren und welche in den äußeren Greifraum?

1.4 Arbeitsablaufgliederung

Bevor die Arbeit richtig organisiert werden kann, muss sie zuerst gegliedert werden, d. h., der Ablauf der Arbeit wird in überschaubare Arbeitsabläufe zerlegt.

Gesamtablauf: Wäsche waschen und schrankfertig machen
Diese Aufgabe lässt sich in folgende Teilabläufe aufteilen.

Darstellung der Teilabläufe

Schmutzwäsche sortieren	Waschen	Trocknen	Bügeln	Legen	Einräumen
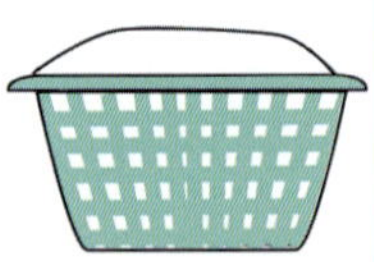		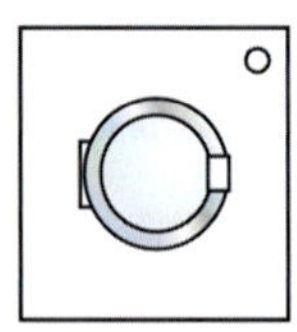	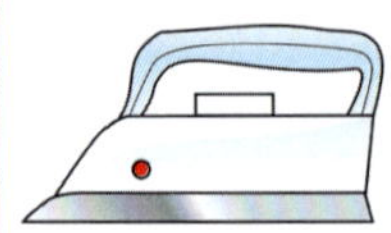	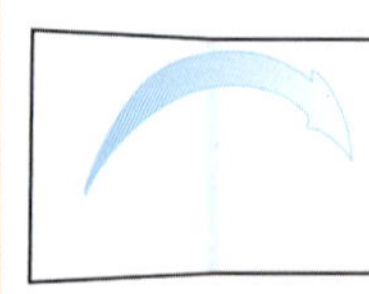	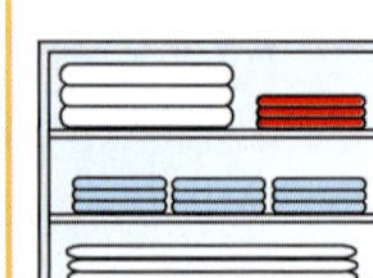

Arbeitsablaufschritte →

Teilablauf Bügeln:

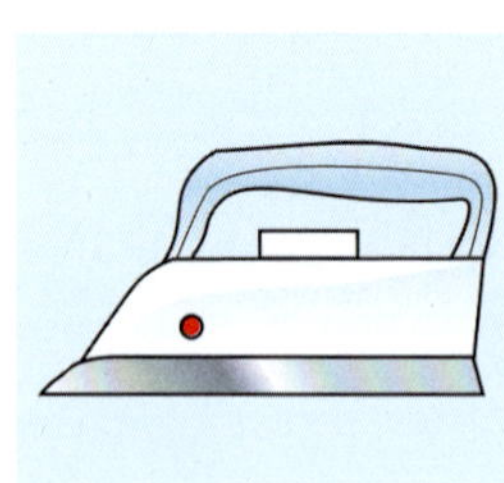

- Arbeitsplatz vorbereiten
- Bügelwäsche sortieren
- Bügelwäsche einsprengen
- Wäsche bügeln
- Wäschestücke legen
- Bügelarbeitsplatz aufräumen

Arbeitsaufträge:

1. Ihre Aufgabe ist die Unterhaltsreinigung eines Bewohnerzimmers. Erstellen Sie eine folgerichtige Gliederung der Teilabläufe und beschreiben Sie einen Teilablauf ausführlich.
2. Sprechen Sie mit Ihrer Ausbilderin über die Arbeitsablaufgliederung in Ihrem Betrieb.

2 Unfallverhütung

In den vergangenen Jahren ist die Zahl tödlicher Arbeitsunfälle gesunken. Trotzdem ließen sich diese Unfälle noch deutlich verringern, wenn die Gefahren erkannt und die Arbeitsschutzmaßnahmen eingehalten würden.

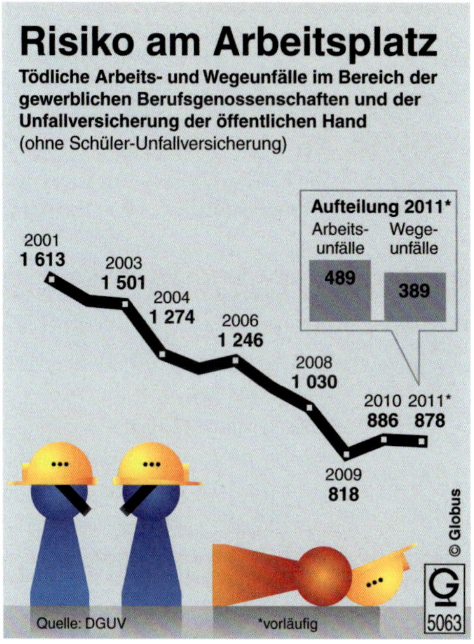

2.1 Persönlicher Arbeitsschutz

Arbeitskleidung/Berufskleidung
Zweckmäßige Arbeitskleidung hilft Unfälle zu vermeiden und kann die Folgen mildern.

Berufskleidung

Anforderungen an Arbeitskleidung:

- hoher Tragekomfort (saugfähiges oder atmungsaktives Material)
- gute Passform (keine weiten Ärmel, keine aufgesetzten Taschen)
- Verzicht auf Rüschen und Bänder
- waschbar und desinfizierbar in gewerblichen Wäschereien

Arbeitsschuhe
Viele Arbeitsunfälle gehen auf ungeeignetes Schuhwerk zurück. „Stolpern“, „Stürzen“, „Ausrutschen“ und „Umknicken“ sind oft Auswirkungen von schlechten Arbeitsschuhen.

Anforderungen an Arbeitsschuhe:

- rutschfeste Sohle ①
- guter, fester Sitz durch regulierbare Spannweite ②
- im vorderen Bereich vollkommen geschlossen ③
- sicherer Fersenhalt ④
- Absätze nicht höher als zwei Zentimeter mit ausreichend großer Auftrittsfläche ⑤
- anatomisch geformtes Fußbett
- wasserabweisendes, strapazierfähiges, atmungsaktives Material

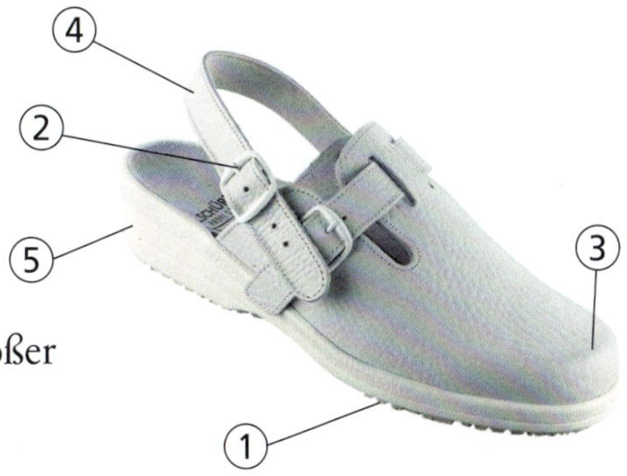

Arbeitsschuhe

Datum: 31.3.20..	**BETRIEBSANWEISUNG** gemäß §20 GEFSTOFFV **Geltungsbereich und Tätigkeiten** Reinigungsarbeiten in der Hauswirtschaft der Diakonie Stetten	Stand: 10.1. .. Unterschrift

GEFAHRSTOFFBEZEICHNUNG

Topmat universal (SC 10 N)
Reiniger für gewerbliche Spülmaschinen

Form: Pulver **Farbe:** weiß **Geruch:** geruchlos

GEFAHREN FÜR MENSCH UND UMWELT

Produkt verursacht Verätzungen an Haut und Schleimhäuten
Verursacht Verätzungen, Staub nicht einatmen
Gesundheitsschädlich beim Verschlucken
Reizt die Augen und die Haut
Darf nicht in die Hände von Kindern gelangen
Bei Unfall oder Unwohlsein sofort Arzt hinzuziehen
Gefahrenauslöser: Natriummetasilikat

SCHUTZMASSNAHMEN UND VERHALTENSREGELN

Schutzmaßnahmen:	Schutzhandschuhe tragen, Arbeitskittel anziehen Dicht schließende Schutzbrille, Gesichtsschutz tragen Berührung mit den Augen und der Haut vermeiden, Staubentwicklung vermeiden
Hygienemaßnahmen:	Bei der Arbeit nicht essen und trinken, am Ende der Arbeit Hände waschen
Lagerung:	trocken lagern, Staubentwicklung und Staubablagerungen gering halten

VERHALTEN IM GEFAHRFALL Tel.: 112

Brandbekämpfung: mit Wasser oder Schaum löschen

ERSTE HILFE Tel.: 110 oder Betriebsarzt

Nach Hautkontakt:	Spülung mit Wasser und Seife, Hautpflege, beschmutzte Kleidung sofort ausziehen
Nach Augenkontakt:	mit viel Wasser ausspülen, sterile Gaze auflegen, sofort Arzt aufsuchen
Nach Verschlucken:	Spülung der Mundhöhle, viel Wasser trinken, Arzt aufsuchen (Etikett vorzeigen)
Nach Einatmen:	Für Frischluft sorgen, zum Arzt gehen.

SACHGERECHTE ENTSORGUNG

Größere Mengen nicht in die Kanalisation gelangen lassen, mechanisch aufnehmen,
Reste mit viel Wasser wegspülen Abfallschlüsselnummer: 52402

Schutzausrüstung

Um Arbeitsunfälle, Allergien oder Hauterkrankungen im Reinigungsbereich zu vermeiden, benötigt man Schutzausrüstungen.
Welche Schutzausrüstung für die Verwendung eines bestimmten Behandlungsmittels benötigt wird, steht in der Betriebsanweisung.
Zum Beispiel sind bei ätzenden Reinigungsmitteln Schutzhandschuhe zu tragen.
Für jede Schutzausrüstung gibt es bestimmte Gebotszeichen (s. S. 15).

Schutzbrille

Gehörschutz

Zu den Schutzausrüstungen gehören:
- Augenschutz
- Schutzhandschuhe
- Gehörschutz
- Sicherheitsschuhe
- Schutzkleidung

2.2 Unfallarten und Unfallverhütung

Viele Unfälle lassen sich vermeiden, wenn man **konzentriert und überlegt** arbeitet. Eine regelmäßige Schulung für den Arbeitsschutz ist erforderlich. Die Mitarbeiter sollten Interesse an den Schulungen zeigen und die gewonnenen Erkenntnisse auch umsetzen.

Unfallarten	**Unfallverhütung**
Stürze 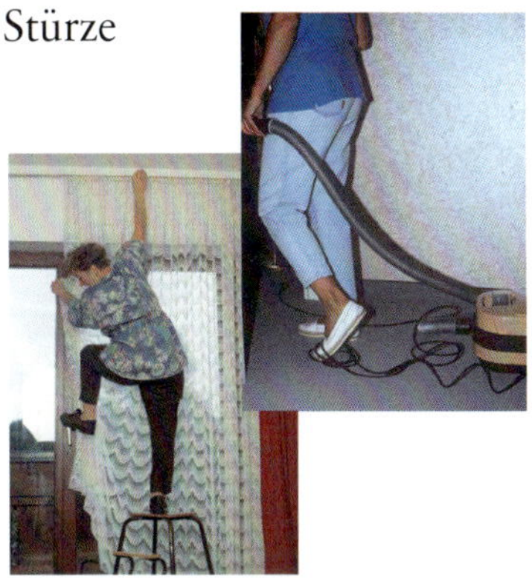	– zweckmäßige Arbeitsschuhe anziehen (s. S. 11) – für gute Beleuchtung sorgen – Warnschild aufstellen (nach Fußbodenreinigung) – Sicherheitsleiter, Tritthocker verwenden (s. S. 110) – Stolperfallen beseitigen (herumliegende Kabel, Schnüre) – Arbeitswege freihalten (Türen von Schränken und Geräten schließen)
Verbrennungen 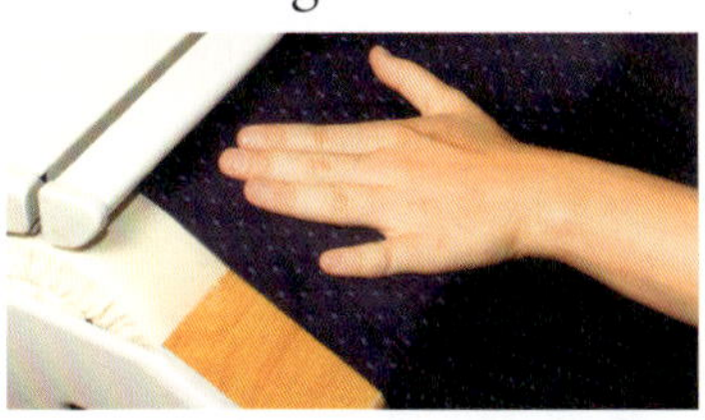	– Bügelgeräte sachgemäß benutzen – Fingerschutz bei Haushaltsbügelmaschinen benutzen
Vergiftungen 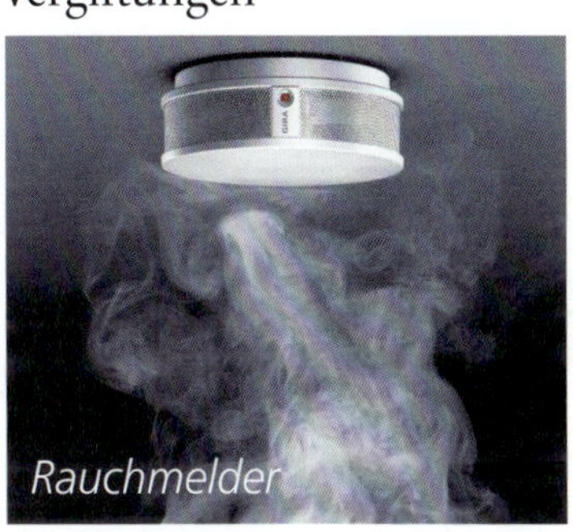 Rauchmelder	– Sanitärreiniger nie mischen – vorsichtiger Umgang mit Waschmitteln – Reinigungsmittel verschlossen aufbewahren – Fenster bei Reinigungsarbeiten mit Lösungsmitteln öffnen – Rauchmelder anbringen
Elektrischer Stromschlag 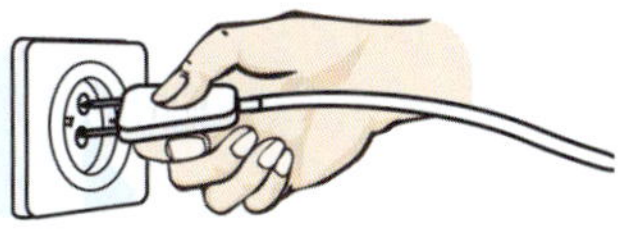 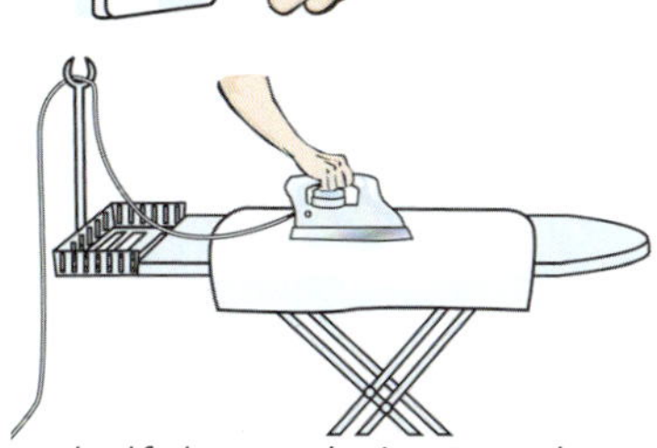 *Kabelführung beim Bügeln*	– Kabel immer am Stecker aus der Steckdose ziehen – defekte Geräte vom Fachmann reparieren lassen – elektrische Geräte nie ins Wasser legen – Knickstellen im Kabel vermeiden – auf Kabelführung bei Reinigungs- und Bügelarbeiten achten – vor Arbeitsbeginn Sichtprüfung durchführen (Kabelbeschädigung, defektes Gehäuse)

2.3 Schutz- und Prüfzeichen

Beim Kauf von Elektrogeräten sollte auf folgende Schutz- und Prüfzeichen geachtet werden.

Auf dem Typenschild befinden sich diese Symbole.

	CE-Zeichen Das CE-Zeichen ist kein Prüfzeichen, das eine unabhängige Stelle vergibt. Der Hersteller zeigt mit diesem Zeichen, dass sein Produkt den Mindestanforderungen an Sicherheit und Gesundheitsschutz entspricht. Er hält sich dabei an die europäischen Richtlinien.
	GS-Zeichen Deutsches Sicherheitszeichen. Das Produkt erfüllt nach gründlicher Untersuchung alle Sicherheitsanforderungen.
	VDE-Zeichen Elektrotechnische Produkte sind vom Verband der Elektrotechnik, Elektronik und Informationstechnik gründlichst geprüft. Die VDE-Prüfstelle erteilt auch das GS-Zeichen.

VDE- und GS-Zeichen sind für den Verbraucher sehr wichtig.

2.4 Sicherheitszeichen

Sicherheitszeichen sind wichtig für den Arbeits- und Gesundheitsschutz. Sie müssen unbedingt beachtet werden.

Verbotszeichen (rot, runde Form) Es handelt sich um ein Verbot.	 Kein Trinkwasser  Rauchen verboten  Feuer, offenes Licht und Rauchen verboten  Mit Wasser löschen verboten  Mobilfunk verboten
Gebotszeichen (blau, runde Form) Sie schreiben ein bestimmtes Verhalten vor.	 Augenschutz benutzen  Kopfschutz benutzen  Gehörschutz benutzen  Fußschutz benutzen  Handschuhe benutzen  Schutzkleidung benutzen
Warnzeichen (gelb, dreieckige Form) Sie warnen vor Gefahren. Weitere Symbole, die auf Gefahren durch Chemikalien hinweisen s. S. 103	 Warnung vor feuergefährlichen Stoffen  Warnung vor explosionsgefährlichen Stoffen  Warnung vor giftigen Stoffen  Warnung vor ätzenden Stoffen  Warnung vor Brand fördernden Stoffen
Rettungszeichen (grün, rechteckige Form) Zeichen für Rettungswege, Sanitätsräume und andere Hilfseinrichtungen	 Erste Hilfe  Krankentrage  Notausgang  Notruftelefon  Sammelstelle
Brandschutzzeichen (rot, rechteckige Form) Zeichen für Feuerlöscher, Brandmelder und andere Hilfseinrichtungen	 Löschschlauch  Feuerleiter  Feuerlöscher  Mittel und Geräte zur Brandbekämpfung  Brandmelder

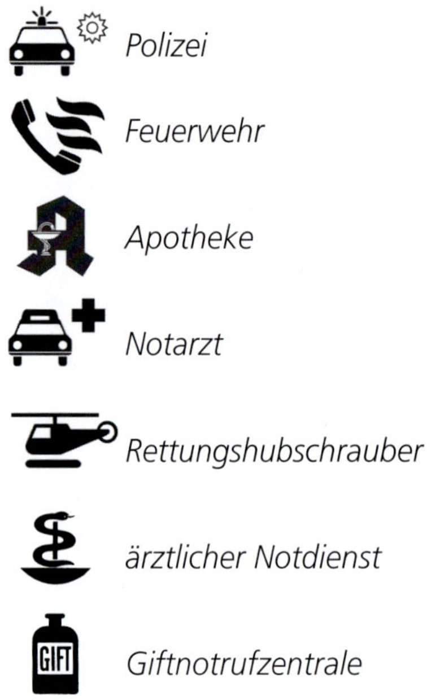

Lebenswichtige Telefonnummern

2.5 Unfallhilfe

Trotz aller Vorsichtsmaßnahmen kann es zu Unfällen kommen. In einer solchen Situation ist es ganz wichtig, **Ruhe** zu **bewahren**. In der Nähe des Telefons sollte eine Liste mit den wichtigsten Rufnummern liegen.

2.5.1 Rettungskette (Hilfe bei Unfällen)

Nach einem Unfall sind folgende Maßnahmen zu ergreifen:

- **Sofortmaßnahmen** einleiten, z. B. Verletzten aus Gefahrenquelle bringen
- **Rettungsstelle anrufen** (✆ 112)

Fünf Fragen beantworten können: (5 Ws)	
Wo?	Genaue Bezeichnung des Ortes (Ort, Straße, Hausnummer)
Was?	Schilderung des Unfallhergangs
Wie viele?	Anzahl der Verletzten
Welche?	Art der Verletzung, z. B. Vergiftung, Verbrennung
Wer?	Angaben über die Person des Anrufers
	Warten auf Rückfragen

- **Erste Hilfe leisten**

Hilfsorganisationen

Rettungskette
Nach dem Anruf bei der Rettungsstelle muss Erste Hilfe geleistet werden, z. B. sachgerechte Lagerung, Puls- und Atemkontrolle. Sofortmaßnahmen und Erste Hilfe sollten immer wieder geübt werden, um am Unfallort Sicherheit zu bekommen. Sie werden in verschiedenen Kursen der Hilfsorganisationen angeboten.

Wundversorgung
Kleinere Schnittverletzungen, Verbrennungen können mit einem Wundschnellverband versorgt werden.
Diese Wundversorgung muss ins Verbandbuch eingetragen werden. Folgeschäden, die eventuell sogar bis zum Rentenanspruch führen können, sind somit nachweisbar.

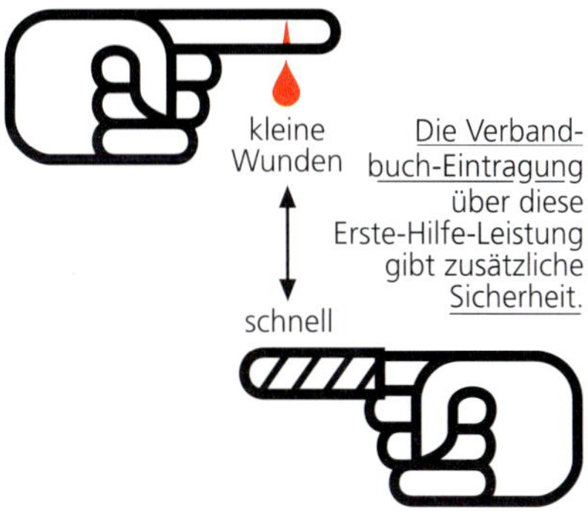

2.5.2 Unfälle durch elektrischen Strom

Bei Unfällen durch elektrischen Strom wird der Mensch in den Stromkreis eingeschlossen. Es ist kein Lösen von der Leitung möglich, da sich die Muskeln verkrampfen. Starker Strom lähmt das Herz und verbrennt die Haut.
Wichtig: Helfer muss auf Selbstschutz achten – **Verletzten erst nach Unterbrechung des Stromkreises anfassen.**

- **Sofortmaßnahmen einleiten**
  Stromkreis unterbrechen (z. B. Stecker ziehen, Sicherung herausnehmen), Verletzten mit nicht leitenden, trockenen Gegenständen (Kunststoffstiel) aus dem Stromkreis ziehen.
  Auf keinen Fall mit bloßen Händen anfassen.
- **Rettungsstelle anrufen** (✆ 112)
  Fünf W-Fragen mitteilen
- **Erste Hilfe leisten**
  Atem- und Pulskontrolle, stabile Seitenlagerung

Defekte Waschmaschine
Strom fließt durch den Körper

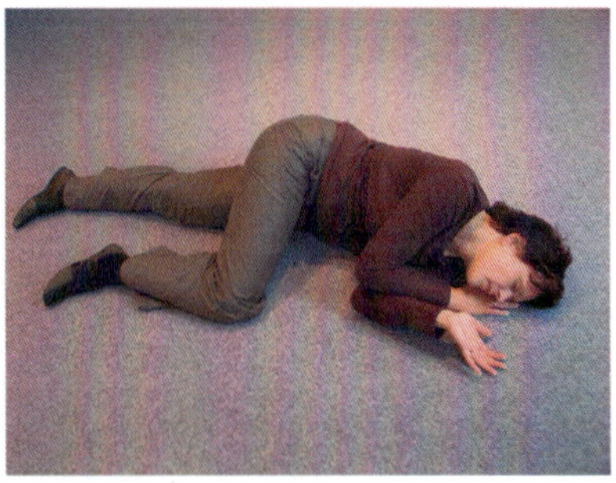
Stabile Seitenlage

Arbeitsaufträge:
1. Erläutern Sie das Schaubild auf Seite 11.
   Nennen Sie Gründe für die Veränderung der Arbeits- und Wegeunfälle.
2. Stellen Sie Regeln für das Tragen von Arbeitskleidung im Praxisunterricht (Schule) auf. Treffen Sie in Ihrer Klasse Vereinbarungen zur Einhaltung der Regeln.
3. Vergleichen Sie im Unterricht verschiedene Betriebsanweisungen Ihres Ausbildungsbetriebes.
4. Bei welchen Arbeiten tragen Sie Schutzausrüstungen? Beschreiben Sie die Art und den Einsatz der Schutzausrüstung.
5. Erkunden Sie die Rettungs- und Brandschutzzeichen in Ihrer Schule.
6. Erstellen Sie eine Liste mit den lebenswichtigen Telefonnummern ihres Wohnsitzes.
7. Besuchen Sie einen Kurs „Sofortmaßnahmen und Erste Hilfe".

3 Hygiene

Im Alltag bedeutet Hygiene Sauberkeit. Wenn wir unsere Hände waschen, sind sie sauber, allerdings nicht keimfrei. Keime gibt es überall. Meistens sind sie harmlos. Erst wenn sie sehr konzentriert vorkommen oder ansteckend sind, bestehen gesundheitliche Gefahren. In Gesundheitseinrichtungen (Krankenhäusern, Alten- und Pflegeheimen) gelten besondere Hygienevorschriften.
Um die Keimübertragung möglichst gering zu halten, sollten einige Hygieneregeln beachtet werden.

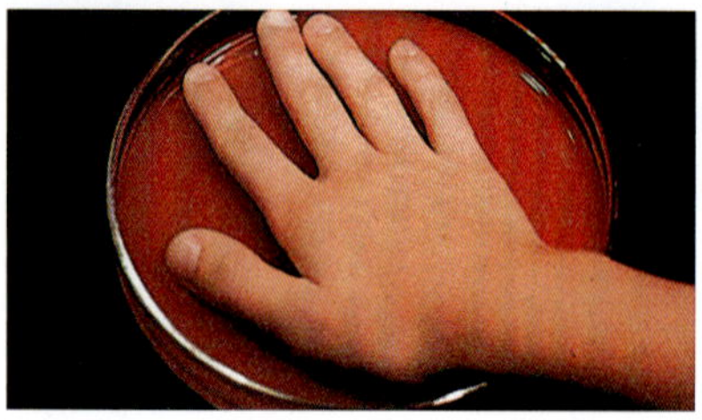

Eine Hand wird auf eine Nährplatte gedrückt (Abklatsch). Die Keime gehen auf die Nährplatte über und vermehren sich dort.

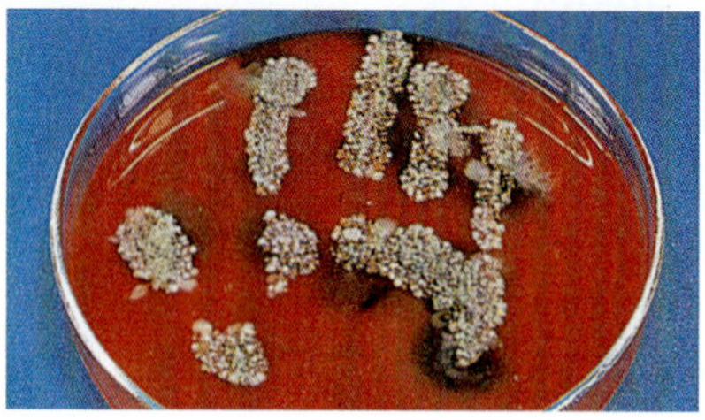

Nach ein paar Tagen ist aus jedem Keim eine Kolonie von vielen Keimen geworden.

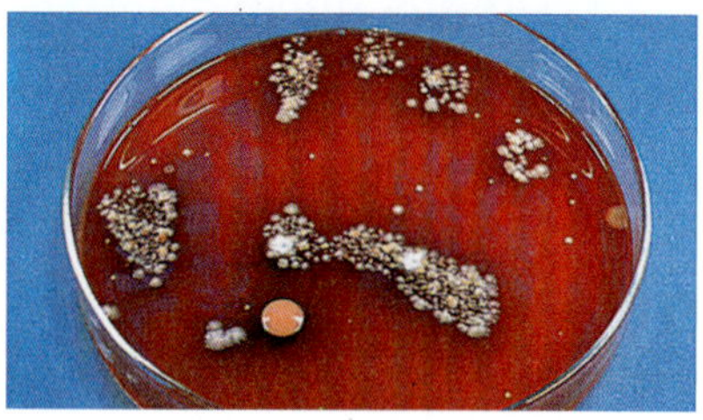

Abklatsch einer mit Seife gewaschenen Hand. Die Zahl der Keime ist gegenüber der ungewaschenen Hand verringert.

3.1 Persönliche Hygiene

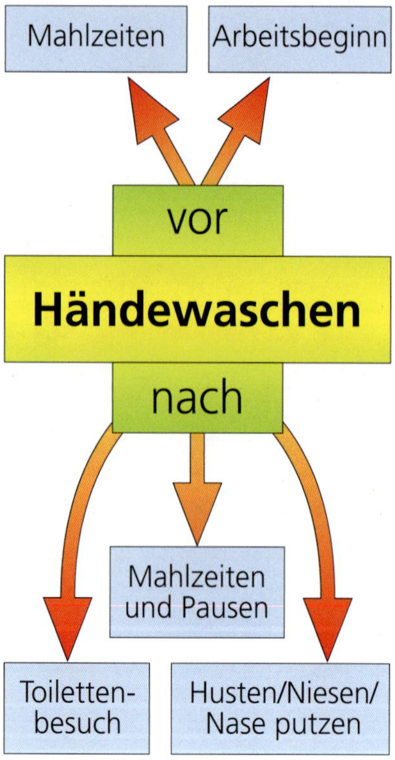

Persönliche Hygiene beugt Krankheiten vor, trägt zum Wohlbefinden und zur Leistungsfähigkeit bei.

Anforderungen an die persönliche Hygiene:

- tägliche Körperreinigung und -pflege einschließlich Haarpflege
- frische, saubere Wäsche und Arbeitskleidung
- Händewaschen vor Arbeitsbeginn und vor Mahlzeiten sowie nach Toilettenbesuch, Naseputzen, Husten, Niesen
- Hände immer gut abtrocknen, an trockenen Händen haften rund 50 % weniger Keime als an nassen
- regelmäßige Handpflege:
  bei Reinigungsarbeiten Arbeitshandschuhe tragen, vor Beginn und nach Abschluss der Arbeit sollen die Hände eingecremt werden, die Fingernägel sollten kurz, sauber und unlackiert sein
- vor Arbeitsbeginn Schmuck ablegen, dies ist nicht nur aus Hygienegründen notwendig, zudem werden Textilien, Materialien und Schmuck nicht beschädigt
- lange Haare zusammenbinden
- Essen, Rauchen und Alkoholgenuss sind in den Bereichen Reinigung und Wäschepflege verboten
- bei offenen Wunden an den Händen Handschuhe tragen

3.2 Hygiene im Reinigungsbereich

Arbeitskleidung im Reinigungsbereich

Arbeitskleidung
Straßenkleidung ist keine Arbeitskleidung. Deshalb vor Arbeitsbeginn in Umkleideräumen Arbeitskleidung anlegen, z. B. T-Shirt und Hose, oder Reinigungsjacke/Jacke und Hose, Arbeitschuhe (s. S. 11), Schutzhandschuhe (s. S. 110).

Betriebsmittel

Anforderungen an die Betriebsmittel:
- Systemwagen, Reinigungsutensilien und -geräte regelmäßig reinigen
- gebrauchte Reinigungstücher sofort zur Wäsche geben, verschmutzte Tücher dürfen nicht mit sauberen in Berührung kommen
- Reinigungs- und Desinfektionsmittel nach Vorschrift dosieren (s. S. 101)
- 4-Farben-System beachten (s. S. 112)
- in Krankenhäusern und Pflegeheimen pro Zimmer oder Einsatzbereich **ein** Tuch verwenden; anschließend zur Wäsche geben

Hygienepläne
In Heimen und anderen hauswirtschaftlichen Dienstleistungsbetrieben sind Hygienepläne gesetzlich vorgeschrieben. Hygienepläne dienen dazu, im Alltag und im Seuchenfall die hygienische Sicherheit zu gewährleisten.

Persönlicher Hygieneplan

Was	Wann	Womit	Wie
Hände waschen und desinfizieren	nach jeder Toilettenbenutzung nach Mahlzeiten und Pausen nach Nase putzen, Niesen, Husten, Kratzen beim Wechsel von unreinen zu reinen Tätigkeiten	Wandspender für Desinfektion und Seife Papierhandtücher	groben Schmutz ggf. mit Einmalhandtüchern entfernen, Hände desinfizieren (1 Schub), Hände waschen und abtrocknen, Hände nochmals desinfizieren
Fingernagelpflege	generell		kurz und sauber, keine künstlichen Nägel
Händepflege	generell	Pflegelotion	
Einmalhandschuhe	Sortierung der Schmutzwäsche		flüssigkeitsdichte Handschuhe
Mundschutz	Sortieren der Schmutzwäsche		
Arbeitskleidung	Wechsel nach 1–2 Tagen (je nach Verschmutzung), täglich zusätzlich bei Nassreinigung	Kittel oder Oberteil und Hose, Plastikschürzen	private Bekleidung muss vollständig abgedeckt sein
Arbeitsschuhe			vorne geschlossen, hinten mind. 1 Riemchen, rutschfeste Sohle
Essen			Mahlzeiten nur in dem dafür vorgesehenen Speise-/Pausenraum
Wunden/ Verletzungen	sofort nach Auftreten, vor Arbeitsbeginn	wasserdichte, gut abschließbare Pflaster und Gummifingerling	sorgfältig wasserdicht abdecken

Die Pläne sind Arbeitsvorschriften für die Mitarbeiter und müssen gut sichtbar aufgehängt sein. Hygienepläne können sehr unterschiedliche Bestandteile haben, z. B.

- Reinigungsplan
- Desinfektionsplan
- Anwendung der Behandlungsmittel
- Handhabung des Abfalls
- persönliche Hygiene

Jeder Betrieb erstellt eigene Hygienepläne. Eine Hygienefachkraft überwacht die Einhaltung der Pläne.

3.3 Hygiene im Wäschebereich

Arbeitskleidung Wäschebereich – reine Seite

Arbeitskleidung

Ganz wichtig ist im Bereich der Wäschepflege das Tragen von Arbeitskleidung. Frisch gewaschene Wäsche darf nicht mit Schmutz der Straßenkleidung in Berührung kommen. Deshalb wird im Privathaushalt zum Bügeln und Legen der Wäsche eine saubere Schürze umgebunden oder andere saubere Arbeitskleidung angelegt.
Im Großhaushalt gibt es spezielle Berufskleidung für die unreine Seite (Schmutzwäsche) und die reine Seite (s. S. 21). Beim Umgang mit Schmutzwäsche sollten Schutzhandschuhe getragen werden.

Hände waschen

Zum persönlichen Schutz sollten nach dem Sortieren von schmutziger Wäsche die Hände gewaschen werden. Das gilt auch nach dem Hantieren mit Waschmitteln. Zum Schutz der frisch gewaschenen Textilien ist es notwendig, dass vor dem Arbeiten die Hände gereinigt werden.

Hygienespüler nicht verwenden

Waschtemperatur

Bei 60 °C ist normal verschmutzte Haushaltswäsche sauber.
Das Waschergebnis entspricht den hygienischen Anforderungen.
Bei ansteckenden Krankheiten sollte mit 95 °C gewaschen werden.
Im Großhaushalt werden häufig Waschmittel mit Desinfektionszusatz verwendet.

Hygienereiniger und Hygienespüler sind nicht notwendig. Sie können zu Allergien und Resistenzen führen. (Die Keime sind widerstandsfähig, d. h. resistent, sie werden deshalb nicht abgetötet.)

Arbeitsplatz

Grundsätzlich sind die Arbeitsplätze im Wäschebereich sauber zu halten. Besonders Tische zum Fertigstellen der gewaschenen Wäsche und auch Ablageregale müssen vor Arbeitsbeginn gereinigt werden. Im Großhaushalt soll die reine und unreine Seite getrennt sein. Eine Keimverschleppung kann dann nicht stattfinden.
Der Arbeitsbereich „Reine Seite“ kann von der „Unreinen Seite“ nur über eine Hygieneschleuse betreten werden. Dort findet die Desinfektion der Hände, Schuhe und Austausch der Arbeitskleidung statt. In der Materialschleuse für Betriebmittel werden Transportwagen, Wäschewannen und andere Arbeitsmittel desinfiziert. Arbeitsmittel und Geräte zur Wäschepflege sind nach Gebrauch umgehend zu reinigen.

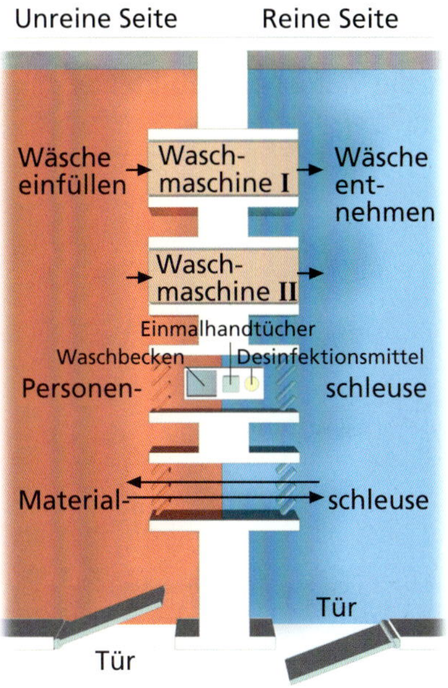

Wäscherei mit reiner und unreiner Seite

Transportwagen

Transportwagen und Transportbehälter sind regelmäßig zu reinigen. Während des Verteilens der sauberen Wäsche muss auf Hygiene geachtet werden, deshalb sollte die Wäsche auf dem Transportweg mit Tüchern abgedeckt werden.

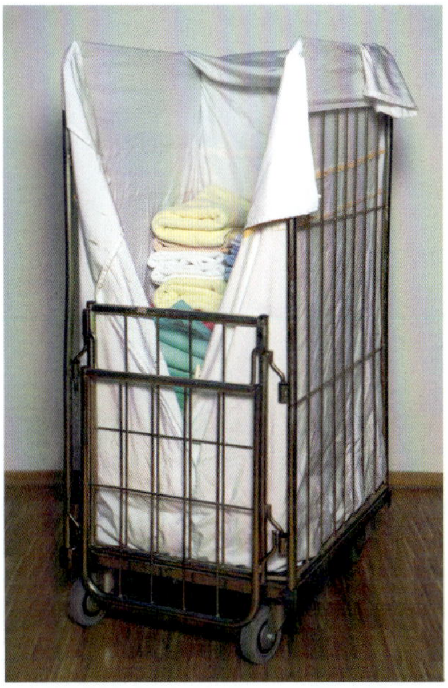

Arbeitsaufträge:

1. Notieren Sie, wie oft und zu welchem Anlass Sie Ihre Hände waschen.
   Überprüfen Sie gemeinsam mit Ihrer Ausbilderin, ob diese Hygienemaßnahmen ausreichen.
2. Erkundigen Sie sich nach den Hygieneplänen im Wäsche- und Reinigungsbereich Ihres Ausbildungsbetriebes.
   Wo sind sie schriftlich festgehalten?
   Vergleichen Sie Ihre Ergebnisse mit denen Ihrer Mitschüler.
3. Erarbeiten Sie in der Klasse Hygieneregeln für den Praxisunterricht Wäschepflege und Reinigung.
   Präsentieren Sie Ihre Ergebnisse auf einem Plakat.

4 Kommunikation

Der Begriff „Kommunikation“ kann auch mit „Unterredung“ oder „Mitteilung“umschrieben werden.

4.1 Kommunikation allgemein

Wer in seinem Beruf erfolgreich sein will, benötigt nicht nur Fachwissen. Der Umgang mit Mitabeitern, Heimbewohnern, Kunden, Lieferanten oder Gästen ist von großer Bedeutung. Mitarbeiterinnen müssen sich gut ausdrücken, sich verständlich machen und ihre Mitmenschen verstehen können. Damit verhelfen sie zu einem angenehmen Arbeitsklima. Diese Teamfähigkeit ist ein wichtiger Faktor während der Ausbildung und im Beruf.

4.1.1 Was ist Kommunikation?

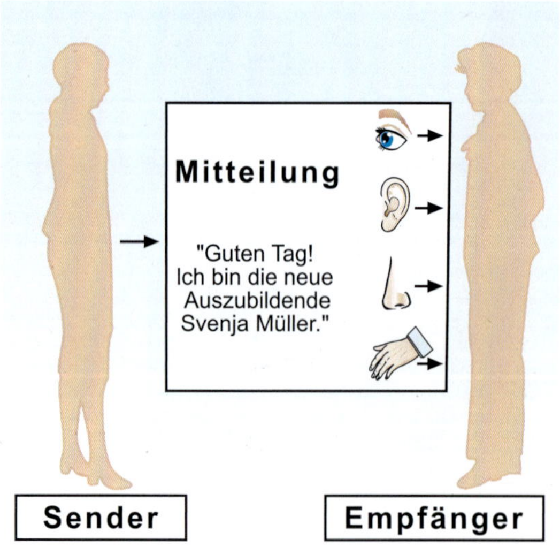

Bei der Kommunikation sind immer mindestens zwei Personen beteiligt.
Auch Tiere können kommunizieren.

Als Kommunikation bezeichnet man den Austausch von Botschaften zwischen Menschen, z. B. miteinander reden, Meinungen austauschen, telefonieren, „simsen“. Kommunikation besteht aus drei Teilen:

- **Sender**
  Person, die z. B. spricht

- **Mitteilung**
  Botschaft, die der Sender dem Empfänger mitteilt, z. B. „Guten Tag, ich bin die neue Auszubildende Svenja Müller.“

- **Empfänger**
  Nimmt Sender wahr über:
  Augen (sieht freundlichen Gesichtsausdruck)
  Ohren (hört den Gruß)
  Nase (riecht das Parfüm)
  Hautreize (empfindet den Handschlag)

4.1.2 Arten der Kommunikation

Arten	Beispiel	
Sprechen	Mit **Worten** dem Empfänger die Mitteilung **mündlich** geben, z. B. „Guten Morgen“.	
Schreiben	Mit **Worten** dem Empfänger die Mitteilung **schriftlich** überbringen, z. B. Entschuldigungsschreiben, Warenbestellung, „Briefe“ im Unterricht schreiben.	
Mimik	Mit einem **Gesichtsausdruck** eine Mitteilung machen, z. B. lächeln, strahlende Augen sagen: „Ich freue mich mit Ihnen!“.	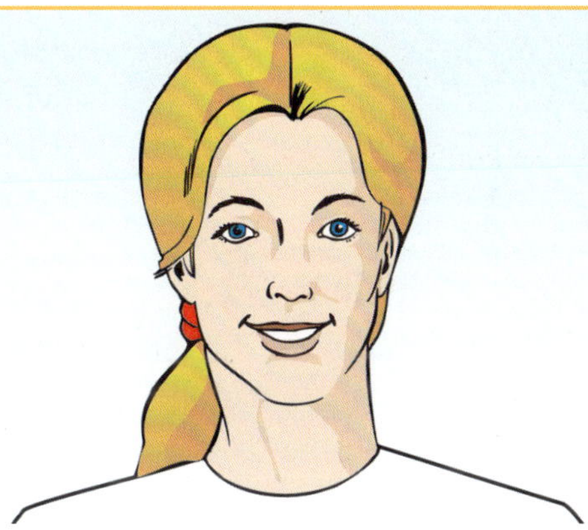
Gestik	Mit einer bestimmten **Körperhaltung**, **Handbewegung**, **Umarmung**, **Kopfnicken** eine Mitteilung machen, z. B. Kopfnicken für korrekte Arbeit, Hinweis mit Zeigefinger auf verschmutzte Stelle.	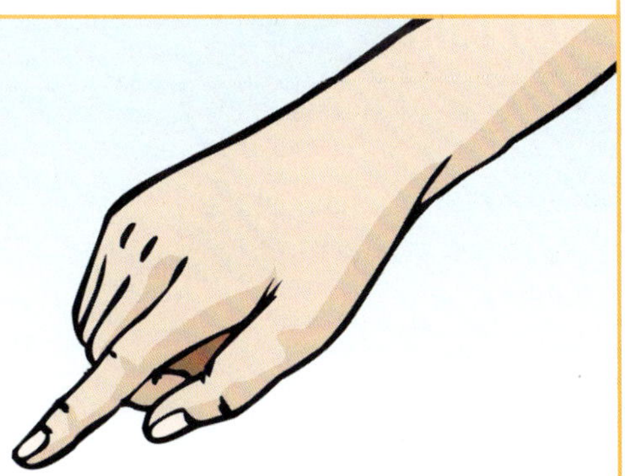

Arbeitsaufträge:

1. Suchen Sie in verschiedenen Zeitungen und Zeitschriften Abbildungen mit Personen.
   Schneiden Sie diese aus, kleben Sie sie in Ihr Arbeitsheft, beschreiben und deuten Sie diese Abbildungen.
2. Versuchen Sie, folgende Gesichtsausdrücke (Mimiken) und Körperhaltungen (Gestiken) zu deuten. Was geht möglicherweise im Kopf dieser Menschen vor?

Sie hebt die Augenbrauen an.	Er runzelt die Stirn.
Sie lächelt und zwinkert mit den Augen.	Er öffnet den Mund.
Sie hebt die Mundwinkel.	Er presst die Lippen zusammen.
Sie ist nach vorn übergebeugt.	Er schüttelt den Kopf.

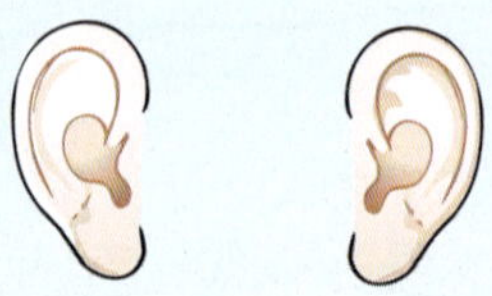

4.1.3 Merkmale von guten Gesprächen

Aktiv zuhören:
der andere muss verstanden werden, nicht nur mit einem Ohr dabei sein.

Ausreden lassen:
den Gesprächspartner nicht unterbrechen.

Tolerant sein:
auch andere Meinungen gelten lassen, keine Beleidigungen.

Fremdwörter vermeiden

Einfache, klare Sätze verwenden:
nicht gekünstelt sprechen, natürliche Ausdrucksweise.

Persönliche Anrede verwenden:
z. B. Frau Müller, Herr Maier.

Nachfragen:
wenn etwas nicht verstanden wurde.

4.1.4 Umgangsformen

Hauswirtschaftshelferinnen und -helfer und Servicekräfte sind Dienstleister. Hier ist es besonders wichtig, dass die Kunden (Heimbewohner, Gäste, Auftraggeber) mit den Leistungen zufrieden sind. Neben der fachgerechten Ausführung der Arbeitsaufträge spielen die Umgangsformen eine besondere Rolle.

Höflichkeit

- **Höflichkeit:**
  „*Danke*“ und „*Bitte*“ sollten selbstverständlich sein.
  Bewohner mit „*Sie*“ und mit Namen anreden.
  Anklopfen vor dem Betreten des Zimmers.
  Grüßen mit „Guten Tag“, „Auf Wiedersehen“.
  Gesprächspartner nicht unterbrechen.

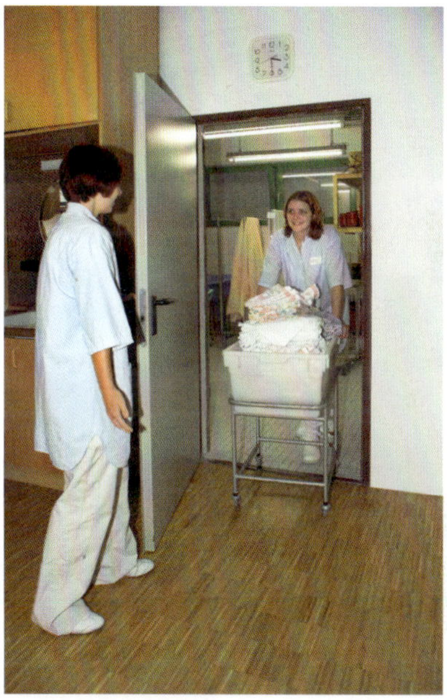

Hilfsbereitschaft

- **Rücksichtnahme:**
  Kein Schreien, vorlautes Reden, Türenschlagen.
  Auf Wünsche der Bewohner und Mitarbeiter eingehen.

- **Hilfsbereitschaft:**
  Anderen Personen die Tür öffnen, Mitarbeitern helfen.

Verlässlichkeit

- **Verlässlichkeit:**
  Anweisungen und Zusagen einhalten, z. B. pünktlich zum Arbeitsbeginn erscheinen.

- **Entschuldigungen:**
  Bei Verhaltensfehler sofort entschuldigen: „Bitte entschuldigen Sie, ich habe das Anklopfen vergessen.“
  Mitgefühl zeigen bei unbedachten Äußerungen: „Es tut mir leid, es ist mir einfach so herausgerutscht.“
  „Ich habe das so nicht gemeint, ich wollte dir nicht wehtun.“

4.1.5 Persönliches Erscheinungsbild

Freundliche Mitarbeiterin

Im Ausbildungsbetrieb treffen die Auszubildenden auf unterschiedliche Personen, z. B. Gäste, Kunden, Lieferanten, Kollegen. Das persönliche Erscheinungsbild und die Umgangsformen (Kap. 4.1.4) beeinflussen die Zusammenarbeit, das Arbeitsergebnis und die Außenwirkungen des Betriebes.
Mitarbeiter mit unangenehmem Körpergeruch, ungepflegter Arbeitskleidung oder schlechtem Auftreten behindern die anderen Mitarbeiter. Außerdem wird der Betrieb in der Öffentlichkeit negativ dargestellt.

Blickkontakt

Allgemeine Regeln:

- **Persönliche Hygiene** (s. S. 18):
  tägliche Körperpflege, kurze, saubere, unlackierte Fingernägel, saubere, frische Arbeitskleidung

- **Haltung und Auftreten:**
  den Menschen zugewandt, Blickkontakt, Interesse zeigen, lächeln, aufrecht stehen, Hände nicht in die Hosentaschen stecken, nicht Kaugummi kauen

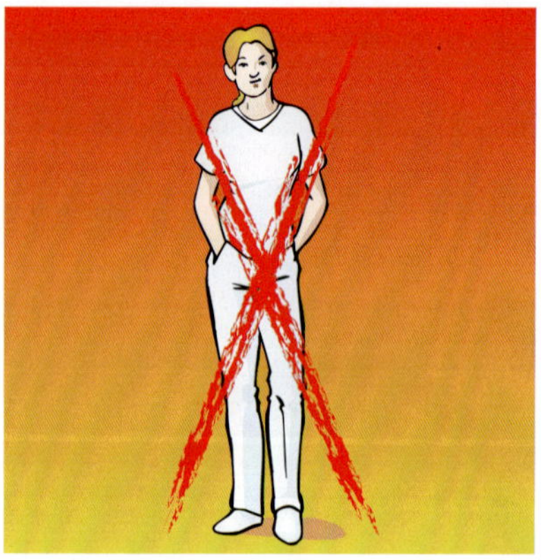

Schlechte Haltung

- **Sprache:**
  deutlich, Umgangsprache vermeiden, keine Kraftausdrücke

- **Gesundes Selbstvertrauen:**
  selbstbewusste Aussagen wie *„Ich habe das gelernt, ich kann das Bewohnerzimmer reinigen“*

Die betrieblichen Vorgaben zum persönlichen Erscheinungsbild müssen eingehalten werden, z. B. Arbeitskleidung tragen.

Arbeitsaufträge:

1. Erstellen Sie Gesprächsregeln für Ihre Klasse. Halten Sie die Ergebnisse auf einem Plakat fest.
2. Schreiben Sie verschiedene Grußformeln auf. Führen Sie damit Rollenspiele durch.

4.2 Kommunikation in der Hauswirtschaft

4.2.1 Kommunikation mit Bewohnern

Jeder Betrieb ist bestrebt, dass sich Gäste, Bewohner (Kunden) wohlfühlen. Die Hauswirtschaftshelferinnen und -helfer können ihren Beitrag zu einem guten Betriebsklima leisten.

Fallbeispiel:
Unterhaltsreinigung eines Bewohnerzimmers im Seniorenstift Waldblick.

Beteiligte Personen:

Auszubildende ⇄ *Mitteilung* ⇄ **Bewohner(in)**

Arbeitsablauf:

- freundliches Anklopfen an der Tür des Bewohnerzimmers
- Antwort abwarten
- Tür öffnen, grüßen mit persönlicher Anrede: *„Guten Morgen, Frau Fröhlich!“*
- fragen, ob die Reinigung durchgeführt werden kann
- Reinigung durchführen
- freundlich und höflich auf Fragen der Bewohner eingehen
- Beschwerden an entsprechende Personen weiterleiten
- beim Verlassen des Zimmers:
  Dank (falls es Anlass dazu gibt, z. B. Verständnis für Staubsaugerlärm)
  Grußworte: *„Auf Wiedersehen, Frau Fröhlich, bis morgen“*
- Tür leise schließen

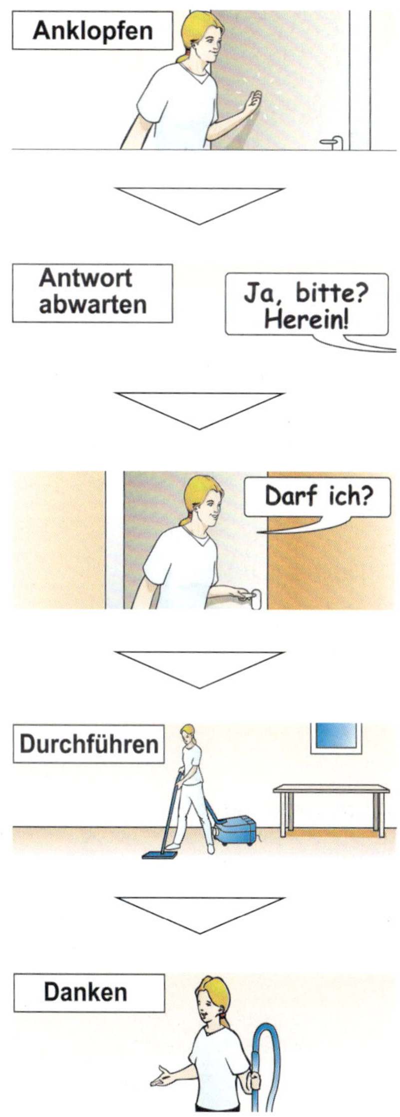

Arbeitsaufträge:
1. Welche Erfahrungen hinsichtlich der Kommunikation haben Sie beim Reinigen der Bewohnerzimmer gemacht? Vergleichen Sie Ihre Erfahrungen mit denen Ihrer Mitschülerinnen.
2. Menschen haben unterschiedliche Eigenschaften und Verhaltensweisen. Wie begegnen Sie einem Bewohner, der nur nörgelt, wenn Sie das Zimmer reinigen? Suchen Sie nach gemeinsamen Lösungen in Ihrer Klasse.

4.2.2 Kommunikation mit Besuchern, Handelsvertretern

Kommen fremde Personen (z. B. Gäste, Handelsvertreter) in den Betrieb, dann sollten sie nicht mürrisch mit *„ich habe keine Zeit"* abgewiesen werden. Jeder Fremde ist Gast bzw. Kunde und sollte entsprechend höflich behandelt werden.

Fallbeispiel:
Auszubildende wird von der Ausbilderin beauftragt, sich um Herrn Sommer, Handelsvertreter der Firma Neurein zu kümmern. Die Ausbilderin Frau Müller hat erst in 15 Minuten Zeit zu einem Gespräch.

Beteiligte Personen:

Auszubildende ⇄ *Mitteilung* ⇄ **Handelsvertreter**

Arbeitsablauf:

- Begrüßung:
  Azubi grüßt mit persönlicher Anrede,
  Azubi stellt sich vor

- Entschuldigung für die Wartezeit.
  „Wegen einer Terminverschiebung können Sie Frau Müller leider erst in ca. 15 Minuten sprechen. Sie müssen sich noch etwas gedulden."

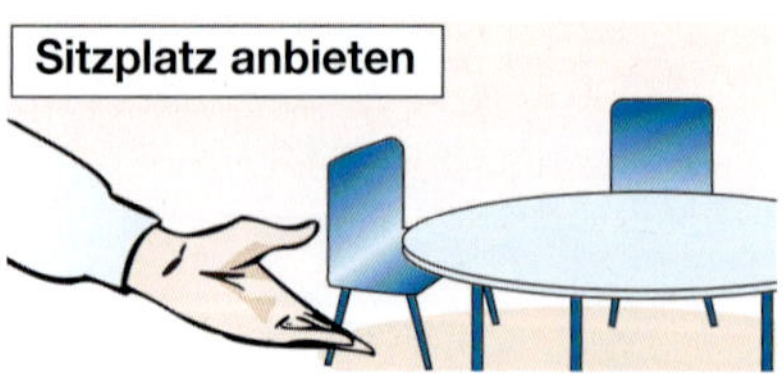

- Azubi bittet Herrn Sommer höflich mitzukommen, sie führt ihn in einen Warteraum
- Sitzplatz anbieten

- Getränk und Lektüre zum Lesen anbieten:
  „Darf ich Ihnen etwas zum Trinken anbieten, möchten Sie die Tageszeitung lesen?"
- Antwort Herr Sommer,
  Azubi geht auf die Wünsche ein

- Verabschiedung mit der Frage:
  „Kann ich noch etwas für Sie tun?"

4.2.3 Kommunikation mit Lieferanten

Bei Anlieferung der Ware ist es wichtig, die Ware zu kontrollieren. So wird eine fehlerhafte Lieferung und Buchung vermieden.

Fallbeispiel:
Reinigungsmittel werden geliefert.
Auszubildende nimmt Ware entgegen.

Beteiligte Personen:

Warenlieferant ⇄ *Mitteilung* ⇄ **Auszubildende**

Firma Neurein
Herr Saubermann

Anlieferung der Ware

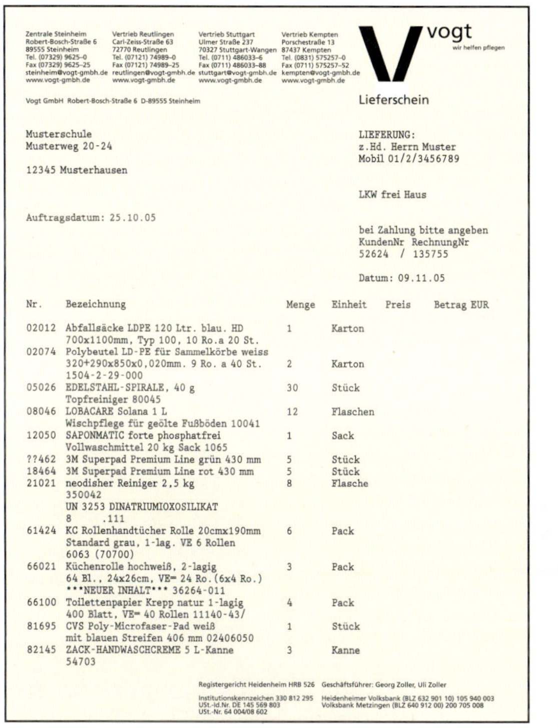

Zentrale Steinheim
Robert-Bosch-Straße 6
89555 Steinheim
Tel. (07329) 9625-0
Fax (07329) 9625-25
steinheim@vogt-gmbh.de
www.vogt-gmbh.de

Vertrieb Reutlingen
Carl-Zeiss-Straße 63
72770 Reutlingen
Tel. (07121) 74989-0
Fax (07121) 74989-25
reutlingen@vogt-gmbh.de
www.vogt-gmbh.de

Vertrieb Stuttgart
Ulmer Straße 237
70327 Stuttgart-Wangen
Tel. (0711) 486033-6
Fax (0711) 486033-88
stuttgart@vogt-gmbh.de
www.vogt-gmbh.de

Vertrieb Kempten
Porschestraße 13
87437 Kempten
Tel. (0831) 575257-0
Fax (0711) 575257-52
kempten@vogt-gmbh.de
www.vogt-gmbh.de

vogt
wir helfen pflegen

Vogt GmbH Robert-Bosch-Straße 6 D-89555 Steinheim

Lieferschein

Musterschule
Musterweg 20-24

12345 Musterhausen

LIEFERUNG:
z.Hd. Herrn Muster
Mobil 01/2/3456789

LKW frei Haus

Auftragsdatum: 25.10.05

bei Zahlung bitte angeben
KundenNr RechnungNr
52624 / 135755

Datum: 09.11.05

Nr.	Bezeichnung	Menge	Einheit	Preis	Betrag EUR
02012	Abfallsäcke LDPE 120 Ltr. blau. HD 700x1100mm, Typ 100, 10 Ro.a 20 St.	1	Karton		
02074	Polybeutel LD-PE für Sammelkörbe weiss 320+290x850x0,020mm. 9 Ro. a 40 St. 1504-2-29-000	2	Karton		
05026	EDELSTAHL-SPIRALE, 40 g Topfreiniger 80045	30	Stück		
08046	LOBACARE Solana 1 L Wischpflege für geölte Fußböden 10041	12	Flaschen		
12050	SAPONMATIC forte phosphatfrei Vollwaschmittel 20 kg Sack 1065	1	Sack		
??462	3M Superpad Premium Line grün 430 mm	5	Stück		
18464	3M Superpad Premium Line rot 430 mm	5	Stück		
21021	neodisher Reiniger 2,5 kg 350042 UN 3253 DINATRIUMIOXOSILIKAT 8 .111	8	Flasche		
61424	KC Rollenhandtücher Rolle 20cmx190mm Standard grau, 1-lag. VE 6 Rollen 6063 (70700)	6	Pack		
66021	Küchenrolle hochweiß, 2-lagig 64 Bl., 24x26cm, VE= 24 Ro.(6x4 Ro.) ***NEUER INHALT*** 36264-011	3	Pack		
66100	Toilettenpapier Krepp natur 1-lagig 400 Blatt, VE= 40 Rollen 11140-43/	4	Pack		
81695	CVS Poly-Microfaser-Pad weiß mit blauen Streifen 406 mm 02406050	1	Stück		
82145	ZACK-HANDWASCHCREME 5 L-Kanne 54703	3	Kanne		

Registergericht Heidenheim HRB 526 Geschäftsführer: Georg Zoller, Uli Zoller
Institutionskennzeichen 330 812 295 Heidenheimer Volksbank (BLZ 632 901 10) 105 940 003
USt.-Id.Nr. DE 145 569 803 Volksbank Metzingen (BLZ 640 912 00) 200 705 008
USt.-Nr. 64 004/08 602

Lieferschein (Reinigungsmittel)

Arbeitsablauf:

- Begrüßung:
  Azubi grüßt Lieferanten
- Warenkontrolle:
  Stimmt Lieferung mit Lieferschein überein?
  Genaue Untersuchung der Ware nach folgenden Kriterien:
  - Bezeichnung der Ware, z. B. Allzweckreiniger
  - Menge, z. B. 10 Gebinde
  - Beschaffenheit, z. B. Unversehrtheit der Verpackung, bei Lebensmitteln Frische
  - Haltbarkeitsdatum
- Vermerk der Kontrolle auf Lieferschein bzw. Rechnung, sichtbare Mängel auf Lieferschein bestätigen lassen
- Ware entgegennehmen
- Lieferanten mit Dank für die einwandfreie Lieferung (falls keine Mängel festgestellt wurden) verabschieden
- Lagerung (genaue Artikelbezeichnung, Menge, Lieferant, Datum der Lieferung, Warenwert) dokumentieren

Defekte Verpackung

4.2.4 Telefongespräche entgegennehmen

Telefonieren ist eine moderne Kommunikation. Innerhalb des Betriebes und für die Verbindung zu Geschäftspartnern ist das Telefon unentbehrlich.

Fallbeispiel:
Telefonische Krankmeldung einer Mitarbeiterin.
Auszubildende nimmt Krankmeldung entgegen.

Beteiligte Personen:

Anrufer ⇄ ***Mitteilung*** ⇄ **Auszubildende**

Arbeitsablauf:

- nach dem Signalton Gespräch sofort annehmen
- mit Namen der Einrichtung, dem gültigen Tagesgruß und mit Namen melden:
  „Guten Tag, Seniorenheim Waldblick, Auszubildende Svenja Müller“
  deutlich und freundlich sprechen
- Name der Mitarbeiterin merken,
  Anruferin mit Namen anreden
- Krankmeldung entgegennehmen,
  geduldig sein, Telefonpartner aussprechen lassen
- Sprachunarten vermeiden:
  „Sind Sie schon wieder krank?“
  „Sie müssen …“
  „Das stimmt nicht“
  „Passen Sie mal auf!“
- auf Sprechweise achten (Betonung, Tempo, Pausen, Lautstärke, Aussprache, Stimmlage)
- Telefonprotokoll anfertigen:
  - Name der Abteilung
  - Datum
  - Uhrzeit
  - Anrufer (Mitarbeiterin)
  - Telefon
  - Anliegen (Krankmeldung)
  - Unterschrift
- baldige Genesung wünschen
- für den Anruf danken und Verabschiedung

Gespräch annehmen

↓

Begrüßung

↓

Mitteilung des Anliegens

Telefonprotokoll

Name der Abteilung: Wäscherei
Datum: 17.05.2006
Uhrzeit: 9:30 Uhr
Anrufer: Frau Lisa Bauer
Tel. 07841/12345
Anliegen: Krankmeldung
vom 17.05.2006
bis 20.05.2006
Ärztl. Attest folgt.
Unterschrift: S. Müller

↓

Verabschiedung

Hilfreich beim Telefonieren sind:
- Schreibzeug
- Notizblock
- Formulare (Telefonnotiz)
- Telefonverzeichnis der Firma
- Telefonbuch
- Branchenbuch (Gelbe Seiten)

Telefonarbeitsplatz

4.2.5 Gesprächsnotiz

Falls die Geschäftsleitung nicht erreichbar ist und die Gäste- bzw. Kundenwünsche nicht erledigt werden können, muss eine Gesprächsnotiz angefertigt werden. Sie enthält die wichtigsten Mitteilungen während des Gesprächs. Der Empfänger kann später die Inhalte des Gesprächs lesen und entsprechend handeln.

Eine Gesprächsnotiz sollte folgende Punkte enthalten:

- Empfänger
- Gesprächsteilnehmer
  Name:
  Firma:
  Anschrift:
  Telefon/Fax:
- Anliegen des Kunden/Gastes
- Anlagen, z. B. Prospekte, Visitenkarte
- Unterschrift mit Datum und Uhrzeit

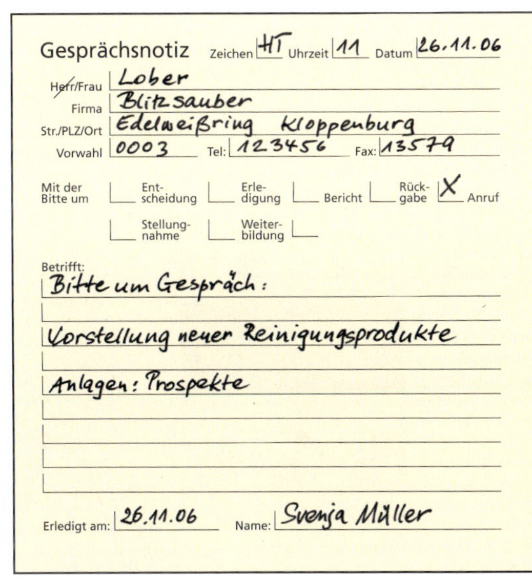

Gesprächsnotiz Zeichen HT Uhrzeit 11 Datum 26.11.06

Herr/Frau Lober
Firma Blitzsauber
Str./PLZ/Ort Edelweißring Kloppenburg
Vorwahl 0003 Tel: 123456 Fax: 13579

Mit der Bitte um: Entscheidung, Erledigung, Bericht, Rückgabe, Anruf X, Stellungnahme, Weiterbildung

Betrifft:
Bitte um Gespräch:
Vorstellung neuer Reinigungsprodukte
Anlagen: Prospekte

Erledigt am: 26.11.06 Name: Svenja Müller

Arbeitsaufträge:

1. Führen Sie in Ihrer Klasse ein Rollenspiel durch: Reinigungsmittel werden angeliefert. Herr Saubermann ist der Lieferant und Azubi Svenja Müller nimmt die Ware entgegen. Ein Schüler übernimmt die Rolle des Herrn Saubermann, eine Schülerin die der Azubi.
   Die Klasse beurteilt das Gespräch und hält die Ergebnisse schriftlich fest.
2. Beschreiben Sie den Verlauf eines Telefongesprächs einer Auszubildenden mit einer Ausbildungsberaterin. Die Ausbildungsberaterin meldet sich zum Besuch des Ausbildungsbetriebes an.

Textilpflege

Schmutzige Wäsche hat einen unangenehmen Geruch, ist unhygienisch und sieht nicht schön aus. Deshalb muss sie gereinigt und gepflegt werden. Durch materialgerechte Textilpflege wird der Gebrauchswert erhalten; z. B. Wollpullover sollen nicht eingehen, sich nicht verformen oder Farbe verlieren. Mit sparsamem Strom-, Wasser- und Waschmittelverbrauch wird die Umwelt weniger belastet.

5 Textilien unterscheiden

5.1 Textilarten

Im Haushalt gibt es eine Vielzahl von Textilien.
Folgende Textilarten können unterschieden werden:

Oberbekleidung	Wäsche	Heimtextilien
Blusen, Hemden Hosen Shirts Kleider Anzüge Sakkos Sportbekleidung Berufskleidung	Unterwäsche Nachtwäsche Bettwäsche Tischwäsche Küchenwäsche Strümpfe, Socken Reinigungstücher	Gardinen Vorhänge Kissenbezüge Sets Vorleger Polsterbezüge Decken

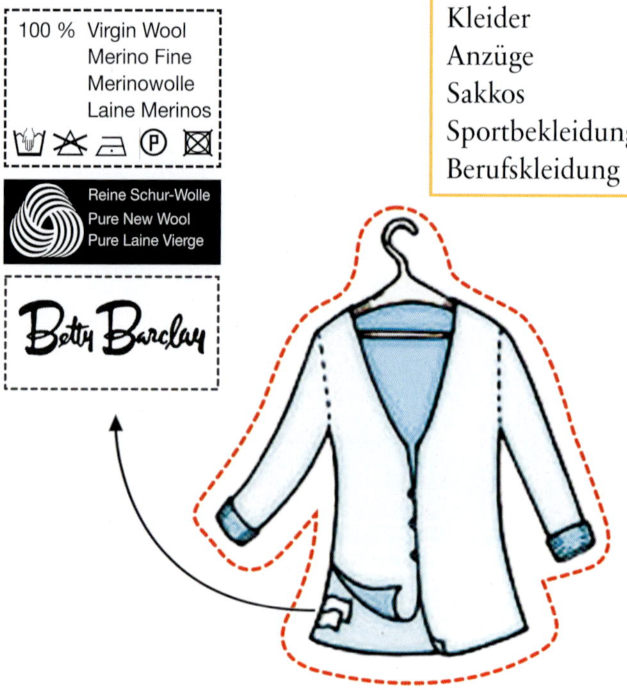

5.2 Textilkennzeichnung

Textilien sind mit unterschiedlichen Kennzeichen (Symbole, Wörter, Zahlen) ausgestattet. Im Textilkennzeichnungsgesetz (TKG) ist festgelegt, wie ein Textilerzeugnis gekennzeichnet sein muss, wenn es an den Endverbraucher abgegeben wird. Der Verbraucher soll beim Kauf von Textilien wissen, aus welchen Rohstoffen sie bestehen. Die in einem Textil verarbeiteten **Rohstoffe** (z. B. Wolle, Leinen) (s. S. 34 f.) **müssen** in Gewichtsprozenten (%) angegeben sein.

Hinweise zur Pflege der Textilien sind heute üblich, aber keine Pflicht.
Warenzeichen (z. B. Tactel, Sympatex), **Gütezeichen** (z. B. Leinensiegel, Wollsiegel) und **Pflegesymbole** sind **freiwillig.**

Verpflichtend	Freiwillig
100 % Virgin Wool Merinowolle	 Wollsiegel Betty Barclay

Pflegesymbole sind international festgelegt und vom Verbraucher **erwünscht.** Sie sind Hinweise für die Pflegemaßnahmen an Textilien.

INTERNATIONALE TEXTILPFLEGESYMBOLE

Waschen		
Normalwaschgang (95)	Normalwaschgang (60)	Schonwaschgang (60)
Normalwaschgang (40)	Schonwaschgang (40)	Spezialschonwaschgang (40)
Normalwaschgang (30)	Schonwaschgang (30)	Spezialschonwaschgang (30)
Handwäsche maximale Temperatur 40 °C	Nicht Waschen	Die Zahlen im Waschbottich zeigen die maximal zulässige Waschtemperatur in °C an. *
Bleichen		
Chlor- oder Sauerstoffbleiche erlaubt	Nur Sauerstoffbleiche (keine Chlorbleiche) erlaubt	Nicht Bleichen
Trocknen		
Trocknen im Tumbler möglich, normale Temperatur, 80 °C normaler Trocknungsprozess	Trocknen im Tumbler möglich, niedrige Temperatur, 60 °C normaler Trocknungsprozess	Nicht im Wäschetrockner/ Tumbler trocknen
Trocknen auf der Wäscheleine	Trocknen aus dem tropfnassen Zustand	Liegend trocknen
Liegend trocknen aus dem tropfnassen Zustand	Trocknen auf der Wäscheleine im Schatten	Trocknen aus dem tropfnassen Zustand im Schatten
Liegend trocknen im Schatten	Liegend trocknen aus dem tropfnassen Zustand im Schatten	Die Punkte kennzeichnen die Trocknungsstufe des Tumblers. Die Striche kennzeichnen Art und Ort des Trocknens.
Bügeln		
Bügeln mit einer Höchsttemperatur der Bügeleisensohle von 200 °C	Bügeln mit einer Höchsttemperatur der Bügeleisensohle von 150 °C	Die Punkte kennzeichnen die Temperaturstufe des Bügeleisens.
Bügeln mit einer Höchsttemperatur der Bügeleisensohle von 110 °C*	Nicht Bügeln	* Vorsicht beim Dampfbügeln
Professionelle Textilpflege		
Professionelle Trockenreinigung, normaler Prozess (P)	Professionelle Trockenreinigung, schonender Prozess (P)	Professionelle Trockenreinigung, normaler Prozess (F)
Professionelle Trockenreinigung, schonender Prozess (F)	Nicht Trockenreinigen	Die Buchstaben im Kreis kennzeichnen die Lösemittel (P, F) die in der Trockenreinigung angewendet werden oder die Nassreinigung (W). *
Professionelle Nassreinigung, normaler Prozess (W)	Professionelle Nassreinigung, schonender Prozess (W)	*Generell: Der Strich unter dem Symbol kennzeichnet eine mildere Behandlung (z. B. Schongang für Pflegeleichtartikel). Der doppelte Strich kennzeichnet Pflegestufen mit besonders schonender Behandlung.
Professionelle Nassreinigung, besonders schonender Prozess (W)	Nicht Nassreinigen	

5.3 Textile Rohstoffe

Kenntnisse über textile Rohstoffe sind sehr wichtig. Der Verbraucher kann die Gebrauchseigenschaften und Verwendbarkeit der Textilien beurteilen und geeignete Pflegemaßnahmen ergreifen.

Einteilung der textilen Rohstoffe

Naturfasern		Chemiefasern	
Pflanzliche Fasern bestehen aus Zellulose	**Tierische Fasern** bestehen aus Eiweißstoffen	**Zellulosische Fasern,** hergestellt aus Zellulose	**Synthetische Fasern,** hergestellt aus Kohle und Erdöl

Baumwolle Leinen Ramie Jute Kokos Hanf	Wolle: Schaf Haare: Lama Kamel Angorakaninchen Kaschmirziege Mohairziege Seide: Maulbeerseide Tussahseide	Viskose Modal Lyocell Cupro Acetat Triacetat	Polyamid Polyacryl Polyester Elastan

Reife, aufgesprungene Baumwollkapsel

Baumwollstrauch in der Blüte

5.3.1 Baumwolle (pflanzliche Faser)

Baumwolle ist eine einjährige Pflanze. Aus den Blüten entwickeln sich walnussgroße Kapseln, die zur Reifezeit aufspringen.
Beim Ernten werden die Samenfasern mit den Samen aus den Kapseln herausgerissen und von den Samen getrennt.
Die Fasern werden zur Herstellung der Textilien verwendet und die Samen liefern Fette für die Speiseölherstellung.

Eigenschaften:
- saugfähig
- reißfest
- kühlt
- läuft ein
- knittert stark
- blutet aus
- bildet Stockflecken

Verwendung:
- Oberbekleidung
- Wäsche
- Heimtextilien

Pflegeanleitung:

Waschen	Trocknen	Bügeln	Chemischreinigung
95 weiß, 30 bis 60 bunt		Bügelgut anfeuchten	

Internationales Baumwollkennzeichen

Kennzeichnung:
Das internationale Baumwollkennzeichen garantiert Textilien aus reiner Baumwolle mit guter Qualität.

5.3.2 Leinen (pflanzliche Faser)

Flachspflanze

Die Lein- oder Flachspflanze ist wie Baumwolle eine einjährige Pflanze. Die Leinenfaser wird aus dem Stängel der Flachspflanze gewonnen. Die Samen liefern das Leinöl.

Eigenschaften:
- saugfähig
- sehr reißfest
- keine Flusenbildung
- glänzend
- knittert stark
- kühlt

Verwendung:
- Oberbekleidung
- Küchenwäsche
- Heimtextilien

Pflegeanleitung:

Waschen	Trocknen	Bügeln	Chemischreinigung
95 weiß, 30 bis 60 bunt		Bügelgut anfeuchten	

Kennzeichnung:
Das Schwurhandsiegel ist ein geschütztes Warenzeichen des Gesamtverbandes der deutschen Leinenindustrie.

Mit dem Schwurhandsiegel **ReinLeinen** dürfen nur Textilien aus 100 % Leinen gekennzeichnet sein.
HalbLeinen besteht aus Baumwolle mit mind. 40 % Leinenanteil.
LeinenPlus steht für Leinenmischungen mit Seide, Wolle oder Kaschmir. Der Leinenanteil beträgt mindestens 30 %.

Schwurhandsiegel Leinen

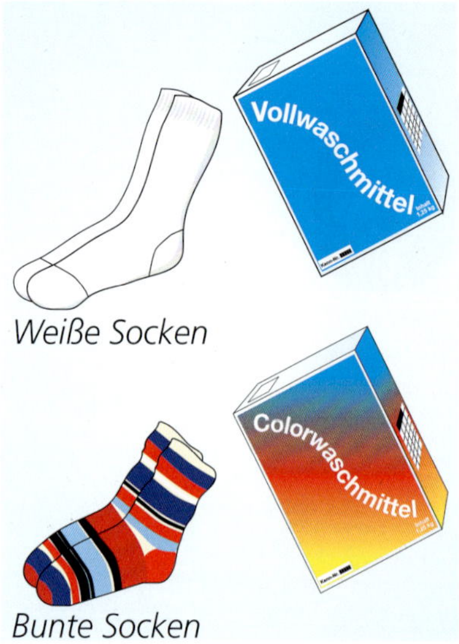

Weiße Socken

Bunte Socken

Maßnahmen zur Qualitätssicherung:

- Textilien vor dem ersten Tragen waschen, damit Farb- und Ausrüstungsrückstände entfernt werden.
- Bunte Baumwoll- und Leinentextilien bluten aus, d. h., sie verlieren Farbstoffe.
  Deshalb bunte und weiße Textilien getrennt waschen.
- Pflanzliche Fasern laufen beim Waschen und Trocknen im Wäschetrockner ein, sie schrumpfen (krumpfen). Beim Einkauf das Schrumpfen (Krumpfen) berücksichtigen.
- Textilien aus Baumwolle und Leinen vor dem Bügeln mit Wasser einsprengen und einwirken lassen (s. S. 79).
  Die Knitterfalten lassen sich dann besser entfernen.
- Baumwoll- und Leinentextilien trocken aufbewahren.
  In feuchten Textilien bilden sich Stockflecken, die durch das Waschen nicht mehr entfernt werden können.

Arbeitsaufträge:

1. Untersuchen Sie die Etiketten von verschiedenen Textilien aus Ihrem privaten und betrieblichen Bereich. Fertigen Sie eine Liste an und tragen Sie darin die Textilien mit überwiegend Baumwolle und überwiegend Leinen ein.
2. Vergleichen Sie die Pflegesymbole in den Etiketten mit den Pflegeanleitungen für Baumwolle und Leinen.

Schafherde

5.3.3 Wolle (tierische Faser)

Wolle ist die älteste Textilfaser der Welt. Sie wird aus den Haaren von Tieren hergestellt. Die Wolle vom lebenden, gesunden Schaf und auch die Haare von Kamelen, Kaschmir- und Mohairziegen dürfen als „Reine Schurwolle“ bezeichnet werden.

Wollknäuel

Eigenschaften:

- sehr saugfähig
- wärmt
- Schmutz abweisend
- geringe Scheuerfestigkeit
- knitterarm
- verfilzt
- anfällig für Motten

Verwendung:

- Oberbekleidung
- Socken
- Unterwäsche

Pflegeanleitung:

Waschen	Trocknen	Bügeln	Chemischreinigung
 		 Mit Dampf oder feuchtem Tuch	

Kennzeichnung:
Für Wolle gibt es drei verschiedene Gütezeichen.

Reine Schurwolle

Woolmark
100 % reine Schurwolle

Schurwolle mit Beimischung

Woolmark BLEND
Schurwolle und andere Fasern, z. B. Baumwolle; Wollanteil muss überwiegend sein

COOL WOOL Reine Schurwolle

COOL WOOL
100 % Schurwolle, nur für Bekleidung, deren Gesamteindruck sommerlich ist

5.3.4 Seide (tierische Faser)

Der Seidenfaden wird aus dem Kokon (Hülle) des verpuppten Maulbeerspinners oder des Tussahspinners gewonnen.
Der Maulbeerspinner liefert die Zuchtseide, der Tussahspinner die Wildseide.

Seidenraupe beim Einspinnen

Eigenschaften:
- glänzend
- temperaturausgleichend
- reißfest
- leicht
- glatt
- lichtempfindlich

Verwendung:
- Oberbekleidung
- Wäsche
- Heimtextilien

Kokon

Pflegeanleitung:

Waschen	Trocknen	Bügeln	Chemischreinigung
(Handwäsche) (30)	(nicht im Trockner)	(Bügeleisen, ein Punkt)	(O)

Kennzeichnung:
Das internationale Seidenzeichen bürgt für reine Seide und gute Qualität.

100 %
Seide
Silk
Soie
Seta

Internationales Seidenzeichen

Wollpullover trocknen

Luftwäsche

Seidenbluse trocknen

Maßnahmen zur Qualitätssicherung:

- Auf chemischen Mottenschutz bei Wolle verzichten! Er schadet der Gesundheit und belastet die Umwelt. Wolle kann vor Mottenfraß durch Auslegen von Duftsäckchen oder wohlriechender Seife geschützt werden.
- Wolle weist Schmutz ab und reinigt sich damit selbst. Deshalb genügt oft eine „Luftwäsche", das Lüften.
- Wolle beim Waschen nicht reiben oder wringen. Das Textil verfilzt.
- Wolle zum Trocknen auslegen, nicht aufhängen.
- Die Bezeichnung „Wolle" ist keine Garantie für Schurwolle. Wolle kann aus Wollabfällen oder aus Wollfasern vom toten Schaf hergestellt sein (Reißwolle).
- Seide knittert; Seide nicht schleudern, nur tropfnass aufhängen.
- Seide vor dem Bügeln in ein feuchtes Tuch einrollen.
- Deos, Parfüm und Schweiß können bei Seide Farbtonveränderungen hervorrufen und sie brüchig machen.

Arbeitsaufträge:

1. Stellen Sie fest, in welchen Textilien Wolle oder Seide enthalten ist. Verwenden Sie dabei Kataloge, Prospekte, Internet, Angebote im Fachhandel, Textilien aus Ihrem privaten Bereich und Textilien am Arbeitsplatz. Ordnen Sie diese Textilien den Faserarten zu.
2. Vergleichen Sie die tierischen Fasern mit den pflanzlichen Fasern hinsichtlich der Eigenschaften und Pflege. Welche Unterschiede sind für die Verbraucher wichtig?
3. Informieren Sie sich über die Preise von folgenden Textilien:
   - Pullover, ausgezeichnet mit Wollsiegel „Reine Schurwolle".
   - Pullover, ausgezeichnet mit „100 % Wolle".

Begründen Sie die Preisunterschiede.

5.3.5 Zellulosische Chemiefasern (Viskose, Modal, Lyocell)

Das Ausgangsmaterial der zellulosischen Fasern ist Zellstoff, der aus Holz oder Baumwollabfällen gewonnen wird.
Chemikalien verflüssigen den Zellstoff.
Das ergibt eine Spinnlösung, die durch feine Spinndüsen in eine wässrige Lösung (Fällbad) gepresst wird. Im Fällbad lösen sich die Chemikalien aus der Zellulose und die Endlosfäden (Filamente) erstarren. Als Endprodukt hat man **künstliche, aber chemikalienfreie Zellulosefäden.**

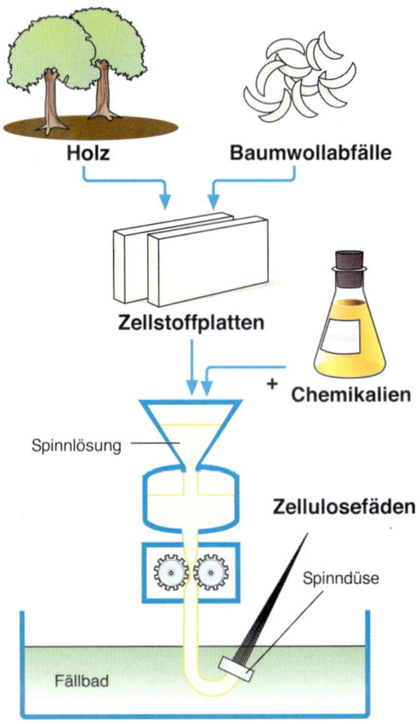

Die Herstellung der Zellulosefasern belastet sehr stark die Umwelt. Der Energieverbrauch und Chemikalieneinsatz ist hoch.

Eigenschaften:
- sehr saugfähig
- geringe Reißfestigkeit
- gut färbbar
- hautfreundlich
- kann einlaufen
- knittert stark

Verwendung:
- Oberbekleidung
- Heimtextilien
- Wäsche

Pflegeanleitung:

Waschen		Trocknen		Bügeln	Chemischreinigung
40 Viskose	60 Modal	Viskose	Modal	Bügeleisen ••	○

Kennzeichnung:
keine

Fasernarten:

- **Viskose** ist eine Zellulosefaser, die sehr viel Ähnlichkeit mit der Baumwolle hat.
- **Modal** ist eine verbesserte Viskosefaser. Sie ist reißfester, strapazierfähiger und weniger empfindlich beim Waschen.
- **Lyocell** hat die höchste Reißfestigkeit aller Zellulosefasern. Stoffe aus Lyocell haben oft einen seidigen Griff, fließenden Fall und edlen Schimmer.

Lyocell-T-Shirt

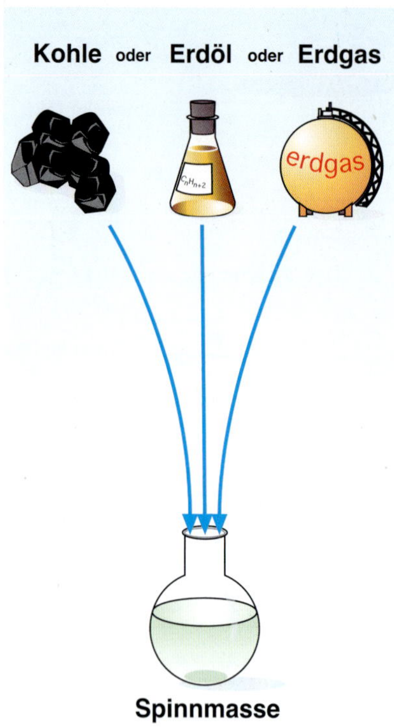

5.3.6 Synthetische Fasern (Polyester, Polyamid, Polyacryl, Elastan)

Ausgangsmaterial zur Herstellung synthetischer Fasern sind Erdöl, Erdgas oder Kohle.
In komplizierten Verfahren (Synthese) wird die Spinnmasse gewonnen. Wie bei der zellulosischen Chemiefaser entstehen durch feine Düsen gepresst die Synthetikfäden.

Eigenschaften:
- einlaufsicher
- hohe Reißfestigkeit
- wenig saugfähig
- laden sich elektrostatisch auf
- geringe Knitterneigung

Verwendung:
- Oberbekleidung
- Wäsche
- Heimtextilien

Pflegeanleitung:

Waschen	Trocknen	Bügeln	Chemischreinigung
30 bis 60	⊡	⏥ (•)	○

Kennzeichnung:
keine

Maßnahmen zur Qualitätssicherung:
- Die Herstellung von zellulosischen Chemiefasern ist mit Ausnahmen (z. B. Lyocell) sehr umweltbelastend. Da sie ähnliche Eigenschaften wie Baumwolle haben, sollte Baumwolle bevorzugt werden.
- Gardinen aus synthetischen Chemiefasern laden sich elektrostatisch auf und binden den Feinschmutz. Der Zusatz von Weichspüler ins letzte Spülwasser verhindert die elektrostatische Aufladung.
- Chemiefaser nur mit reduzierter Wäschemenge in der Waschmaschine waschen. Bei normaler Beladung und hohen Waschtemperaturen können sich bleibende Knitterfalten bilden.
- Textilien aus glatten Synthetikfasern tropfnass aufhängen oder nur kurz anschleudern.
- Synthetische Fasern werden häufig mit Naturfasern gemischt (Fasermischungen). Z. B. enthalten Pullover oft Baumwolle und Polyacryl. Dadurch wird das Textil strapazierfähiger, farbbeständig, formbeständig und hat eine geringere Knitterneigung.

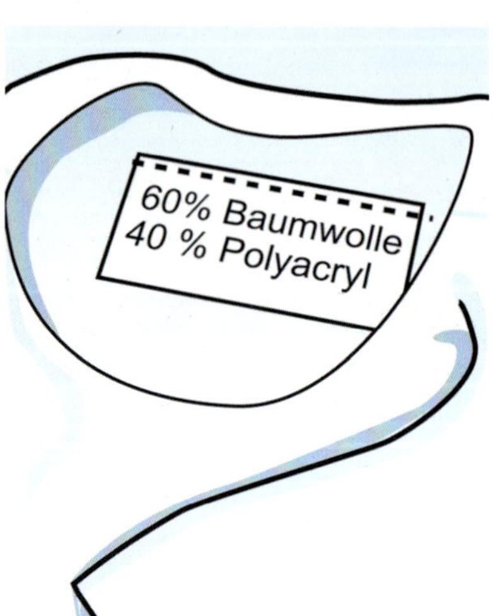

Fasermischung

5.3.7 Mikrofasern – neue Fasergeneration

Mikrofasern sind eine besondere Art der Chemiefasern. Sie werden sowohl aus synthetischen Fasern als auch aus Zellulosefasern hergestellt.
Mikrofasern unterscheiden sich von den bisherigen Fasern durch ihre Feinheit. Ein 10 km langes Garn wiegt weniger als 1 g. Damit ist eine Mikrofaser feiner als alle natürlichen Fasern.

Mit 3 kg Mikrofasergarn könnte man die Erde einmal umfahren.

Eigenschaften:
- atmungsaktiv (Körperfeuchtigkeit wird nach außen abtransportiert, Körper bleibt trocken)
- sehr leicht
- fließender Fall
- seidiger Glanz
- strapazierfähig
- weicher Griff

Verwendung:
- Oberbekleidung
- Wetterschutzkleidung
- Wäsche
- Heimtextilien

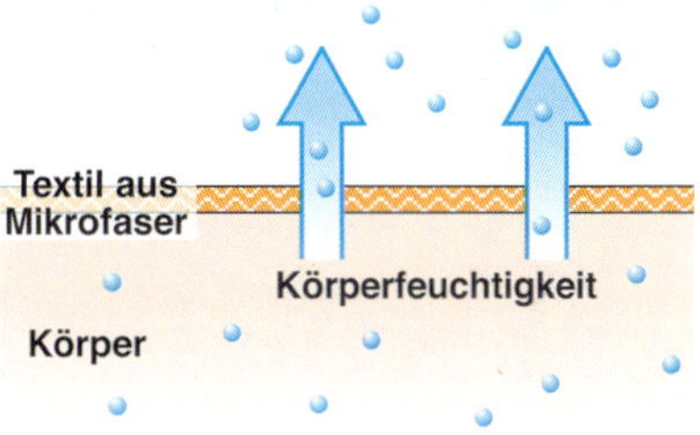

Pflegeanleitung:

Waschen	Trocknen	Bügeln	Chemischreinigung
30 bis 60	Lufttrocknung empfohlen	nicht notwendig	○

Kennzeichnung:
Textilien aus Mikrofasern kann man an den Markenzeichen erkennen, z. B.:
Trevira-Finesse®, Tactel®, Meryl®, Dralon-Mikro®, Mikro-Modal®, Alcantara.

Arbeitsaufträge:
1. Stellen Sie fest, in welchen Textilien Chemiefasern verarbeitet werden. Verwenden Sie dabei Kataloge, Prospekte, Internetsuche, Angebote im Fachhandel, Textilien aus Ihrem privaten Bereich, Textilien am Arbeitsplatz.
2. Überlegen Sie, weshalb in einem Textil oft mehrere Rohstoffe verarbeitet werden. Suchen Sie nach Lösungen zusammen mit Ihren Mitschülern.
3. Eine Verkäuferin bietet Ihnen eine Hose aus Modal an. Sie bemerkt dazu: „Das ist ein Textil aus reinen Naturfasern." Nehmen Sie zu dieser Aussage Stellung.

5.4 Funktionelle Kleidung

Funktionelle Kleidung schützt vor Regen und Wind. Außerdem saugt sie überschüssige Körperfeuchtigkeit auf und leitet sie nach außen ab. Deswegen ist sie atmungsaktiv. Das Körperklima wird so aufrechterhalten, d. h. dass man weder zu sehr schwitzt noch dass man friert.

Dieses System funktioniert nur, wenn die Außentemperatur geringer als 20 °C ist.

Vor allem im Sport-, Freizeitbereich und bei Tätigkeiten im Freien wird funktionelle Kleidung getragen.

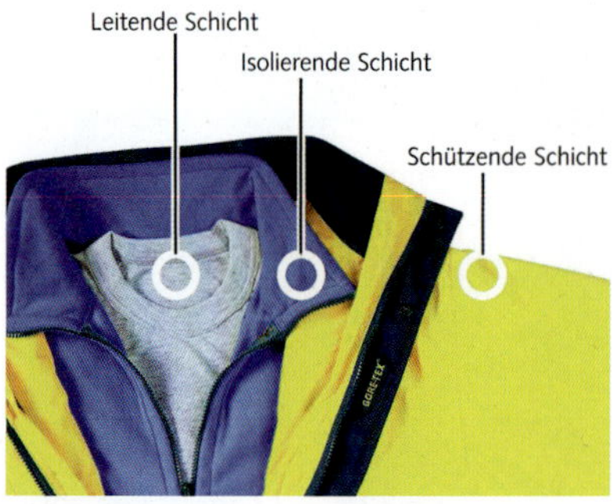

Funktionelles System: Unterwäsche als integrierte Maschenware, Fleecejacke aus Mikrofasern und Jacke aus Membran-Laminat ermöglichen ein angenehmes Tragegefühl.

Angebotsformen:

- **Textilien mit Membran**
  Zwischen Oberstoff und Futter ist eine hauchdünne Folie (Membran) eingearbeitet, die für Wassertropfen undurchlässig ist, aber den dampfförmigen Schweiß durchlässt.
  Die bekanntesten Membrane sind Gore-Tex und Sympatex.

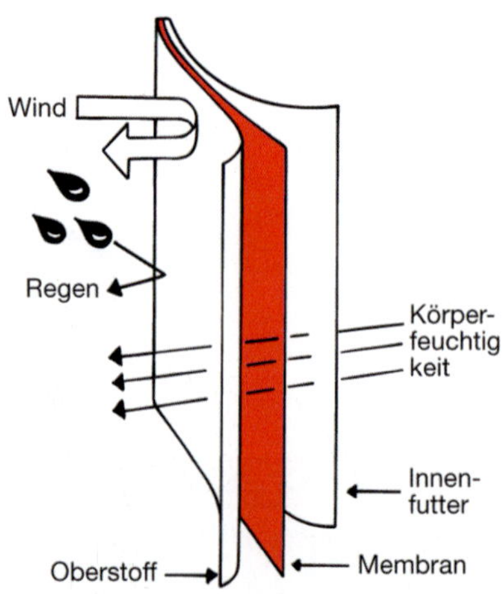

Regentropfen perlen ab. Feinste Tropfen der Körperflüssigkeit durchdringen die funktionelle Kleidung.

- **Textilien mit Beschichtungen**
  Auf der Rückseite des Oberstoffs wird eine Beschichtung aufgebracht, die teilweise wasserdicht und atmungsaktiv ist. Außerdem kann auch die Oberseite beschichtet werden, die Oberfläche ist dann Wasser abweisend.
  Diese Beschichtung wird für Regenbekleidung verwendet.

- **Textilien aus Mikrofasern** (s. S. 41)
  Aus Mikrofasern hergestellte Gewebe für Wetterbekleidung sind extrem dicht und durch eine zusätzliche Imprägnierung (Schutzschicht auf der Oberseite) Wasser abweisend und atmungsaktiv.

Mikrofasergewebe

- **Fleece** (**englisch für „Flausch“**)
  Das Fleece ist ein Kleidungsstück, das zwischen Unterwäsche und Jacke getragen wird. Es besteht aus Mikrofasern, die aufgeraut sind und daher gut wärmen. Es wird deshalb zusätzlich zu den Textilien mit Membran oder Textilien mit Beschichtung getragen.

Funktionsunterwäsche

Funktionsunterwäsche ist eine atmungsaktive Sportunterwäsche aus Mikrofasern.
Die Funktionsunterwäsche kann den Schweiß nur abtransportieren, wenn sie eng am Körper liegt.

Pflegeanleitung:

Waschen	Trocknen	Bügeln	Chemischreinigung
30 40	⊠		○

Funktionsunterwäsche

Spezialwaschmittel für funktionelle Kleidung

Maßnahmen zur Qualitätssicherung:
- Flüssig- oder Spezialwaschmittel für WWA-Textilien verwenden. Waschmittelpulver verstopft die Poren.
- Keinen Weichspüler verwenden. Die Textilien sind dann nicht mehr wasserfest und atmungsaktiv.
- Membran und Beschichtungen sind empfindlich. Schon bei kleinen Verletzungen der Oberseite verlieren sie die Wasser abstoßende Wirkung.
- Voraussetzung für die Atmungsaktivität ist eine Kleidung nach dem „Zwiebelprinzip".
  Im Winter sollte die Unterschicht (Unterwäsche), Mittelschicht (Fleece) und Oberschicht (Wetterkleidung, Regenjacke) aus funktionellem Material bestehen.

Arbeitsaufträge:
1. Ihre Kollegin zieht zum Skifahren eine teure Gore-Tex-Jakke mit Fleece, einen Baumwollrolli und eine Baumwollunterwäsche an.
   Beurteilen Sie die Auswahl der Textilien Ihrer Kollegin.
2. Erkundigen Sie sich im Fachgeschäft nach Textilien aus Mikrofasern.
   Ordnen Sie diese Textilien den Begriffen Oberbekleidung, Wäsche, Heimtextilien zu.
3. In einem Textilgeschäft wurde an einer Allwetterjacke mit Membran das Preisschild mit einer Sicherheitsnadel am Ärmel befestigt.
   Beurteilen Sie diese Preisauszeichnung.

5.5 Ausrüstungsverfahren

Um Textilien besondere Eigenschaften zu verleihen, werden sie einer Behandlung (Ausrüstung, Veredelung) unterzogen. Dadurch können sich das Aussehen (Optik), die Trageeigenschaften und auch die Pflege verbessern.

Antimikrobiell Sanitized®

Antimikrobielle Ausrüstung (Hygieneausrüstung)
Durch verschiedene keimhemmende Mittel wird das Wachstum der Bakterien vermindert. Diese Ausrüstung vermindert die Geruchsbildung beim Schwitzen und/oder verhindert Pilzbefall, z. B. bei Socken, Funktionsunterwäsche, Hemden.

Appretieren
Die Stoffe werden mit Stärke behandelt. Oft sollen minderwertige Stoffqualitäten dadurch einen besseren Griff und ein schöneres Aussehen erhalten. Die Waren werden dichter, glatter und Schmutz abweisender. Appreturen sind nicht waschecht.

Filzfreie Ausrüstung

Filzfreie Ausrüstung
Sie wird bei Wolle angewendet. Wollwaren sind dadurch im Wollwaschgang in der Waschmaschine waschbar.

Mercerisieren
Nur für zellulosische Fasern, hauptsächlich Baumwolle geeignet. Dadurch erhalten die Textilien und Garne einen dauerhaften Glanz und eine erhöhte Reißfestigkeit.

Pflegeleicht-Ausrüstung
100% Baumwolle bügelfrei

Bügelfrei-Ausrüstung
Bei zellulosischen Fasern wird die Knitterbildung vermindert. Die Textilien sind besser waschbar, sie trocknen rascher und können leicht überbügelt werden. Sie sind beim Tragen knitterarm, atmungsaktiv und hautsympathisch.

Rauen
Stoffe werden mit feinen Häkchen aufgeraut. Es entsteht ein Flaum, der das Textil weicher und wärmer macht, z. B. Molton, Biberbettwäsche.

Einlaufsicher

Sanforisieren (Krumpfarm-Ausrüstung)
Textilien aus zellulosischen Fasern werden mit Hitze und Feuchtigkeit behandelt. Sie laufen später beim Waschen nicht mehr ein.

6 Kleiderpflege ohne Waschen

Nicht jedes getragene Textil muss sofort gewaschen werden, weil es nicht mehr so frisch ist. Besonders Kleidungsstücke können nach einmaligem Tragen ausgebürstet, gelüftet oder aufgedämpft werden.
Zu häufiges Waschen führt zu Materialschäden und höherem Energie- und Waschmittelverbrauch.

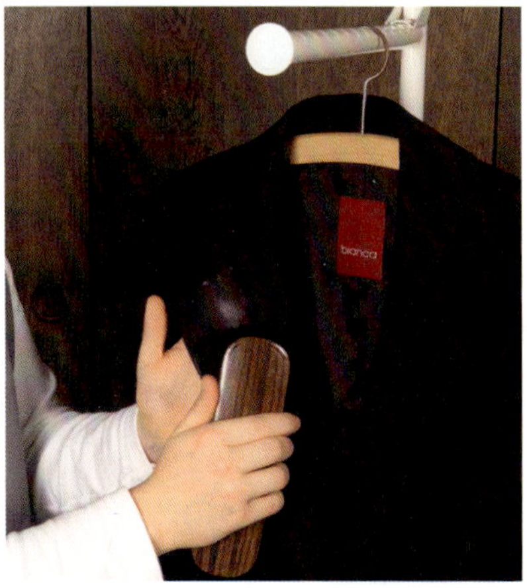

Sakko ausbürsten

6.1 Ausbürsten

Verstaubte Kleidungsstücke in Faserrichtung mit einer weichen Kleiderbürste reinigen, (Kap. Vorbreitung zum Waschen) und lüften.
Grobschmutz, z. B. Schlammspritzer, lassen sich nach dem Trocknen gut ausbürsten.
Flusen können mit einer Fusselrolle oder Flusenbürste entfernt werden.

Fusselrolle oder Flusenbürste

6.2 Lüften, Aushängen

Getragene Kleidungsstücke auf Kleiderbügel aus Kunststoff möglichst ins Freie hängen. Insbesondere Textilien aus verrauchten Räumen gut im Freien lüften oder im Wäschetrockner (s. S. 69) vom störenden Geruch befreien.
Bei intensiven Gerüchen muss das Textil gewaschen oder professionell gereinigt werden.
Beim Lüften im Freien sollten die Kleidungsstücke vor intensiver Sonnenstrahlung und Regen geschützt sein.

Kleidungsstück lüften

6.3 Aufdämpfen

Hosen, Sakkos, Mäntel oder Röcke mit Knitterfalten, Glanzstellen, Ausbeulungen sehen ungepflegt aus. Deshalb werden solche Textilien aus Schurwolle und Wollmischungen aufgedämpft.
Die Kleidungsstücke aus Baumwolle werden gebügelt.
Beim Dämpfen mit einem Bügeleisen verwendet man ein feuchtes Tuch. Es wird auf die Oberseite des Textils gelegt. Das Bügeleisen (s. S. 72) führt man mit sanftem Druck darüber.
Mit dem Dampfbügeleisen (s. S. 73) kann ebenfalls aufgedämpft werden. Zum Schutz von Glanzstellen sollte ein trockenes Tuch auf das Kleidungsstück gelegt werden.
Ohne Tuch kann man mit der Bügelstation (s. S. 74) arbeiten, wenn die Bügelsohle das Kleidungsstück nicht berührt.

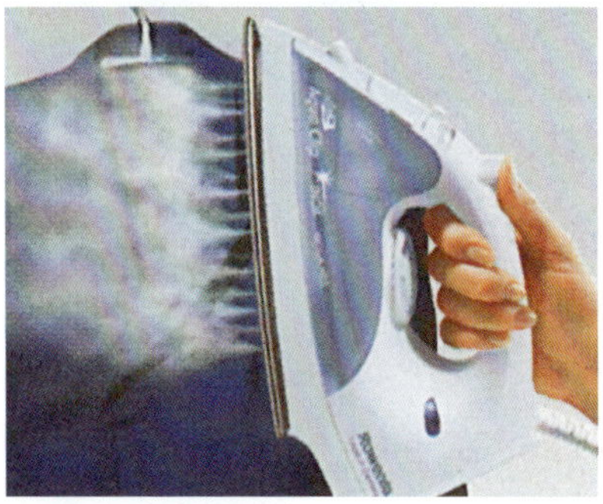

Sakko dämpfen

6.4 Fleckenentfernung

Immer wieder kommt es vor, dass ein Textil nur durch einen einzigen Fleck verunreinigt ist.

Es muss nicht das gesamte Kleidungsstück gewaschen werden, denn Flecken können mühelos entfernt werden. Schließlich stellt man sich auch nicht unter die Dusche, wenn nur die Hände schmutzig sind.

Je eher die Flecken entfernt werden, desto einfacher ist die Beseitigung.

Flecken in waschbaren Textilien können mit Gallseife oder einer Feinwaschmittellösung behandelt werden. Dabei das Mittel einwirken lassen, anschließend ausspülen und trocknen.

Für Flecken in nicht waschbaren Textilien (Pflegekennzeichen beachten!) müssen lösungsmittelhaltige Fleckenentferner (z. B. Fleckenwasser) verwendet werden.

Inzwischen gibt es für jede Fleckenart Spezialmittel, wenn Gallseife oder Feinwaschmittel nicht verwendet werden sollen.

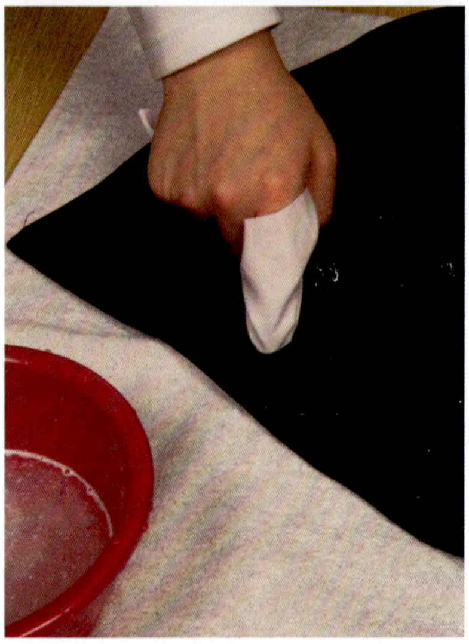

Fleckenentfernung

Arbeitsablauf:

- Flecken mit saugfähigem Papier oder Tuch abtupfen
- angetrocknete Verkrustungen vorsichtig abschaben
- Fleckenmittel an einer verdeckten Stelle auf Farbechtheit prüfen
- Tuch mit dem Fleckenmittel befeuchten, saugfähige Unterlage unterlegen, von außen nach innen tupfen
- Verschmutzung mit kreisenden Bewegungen von außen nach innen vorsichtig abreiben
- an der Luft oder mit Föhn trocknen
- nach der Behandlung Kleidungsstücke gut lüften

Fleckenbehandlung

Fleckenart	Behandlung
Harz	Mit Fleckenwasser oder Salatöl lösen, anschließend mit flüssiger Gallseife behandeln.
Kaugummi, Kerzenwachs	Textil einfrieren, anschließend Kaugummi/Kerzenwachs abheben. Textil zur Wäsche geben.
Kopierstift, Kugelschreiber	Fleckenwasser oder Spezialentferner
Ölfarbe	Terpentin, anschließend mit flüssiger Gallseife behandeln.
Rost	Rostentferner (nur für weiße und farbechte Textilien)
Schuhcreme, Lippenstift, Mascara	Flüssige Gallseife
Blut	Mit kaltem Wasser auswaschen, Gallseife.

Maßnahmen zur Qualitätssicherung:

- Zum Lüften keine Kleiderbügel aus Holz verwenden. Holz nimmt Feuchtigkeit auf und hinterlässt auf den Textilien Abdrücke.
- Nur saubere Kleidungsstücke aufdämpfen. Schmutz wird im Gewebe verfestigt.
- Fleckenentferner nur nach Gebrauchsanweisung benutzen.
- Spezielle Fleckenmittel sind teuer; bei nicht waschbaren Textilien mit besonderen Flecken empfiehlt sich eine professionelle Reinigung.
  Dies sollte nur in Ausnahmefällen stattfinden, denn die Umwelt wird durch diese Art der Reinigung sehr stark belastet.
- Nur trockene und saubere Kleidung im Schrank aufbewahren. Gerüche der verschmutzten Wäsche werden auf die saubere Wäsche übertragen.

Kunststoffbügel

Fleckenentferner

Arbeitsaufträge:

1. Diskutieren Sie in Ihrer Klasse über die Vor- und Nachteile der Kleiderpflege ohne Waschen.
2. Erkundigen Sie sich in Ihrem Betrieb, welche Pflegemaßnahmen an Oberbekleidung durchgeführt werden. Vergleichen Sie Ihre Ergebnisse mit denen Ihrer Mitschüler.
3. Ihre Hose hat einen Soßenfleck. Führen Sie die Fleckenentfernung durch.

7 Waschen

Beim Waschen wird der Schmutz aus dem Wäschestück entfernt. Vom Einsammeln und Aufbewahren der Schmutzwäsche bis zum Schrankfertigmachen der sauberen Wäsche gibt es viele Arbeitsschritte. Sie sind im Wäschekreislauf dargestellt.

7.1 Wäschekreislauf

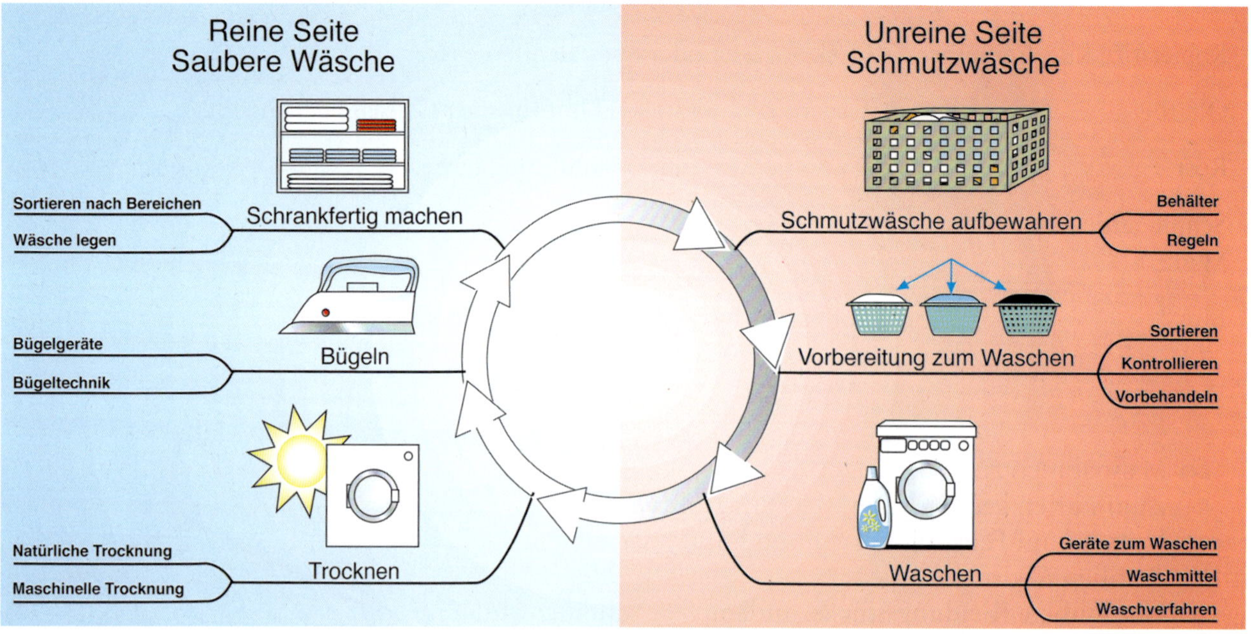

7.2 Schmutzwäsche aufbewahren

Schmutzwäsche wird gesammelt und so lange aufbewahrt, bis eine Waschmaschinentrommel optimal gefüllt werden kann. Grundsätzlich sollte Schmutzwäsche luftig, trocken, locker und nicht zu lange aufbewahrt werden. Dies geschieht in Sammelbehältern, die luftdurchlässig und leicht zu reinigen sind. Außerdem sollten sie keine scharfen Ecken und Kanten haben.

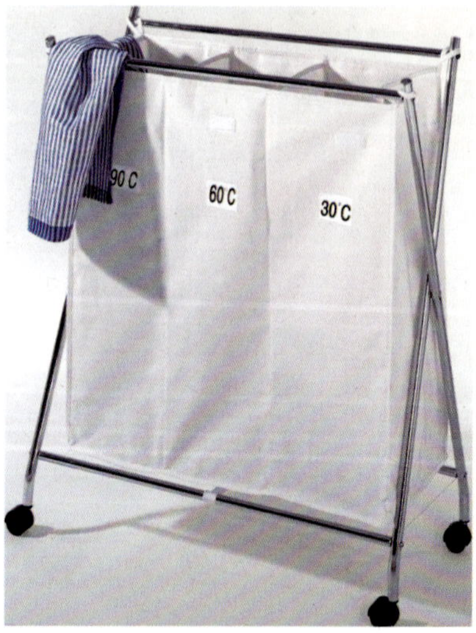

Schmutzwäschebehälter

Behälter für Schmutzwäsche:

- Waschkörbe aus Kunststoff
- waschbare Wäschebeutel oder Wäschesäcke
- Stahlgitterkörbe
- Truhen mit Lüftung.

7.3 Schmutzwäsche vorbereiten zum Waschen

Viele Wäscheschäden entstehen dadurch, dass Textilien vor dem Waschen falsch sortiert und ungenügend kontrolliert wurden. Durch fachgerechtes Vorbehandeln erzielt man ein besseres Waschergebnis. Wäscheschäden werden vermieden.

7.3.1 Schmutzwäsche sortieren

Schmutzwäsche wird nach folgenden Kriterien sortiert:

Farben	Temperaturbereiche	Waschprogramme	Verschmutzungsart
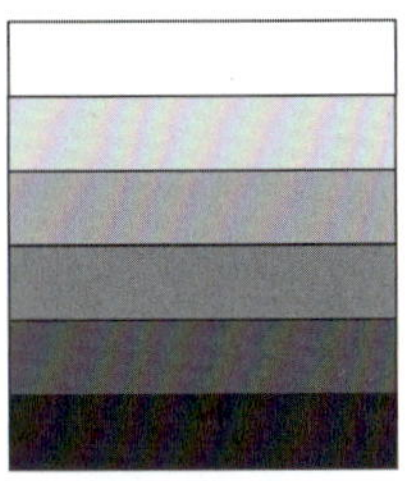	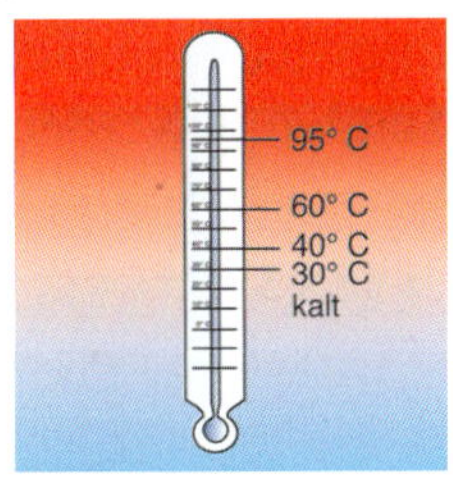		
Weißwäsche, Buntwäsche von hell bis dunkel	Kalt, 30 °C, 40 °C, 60 °C, 95 °C	Normalprogramm, Spezialprogramme, Handwäsche	Berufswäsche, Babywäsche, Krankenwäsche, neue Textilien

7.3.2 Schmutzwäsche kontrollieren und vorbehandeln

Gefaltete Teile:	Gefaltete Textilien, aufgerollte Ärmel und Hosenbeine entfalten, ausschlagen. Waschmittel kann besser einwirken.
Bettwäsche:	Bettwäsche auf die linke Seite wenden. Nähte und Ecken bei Bedarf ausbürsten. Bei Bezügen zwei Knöpfe schließen.
Taschen:	Entleeren, eventuell wenden und ausbürsten.
Bänder, Reißverschlüsse:	Bänder locker verknoten, Reisverschlüsse schließen.
Cordhosen, Jeans, T-Shirt mit Aufdruck:	Auf die linke Seite wenden, der Abrieb auf der linken Seite ist weniger sichtbar.
Kleine Teile:	Empfindliche kleine Teile (z. B. Strumpfhosen, Miederwaren) und Reinigungstücher aus Mikrofasern in Wäschesäckchen geben.
Vorbehandeln:	Stark verschmutzte Wäsche wenn nötig einweichen oder mit Gallseife, Waschpaste, Flüssigwaschmittel behandeln und 20–30 Minuten einwirken lassen (siehe Kapitel Fleckenbehandlung).

Hosenbeine entkrempeln

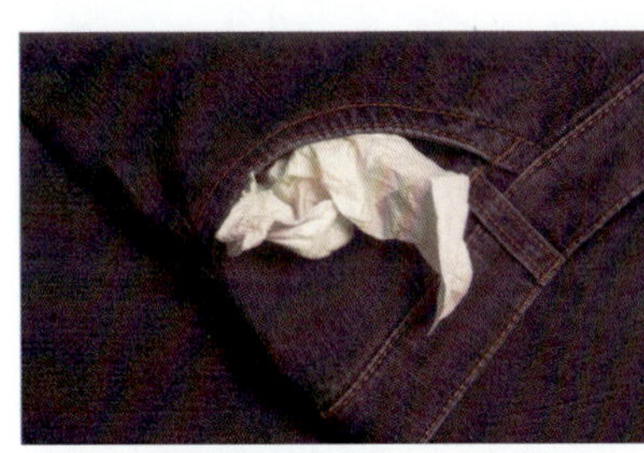

Papiertaschentücher entfernen

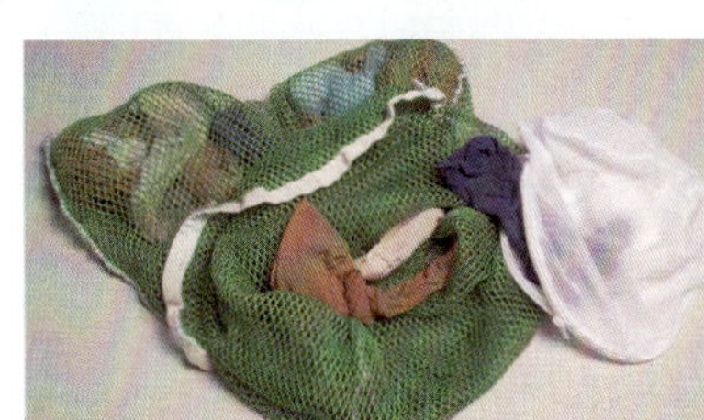

Wäschesäckchen

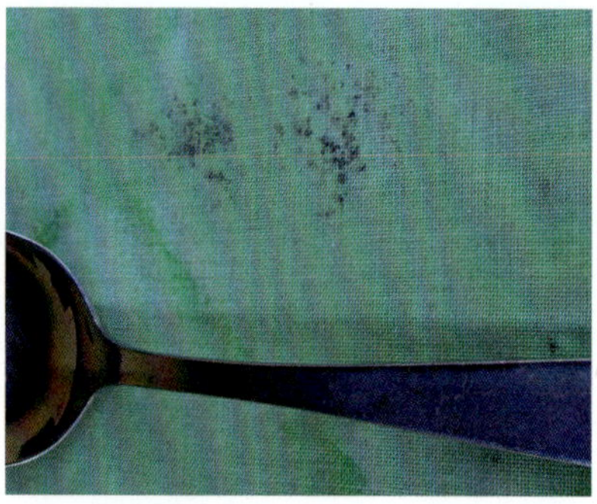

Stockflecken

Maßnahmen zur Qualitätssicherung:
- Schmutzwäsche getrennt von sauberer Wäsche aufbewahren.
- Feuchte Wäsche vor dem Lagern trocknen (Gefahr von Stockflecken).
- Säuglings- und Krankenwäsche getrennt aufbewahren.
- Wäsche im Großhaushalt kennzeichnen.
- Wäschebehälter beschriften oder durch unterschiedliche Farben kennzeichnen.
- Neue farbige Textilien auf Farbechtheit prüfen, eventuell erst von Hand waschen.
- Jedes neue Kleidungsstück vor Gebrauch waschen. Farbrückstände, Staub u. a. werden entfernt.

Arbeitsaufträge:
1. Beschreiben Sie den Arbeitsplatz zur Vorbehandlung der Schmutzwäsche. Welche Vorarbeiten führen Sie in Ihrem Betrieb durch?
2. Sammeln Sie in Ihrer Klasse oder Familie Beispiele für Wäscheschäden.
   Begründen Sie die Ursache dieser Schäden.

7.4 Waschfaktoren

Vier Faktoren spielen beim Waschen eine wichtige Rolle.

- **Zeit**
  Dauer des Waschvorgangs (Waschzeit), Mechanik, Temperatur und Waschlauge benötigen Zeit, um den Schmutz zu lösen. Die Dauer des Waschvorgangs ist abhängig von Waschprogramm (s. S. 60), der Waschtemperatur und vom Waschverfahren.

  - **Temperatur**
    Wassertemperatur von kalt bis 95 °C. Die Temperatur unterstützt die schnelle Lösung des Schmutzes und damit die Keimabtötung.

  - **Chemie**
    Wasch- und Waschhilfsmittel lösen und entfernen den Schmutz (s. S. 54).

- **Mechanik**
  Bewegung der Wäsche von Hand oder in der Maschine. Die Waschlauge kann besser auf den Schmutz einwirken. Die Stärke der Reibung ist abhängig von Bewegung und Beladung der Trommel.

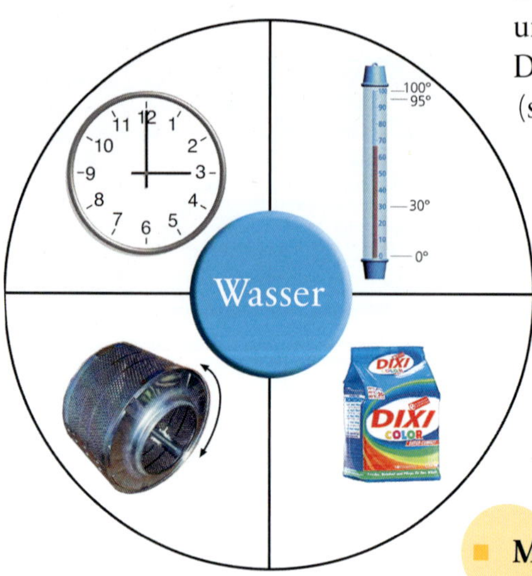

Faktoren im Sinnerschen Kreis: Zeit, Temperatur, Chemie und Mechanik

7.5 Wasser

Kreislauf des Wassers

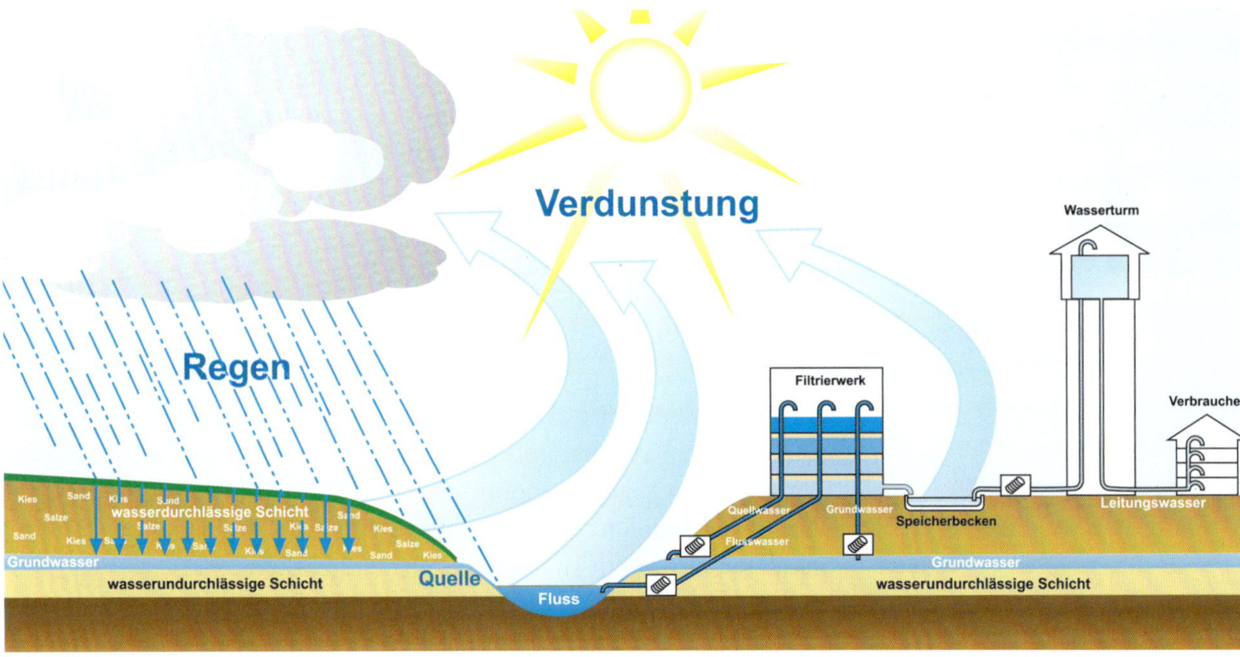

Unser Waschwasser (Trinkwasser aus der Wasserleitung) wird aus Grund-, Quell-, See und Flusswasser gewonnen. Auf dem Weg durch die Erdschichten nimmt das Wasser Kalk, Magnesium und andere Stoffe auf.

Wasser ist der wichtigste Faktor beim Waschen.
Es hat folgende Aufgaben:
- Waschmittel lösen
- Wärme übertragen
- Schmutz transportieren
- Mechanik unterstützen

Gelegentlich wird weiches Regenwasser zum Waschen verwendet. Je „weicher" das Wasser, umso weniger Kalk oder Magnesium ist im Wasser gelöst.
Die Wasserhärte wird in Härtebereiche von 1 bis 4 eingeteilt.
Der Härtebereich steht auf der Wasserrechnung oder ist bei der Gemeinde bzw. den Stadtwerken zu erfragen.

Wasserart	Härtebereich
weich	1
mittel	2
hart	3
sehr hart	4

Beim Waschen spielt die Wasserhärte eine besondere Rolle. Der Kalk im Wasser verbindet sich mit dem Waschmittel zu Kalkseife (wasserunlöslich). Dieser Teil des Waschmittels steht als Waschkraft dann nicht mehr zur Verfügung. Die Waschkraft des Waschmittels wird also verringert. Beim Erhitzen des Wassers lagern sich Kalk und Magnesium auf den Textilien und in der Waschmaschine ab. Deshalb sind heute in allen Waschmitteln Enthärter („Kalkbinder") enthalten. Die Waschmittel müssen nach dem örtlichen Härtebereich dosiert werden.

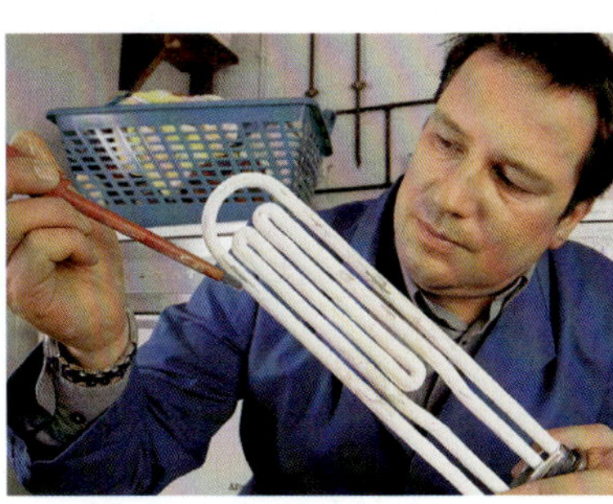
Verkalkter Heizstab

7.6 Waschmittel

Verschiedene Angebotsformen

Waschmittel haben die Aufgabe, den Schmutz aus den Fasern so zu entfernen, dass die Wäsche nicht beschädigt wird und die Umweltbelastung möglichst gering ist. Im Interesse von Umwelt und Gesundheit ist es wichtig, die einzelnen Inhaltsstoffe von Waschmitteln zu kennen, denn es handelt sich stets um Chemikalien, mit denen verantwortungsbewusst umzugehen ist.

Angebotsformen:

- Pulver
- Flüssigkeit
- Gel
- Tabs
- Paste
- Perlen

Kompaktwaschmittel

Diese pulverförmigen und perlenartigen Waschmittel, z. B. „Megaperls", haben gegenüber den herkömmlichen Großpackungen (Jumbopackungen) eine deutlich verringerte Dosierung pro Waschgang. Sie werden in Kleinpackungen angeboten.

Vorteile:

- weniger Füllstoffe
- weniger Verpackungsmaterial
- weniger Gewicht und Volumen beim Einkauf
- gleiche Waschwirkung wie Jumbopackungen

7.6.1 Inhaltsstoffe der Waschmittel

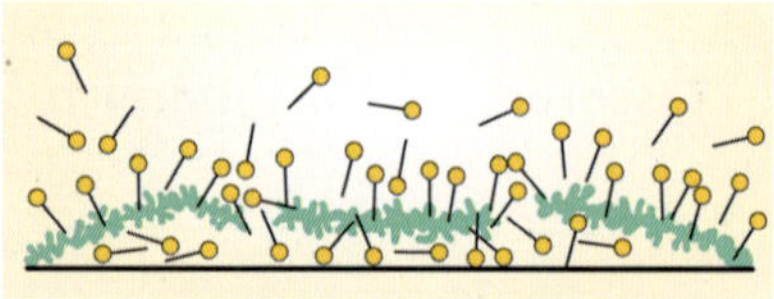

Tenside nähern sich dem Schmutz, dringen zwischen Faser und Schmutz und heben den Schmutz von der Faser.

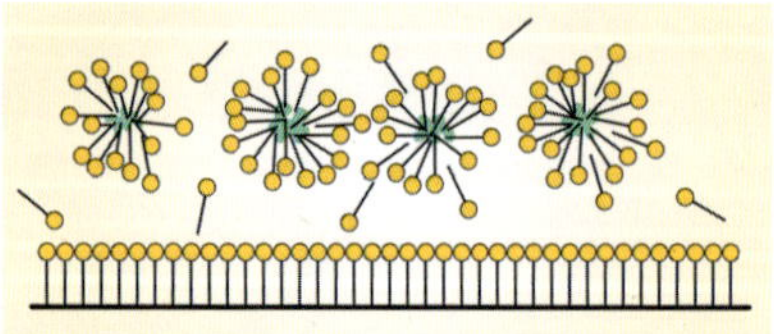

Tenside zerteilen und tragen den Schmutz. Bei Überdosierung haften restliche Tenside auf der Faser.

- **Tenside**
  Tenside sind die Hauptbestandteile der Waschmittel. Früher war das gebräuchlichste Tensid die Seife. Wegen ihrer Neigung, mit dem Kalk des Wassers Kalkseife zu bilden, wurde sie immer mehr duch chemische Tenside ersetzt.
- Tenside setzen die Oberflächenspannung des Wassers herab. So können die Fasern von allen Seiten benetzt und vom Wasser durchflutet werden.
- Sie lösen den Schmutz von den Fasern, zerteilen diesen und halten ihn in der Schwebe. Dieses Schmutztragevermögen ist eine der wichtigsten Eigenschaften der Tenside.
- Fettschmutz zerlegen Tenside in feinste Tröpfchen (emulgieren).

- **Enthärter**
  Enthärter binden den Kalk im Wasser, d. h., sie enthärten das Wasser. Dadurch wird die Reinigungswirkung der Tenside verstärkt. Es bilden sich keine Ablagerungen auf den Textilien und in der Waschmaschine.

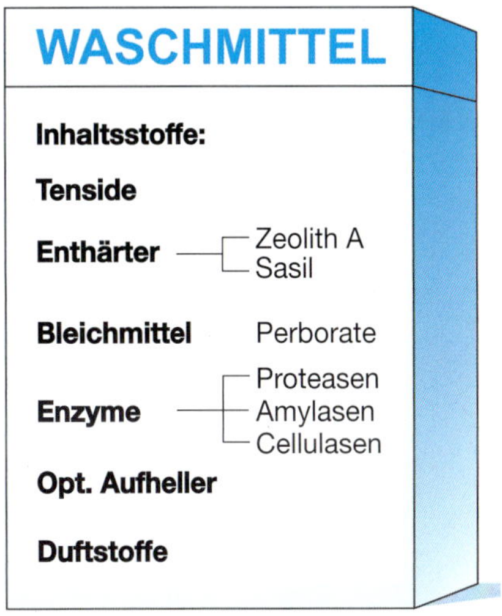

Bleichmittel
Bleichmittel entfernen bleichbare farbige Verschmutzungen, wie Obst-, Wein-, Gemüseflecken. Ihre beste Wirkung zeigen sie bei Temperaturen über 60 °C.

Enzyme
Enzyme entfernen eiweißhaltige, fetthaltige und stärkehaltige Verschmutzungen. Baumwollfasern behalten ihre farbige Leuchtkraft. Sie lösen besonders gut angetrocknete Verschmutzungen. Enzyme wirken bei Temperaturen unter 60 °C. Temperaturen über 60 °C zerstören die Enzyme.

Optische Aufheller
Optische Aufheller ziehen sich wie ein Film um die Faser. Das Weiß der Textilien sieht dann strahlender und frischer aus.

Duftstoffe
Duftstoffe überdecken den unangenehmen Laugengeruch und lassen die Wäsche „frisch“ riechen.

Füllstoffe
Füllstoffe sind Salze, die bis zu 20 % des Gewichts eines Waschmittels ausmachen können. Sie sorgen für die Rieselfähigkeit, Dosierbarkeit und Löslichkeit von pulverförmigen Waschmitteln, haben aber keine Waschwirkung.
Sie sind kein notwendiger Bestandteil der Waschmittel und kommen deshalb in Kompaktwaschmitteln nicht vor.

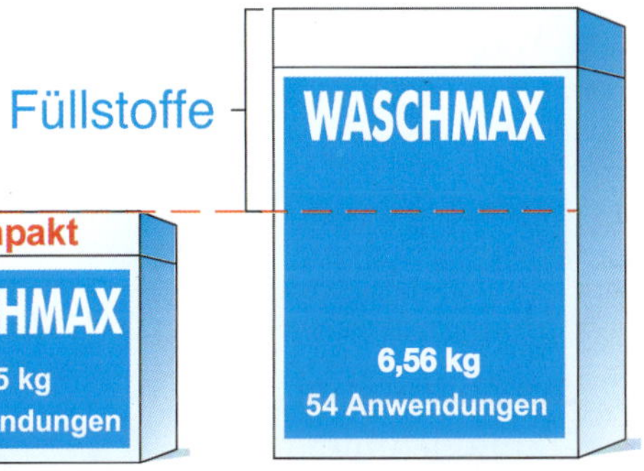

Kompaktwaschmittel *Jumbopackung*

Arbeitsaufträge:
1. Füllen Sie zwei Trinkgläser mit Wasser. Geben Sie in ein Glas einen Tropfen Flüssigwaschmittel. Legen sie auf die Wasseroberfläche jedes Glases einen Wollfaden. Beschreiben Sie Ihre Beobachtung und finden Sie eine Erklärung für den Vorgang.
2. Geben Sie ⅛ l Wasser in einen Topf und lassen es sieden, bis es verdampft ist. Betrachten Sie den Topfboden und halten Sie das Ergebnis schriftlich fest.

7.6.2 Waschmittelarten

	Temperaturbereiche	Besondere Inhaltsstoffe	Einsatzbereiche
Vollwaschmittel	30 – 95 °C	Pulver, Perlen, Tabs: Bleichmittel, optische Aufheller Flüssig, Gel: keine Bleichmittel, keine optische Aufheller	• Pulver für weiße Wäsche • Flüssig oder Gel für stark verschmutzte Buntwäsche
Colorwaschmittel **Feinwaschmittel**	30 – 60 °C	Enzyme, keine Bleichmittel, keine optische Aufheller	• Colorwaschmittel für bunte Wäsche • Feinwaschmittel für empfindliche bunte Wäsche
Spezialwaschmittel • Wollwaschmittel • Seidenwaschmittel • Waschmittel für schwarze Textilen	Kalt, 30 – 40 °C	Keine Bleichmittel, Wollwaschmittel ohne Enzyme	• Wolle • Seide • Funktionelle Kleidung • Schwarze Wäsche • Besonders empfindl. Textilien
Waschhilfsmittel • Einweichmittel • Fettentferner • Gallseife • Fleckensalz		Hoher Tensidgehalt bei Fettentferner und Einweichmittel, Bleichmittel in Fleckensalz	• Vorbehandlung von Flecken • Stark verschmutzte Berufs- oder Krankenwäsche vorbehandeln
Nachbehandlungs-mittel • Weichspüler • Appreturen • Bügelhilfen		Tenside Stärke	• Weichere bzw. gesteifte Wäsche

Maßnahmen zur Qualitätssicherung:

- Vollwaschmittel in Pulverform nur für Weißwäsche verwenden. Buntwäsche bleicht aus.
- Flüssigwaschmittel haben einen sehr hohen Tensidgehalt. Sie belasten dadurch stark die Umwelt. Sie sollten nur für dunkle Textilien (Pulver löst sich schlecht auf) und sehr fetthaltigen Schmutz eingesetzt werden. Flüssigwaschmittel eignen sich gut zur Vorbehandlung von Fettflecken.
- Auf Gardinenwaschmittel kann verzichtet werden. Weiße Gardinen bleiben weiß, wenn sie mit einem Vollwaschmittel gewaschen werden.
- Weichspüler verhindern die elektrostatische Aufladung bei Synthetiks. Sie binden die Feuchtigkeit in der Wäsche und machen sie dadurch weich, aber weniger saugfähig. Weichspüler sollten vorsichtig und überlegt verwendet werden. Sie belasten die Umwelt und schaden unter Umständen auch dem Menschen. Weichspüler können allergische Reaktionen auf der Haut hervorrufen.
- Waschhilfsmittel verstärken die Waschkraft schon bei niederen Temperaturen. Sie können aber nicht allein zum Waschen verwendet werden.
- Waschmittel nach Verschmutzung dosieren.

Vollwaschmittel für Weißwäsche

Weichspüler

Verschmutzungsgrad	Beschreibung	Beispiele
Leicht 	Keine Verschmutzung und Flecken sichtbar. Leichter Körpergeruch.	Leichte Sommer- und Sportkleidung, bis zu einem Tag getragen.
Normal 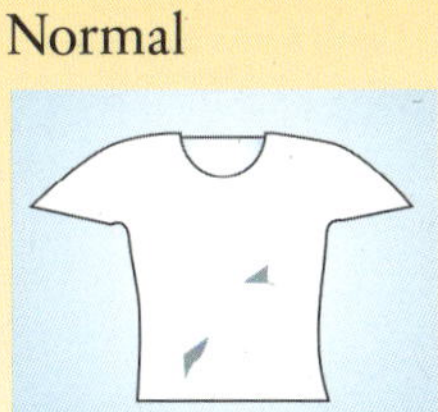	Verschmutzung und/oder geringe Flecken erkennbar.	Durchgeschwitzte T-Shirts, Oberhemden, Unterwäsche, jeweils einen Tag getragen. Geschirr-, Handtücher bis zu einer Woche in Gebrauch. Gardinen im Nichtraucher-Haushalt nach 6 Monaten.
Stark 	Verschmutzung und/oder Flecken deutlich erkennbar, z. B. Ruß, Tee, Kaffee, Obst, Fette, Öle, Milch, Stärke.	Küchenhandtücher nach einer Woche. Kinder- und Fußballkleidung mit Gras- und Erdflecken. Berufskleidung, z. B. Schlosseranzug, Bäcker- und Metzgerkleidung.

7.6.3 Angaben auf der Waschmittelpackung

Waschmittel belasten stark die Umwelt und können gesundheitliche Schäden hervorrufen. Um dies zu vermeiden, stehen wichtige Informationen auf der Waschmittelpackung.

Folgende Angaben **müssen** für den Verbraucher gut lesbar auf der Waschmittelpackung angebracht sein.

Ergiebigkeit
Zahl gibt die Waschmaschinenfüllungen an, die mit dem Packungsinhalt gewaschen werden können.
Wichtig für Preisvergleiche.

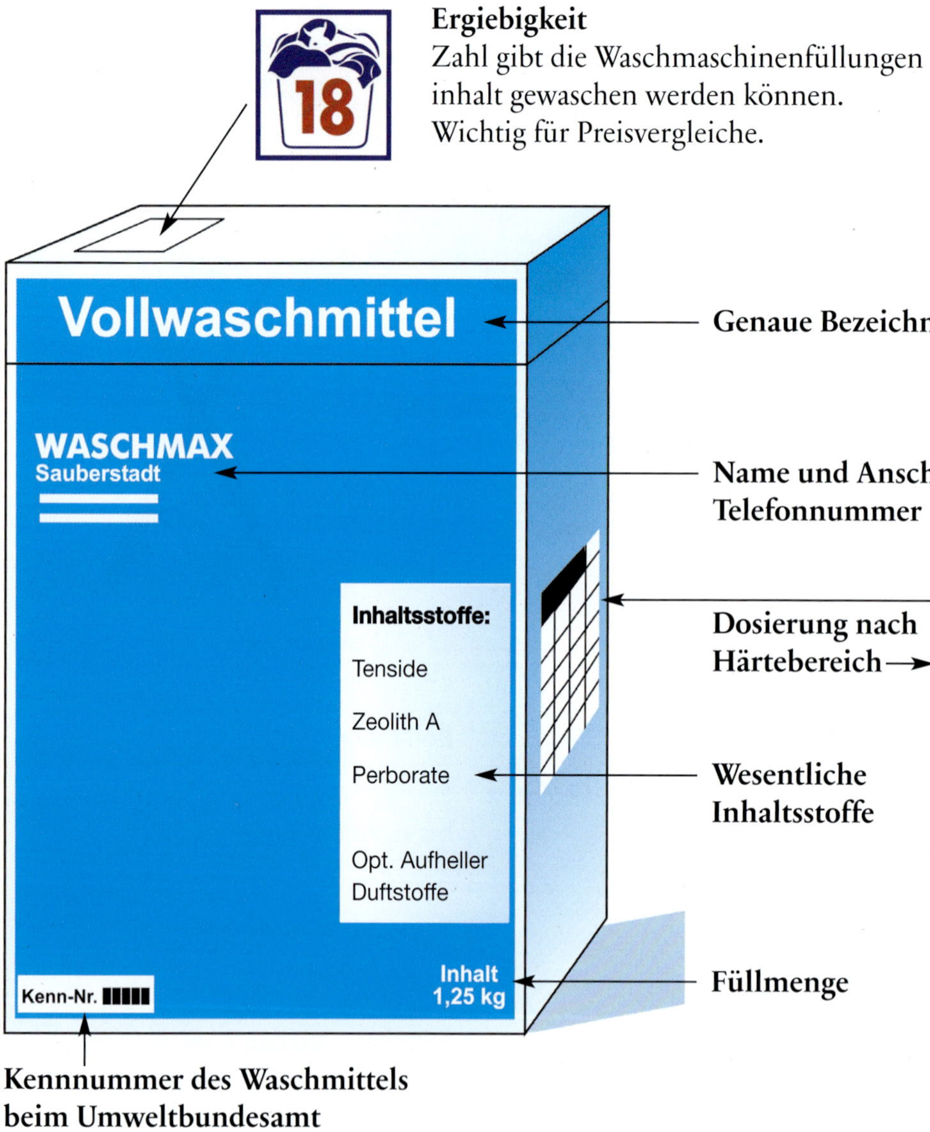

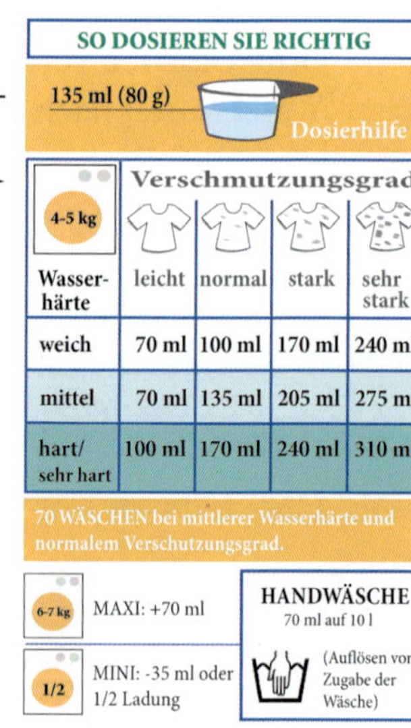

SO DOSIEREN SIE RICHTIG

135 ml (80 g) Dosierhilfe

4-5 kg Wasserhärte	Verschmutzungsgrad leicht	normal	stark	sehr stark
weich	70 ml	100 ml	170 ml	240 ml
mittel	70 ml	135 ml	205 ml	275 ml
hart/sehr hart	100 ml	170 ml	240 ml	310 ml

70 WÄSCHEN bei mittlerer Wasserhärte und normalem Verschutzungsgrad.

6-7 kg MAXI: +70 ml

1/2 MINI: -35 ml oder 1/2 Ladung

HANDWÄSCHE 70 ml auf 10 l (Auflösen vor Zugabe der Wäsche)

Freiwillige Angaben:

- Dosierempfehlung nach Verschmutzungen
- Angaben zum Waschmitteltyp
- Hinweise zur Anwendung bei Handwäsche
- Beratungsmöglichkeiten der Firma
- Internetadresse für weitere Produktinfos
- Sicherheitshinweise

7.6.4 Sicherheitshinweise auf Verpackungen der Wasch- und Reinigungsmittel

Auf vielen Verpackungen der Wasch- und Reinigungsmittel sind einige der folgenden Abbildungen zu sehen. Sie geben Hinweise für einen sicheren Umgang mit diesen Produkten.

Sicherheitshinweise

Außer Reichweite von Kindern aufbewahren.

Augenkontakt vermeiden. Falls das Produkt in die Augen gelangt, diese gründlich mit Wasser ausspülen.

Bei empfindlicher oder vorgeschädigter Haut längeren Kontakt mit dem Produkt vermeiden.

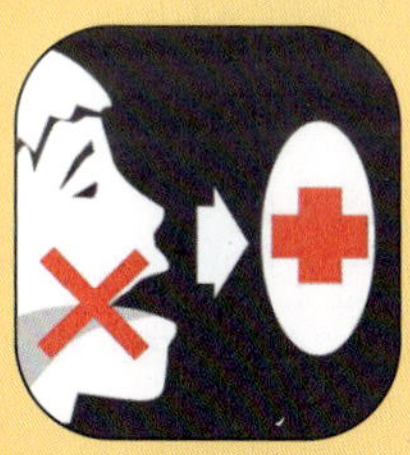

Nicht verschlucken. Wenn das Produkt verschluckt worden ist, Arzt aufsuchen.

Arbeitsaufträge:

1. Suchen Sie Beispiele für verschiedene Angebotsformen der Vollwaschmittel und vergleichen Sie die Preise. Für welches Waschmittel entscheiden Sie sich? Begründen Sie Ihre Entscheidung.
2. Welche Waschmittel verwenden Sie in Ihrem Ausbildungsbetrieb? Sprechen Sie mit Ihrer Ausbilderin über den Einsatz dieser Waschmittel.
3. Auf der Waschmittelpackung stehen viele Angaben. Vergleichen Sie die Angaben auf einer Waschmittelpackung Ihrer Wahl mit denen auf Seite 56. Welche Angaben sind für Sie wichtig?
4. Vergleichen Sie eine Jumbo- und eine Kompaktwaschmittelpackung hinsichtlich Preis, Füllmenge und Ergiebigkeit.

7.7 Waschmaschinen

Fast alle Haushalte besitzen heute eine Waschmaschine.
Sie ist eine große Arbeitserleichterung im Haushalt.

Frontlader

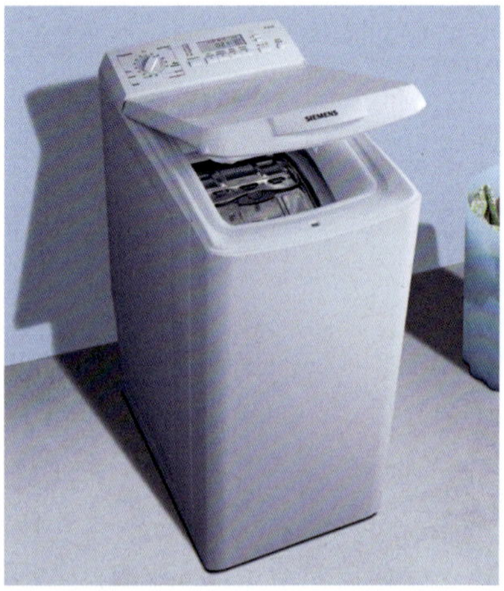

Toplader

7.7.1 Bauformen

Waschmaschinenarten	
Frontlader – von vorne beschickt	**Toplader** – von oben beschickt

- **Frontlader**
  Die Waschmaschine wird von vorne (von der Front) bedient. Auf den Frontlader kann mithilfe eines Zwischenbausatzes ein Wäschetrockner gestellt werden. Man erhält dadurch eine Wasch-Trocken-Säule.

- **Toplader**
  Die Waschmaschine wird von oben bedient und mit einem Deckel geschlossen. Toplader sind nur 40 – 50 cm breit (Frontlader 60 cm) und deshalb besonders raumsparend.

7.7.2 Aufbau der Waschmaschine

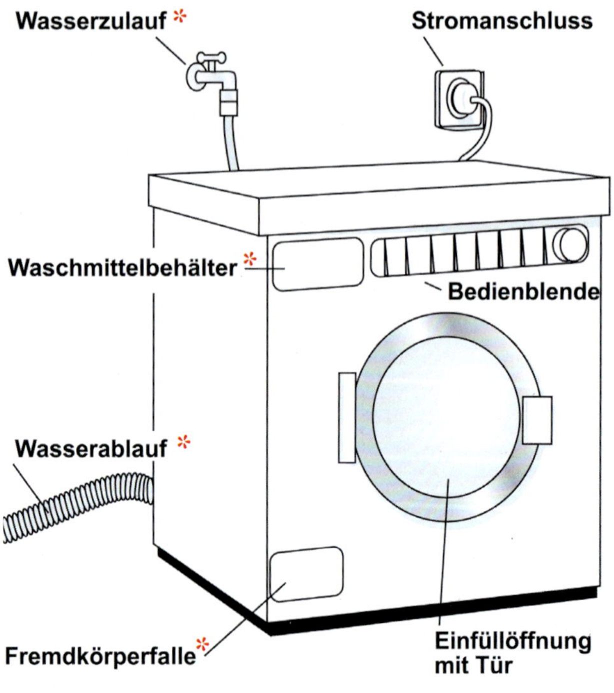

Wasserzulauf
Der Zulaufschlauch ist mit der Trinkwasserleitung verbunden. Ein Siebeinsatz verhindert, dass grobkörniger Schmutz in die Maschine gelangt.

Wasserablauf
Der Ablaufschlauch steckt in einem Rohr, das Verbindung zum Abwasserkanal hat.

Waschmittelbehälter
Er hat drei Kammern:
Einspülkammer 1: für Vorwäsche
Einspülkammer 2: für Hauptwäsche
Einspülkammer 3: für Nachbehandlungsmittel

Fremdkörperfalle
Fremdkörper, wie Knöpfe, Nägel, Büroklammern, Münzen usw., werden zurückgehalten.

* Bei schlechtem Waschergebnis kontrollieren, dann erst den Kundendienst anfordern.

Waschtrommel
Sie bewirkt die Mechanik beim Waschen.
Die Trommel hat ein Fassungsvermögen von ca. 4 bis 6 kg Trockenwäsche, bei einigen Geräten bis zu 9 kg.

Einfüllöffnung und Tür mit Dichtungsring
Die Tür muss zu Beginn des Waschvorgangs gut verriegelt werden. Nach Beendigung bleiben die Tür und der Waschmittelbehälter geöffnet.

Bedienblende
Hier werden die Temperatur, das Waschprogramm und die Sonderfunktionen eingestellt.

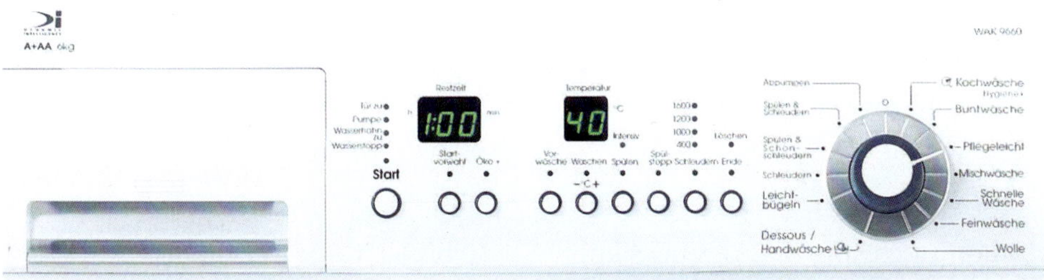

Bedienblende

7.7.3 Programmablauf beim Waschen

Hauptwaschgang
Waschmittel wird in Einspülkammer 2 gegeben. Waschmittel und Wasser gelangen in die Trommel und bilden die Waschlauge. Die wird auf die gewünschte Temperatur erhitzt. Die Trommel bewegt sich, der Reinigungsprozess beginnt.

Spülen
Die Waschlauge mit dem gelösten Schmutz wird aus der Wäsche entfernt. Zuerst wird die Waschlauge abgepumpt, dann setzt ein Kurzschleudergang ein, frisches Wasser wird zugefügt. Die Wäsche bewegt sich darin und anschließend wird das Wasser mit den Laugenrückständen abgepumpt. Dieser Prozess wiederholt sich dreimal.
Soll die Wäsche nicht geschleudert werden, muss die Spezialtaste „Spülstopp“ gedrückt werden. Dies empfiehlt sich bei empfindlichen Textilien. Sie bleiben dann im letzten Spülwasser liegen. Vor dem Öffnen der Waschmaschine Taste „Pumpen“ drücken.

Schleudern
Wenn alle Waschmittelrückstände entfernt sind, folgt das Endschleudern. Die Wäsche wird entwässert.
Anschließend wird das Restwasser abgepumpt und die Wäsche durch das Drehen der Waschtrommel gelockert (Knitterschutz).

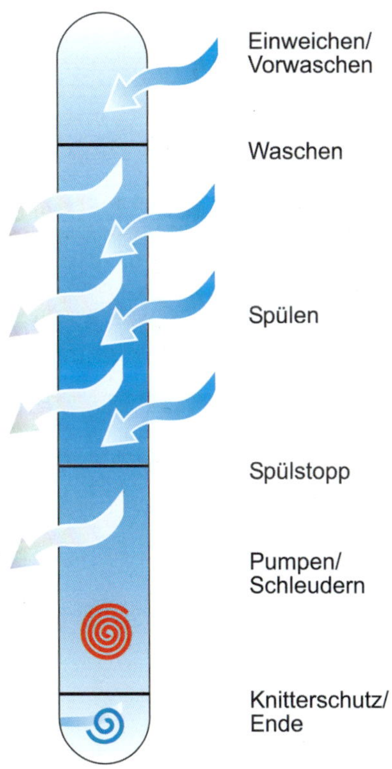

Programmablauf

blaue Pfeile = Wasserzulauf
weiße Pfeile = Entwässerung

7.7.4 Waschprogramme

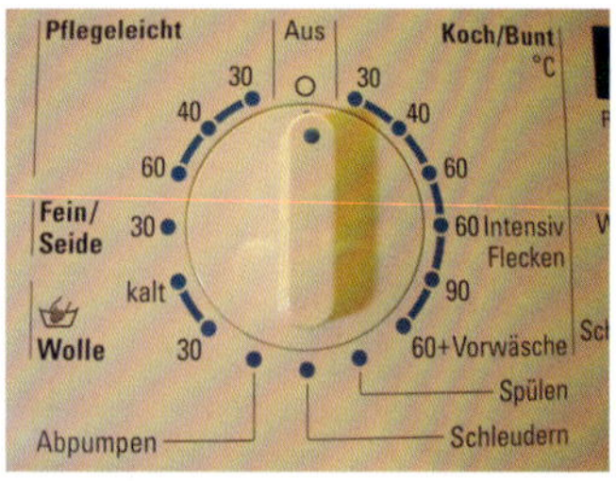

Drehschalter für Programmwahl

Die Programmwahl erfolgt über Drehschalter und/oder Drucktasten.

Programm	Füllmenge	Temperatur	Trommelbewegung	Anwendung
Koch-, Buntwäsche-programm (Normalprogramm) 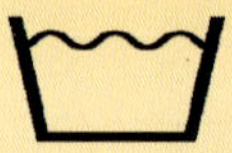	4 bis 9 kg Trockenwäsche	30 bis 95 °C	stark	Baumwolle, Leinen
Schonwaschgang 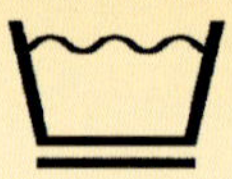	1,5 bis 3 kg Trockenwäsche	30 bis 60 °C	vermindert	veredelte Baumwolle, Zellulosefasern, Synthetiks
Spezialschon-waschgang 	1 bis 2,5 kg Trockenwäsche	30 bis 40 °C	gering	Synthetiks, Zellulosefasern
Handwäsche 	1 bis 2 kg Trockenwäsche	kalt, bis 40 °C	sehr gering	maschinenwasch-bare Wolle

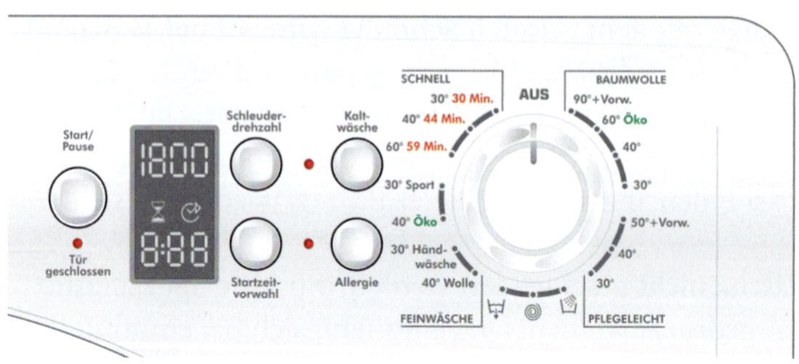

Spezialprogramme

Spezialprogramme:

- Energiesparprogramm:
  für verlängerte Waschzeit bei geringeren Waschtemperaturen
- Kurzprogramm/Express:
  für leicht verschmutzte Wäsche
- Blusen/Hemden:
  für 2 kg leichtverschmutzte Textilien

Zusatzfunktionenen:

- Vorwäsche (Einspülkammer 1 – nur bei stark verschmutzter Wäsche verwenden)
- Einweichen (besonders stark verschmutzte Wäsche)
- Spülstopp (Textilien bleiben im letzten Spülwasser liegen)
- Wasser plus (zusätzlicher Wasserverbrauch)
- Zusätzlicher Spülgang
- Stärken (Einspülkammer 3)
- Startzeit-Vorwahl
- Schleuderwahl
  400 – 1600 U/Min/1800 U/Min (Umdrehungen der Waschtrommel pro Minute)

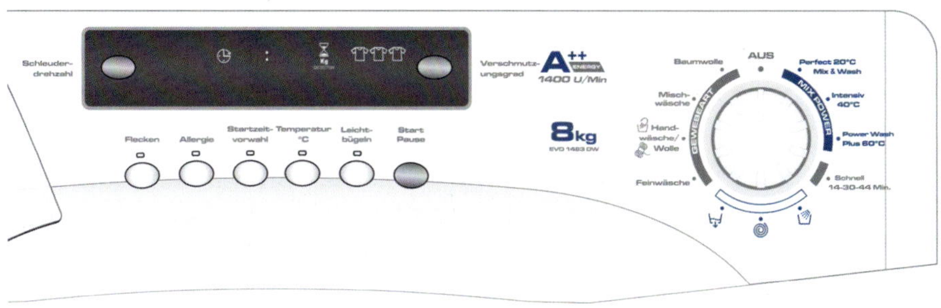

Bedienblende mit Einweichtaste und Spülstopp

7.7.5 Bedienung der Waschmaschine

Arbeitsablauf:

- Beschicken (Füllen) der Maschine: (1)
  Wäsche locker in die Waschtrommel geben, große und kleine Teile abwechselnd
- Waschmittel dosieren:
  Waschmittel in Waschmittelschublade geben (2)
  Dosierung genau beachten, Waschmaschinentüre schließen, Wasserhahn öffnen
- Wäschebehandlung: (3)
  Soll die Wäsche nachbehandelt werden (Weichspüler, Formspüler, Stärke), Mittel in Einspülkammer 3 geben, beim letzten Spülgang wird es gleichmäßig verteilt
- Waschprogramm (s. S. 60) einstellen: (4)
  Temperatur und Programm entsprechend den Pflegekennzeichen wählen
- Waschprogramm läuft ab (s. S. 59)
- Waschprogramm beendet:
  Maschine ausschalten, Wasserhahn zudrehen, Wäsche entnehmen (5)
  Trommel auf Wäscherückstände überprüfen
  Tür und Gummidichtung abwischen, Waschmittelbehälter reinigen, Trommeltür einen Spalt geöffnet lassen

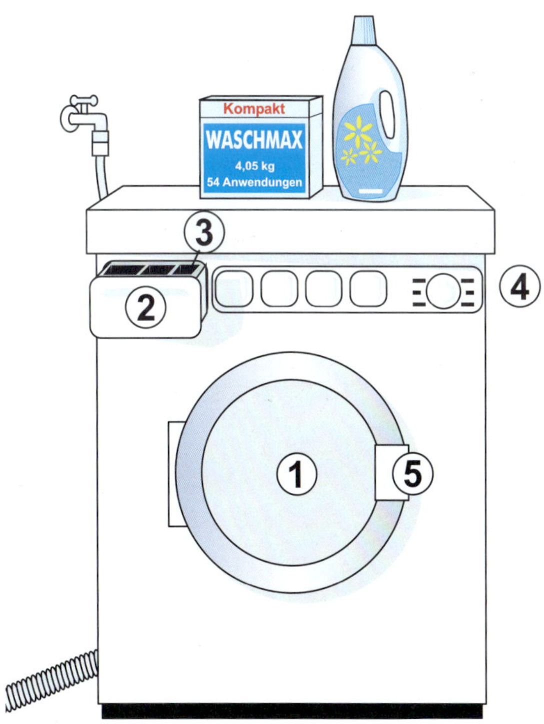

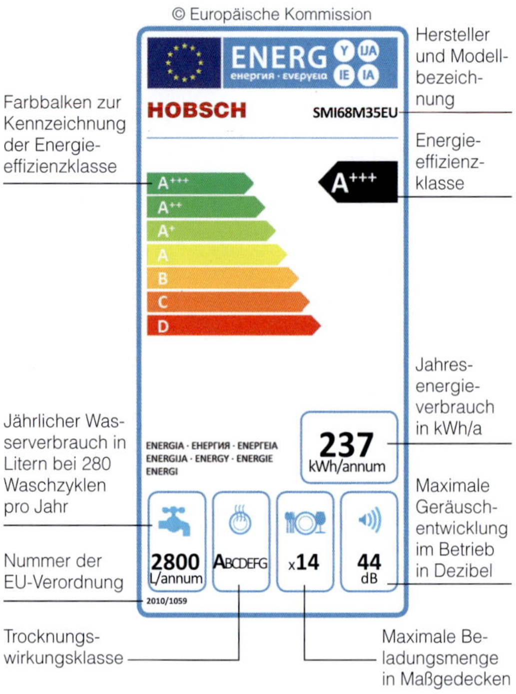

7.7.6 Reinigung und Pflege der Waschmaschine

In regelmäßigen Abständen sollten folgende Reinigungsarbeiten durchgeführt werden:

Arbeitsablauf:

- Gehäuse außen mit Allzweckreiniger und Mikrofasertuch reinigen
- Waschmittelschublade herausnehmen und Einspülkammern reinigen
- Fremdkörperfalle kontrollieren (Gebrauchsanweisung beachten)
- Tür mit Gummidichtung reinigen, dabei die Falten des Dichtungsrings sorgfältig prüfen

Maßnahmen zur Qualitätssicherung:

- Füllmenge dem Fassungsvermögen der Maschine anpassen. Das spart Energie, Wasser und Waschmittel.
- Wäsche nicht gefaltet in die Maschine geben.
- Beim Einkauf auf das Label achten, es gibt Auskunft über Energie und Wasserverbrauch, Waschwirkung und Schleuderwirkung. A ist die beste, G die schlechteste Bewertung.
- Waschmaschinenreiniger sind überflüssig; die Maschinen werden während des Waschvorgangs gereinigt.

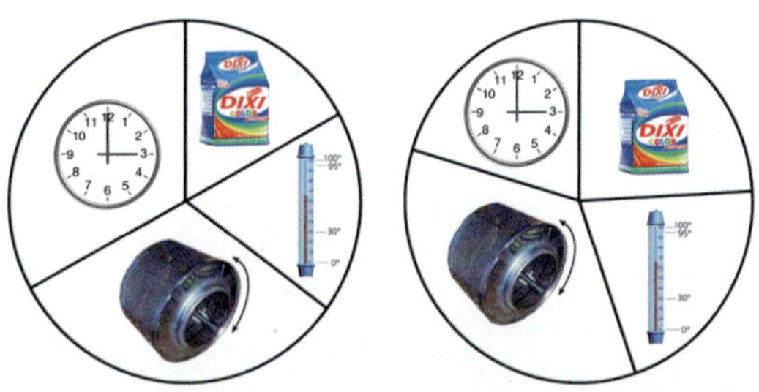

Haushaltsmaschine *Gewerbemaschine*

Gewerbliche Waschmaschine mit reiner und unreiner Seite

7.7.7 Gewerbliche Waschmaschinen

Die gewerblichen Waschmaschinen in Großhaushalten und Wäschereien arbeiten mit kürzeren Waschzeiten als im Privathaushalt. Die mechanische Waschwirkung ist bei diesen Maschinen höher.
Sie haben ein viel größeres Fassungsvermögen (bis zu 30 kg) und eine Vielzahl an Waschprogrammen. Die Wasch- und Desinfektionsmittel werden automatisch dosiert.

Angebotsformen:

- Gewerbliche Waschschleudermaschinen
- Großwaschanlage (Waschstraße) für Massenwäsche
- Waschmaschinen für Wischmopps

Für Wäschereien mit besonderen Hygieneanforderungen (z. B. Krankenhaus) gibt es Maschinen mit getrennter Be- und Entladung.
Auf der unreinen Seite wird die Maschine mit Schmutzwäsche beladen, auf der reinen Seite erfolgt die Entnahme der sauberen Wäsche.

7.8 Handwäsche

Nicht alle Textilien können in der Waschmaschine gewaschen werden. Von Hand werden alle empfindlichen Textilien (z. B. aus Wolle, Seide, Chemiefaser…) oder stark färbende Textilien gewaschen.

Pflegesymbol	Temperatur	Textilart
	kalt bis 30 °C	Wolle, Seide, empfindliche Textilien

Waschen von Hand:

Waschmittel	Arbeitsgeräte
Wollwaschmittel, Feinwaschmittel	Wanne/Becken, Frottierhandtuch, Bügel, Wäscheständer

Arbeitsablauf:

- Arbeitsmittel richten
- Flecken markieren (wenn nötig)
- handwarmes Wasser in Waschbecken oder Wanne füllen
  Waschmittel nach Dosierempfehlung zugeben
- Kleidungsstück einzeln in Wasser legen und mit beiden Händen drücken, nicht reiben
- Flecken und stark verschmutzte Teile nochmals arbeiten
- bei Pullovern an einem Arm beginnen, über Mittelteil zu dem anderen Ärmel arbeiten
- auf Sauberkeit überprüfen
- Textil ausdrücken und mit klarem Wasser spülen, Wäsche so lange spülen, bis das Wasser klar bleibt
- Wäschestück ausdrücken, auf Frottiertuch legen, aufrollen, ausdrücken, damit Frottiertuch das Wasser aufnehmen kann oder eingerollt schleudern
- trockenes Frottiertuch auf Wäscheständer legen, Wäschestück in Form legen (Knöpfe schließen), trocknen lassen
- Blusen, Hemden auf Bügel hängen, Knöpfe schließen
- Arbeitsgeräte reinigen, trocknen; Fußboden trocken und unfallsicher hinterlassen
- Arbeitsergebnis kontrollieren

Maßnahmen zur Qualitätssicherung:
- Zuerst helle Wäschestücke waschen, dann die dunklen.
- Nach Verschmutzungsgrad waschen, d. h. vom leicht zum stärker verschmutzten Teil.
- Flecken vorbehandeln.
- Nicht waschbare oder rostende Teile vor dem Waschen entfernen.

Wollpullover

Pullover einlegen

Pullover drücken, nicht reiben oder wringen

Pullover zum Trocknen auslegen

7.9 Umweltbewusstes Waschen

Dosierungsanweisung

Niedrigste empfohlene Waschtemperatur

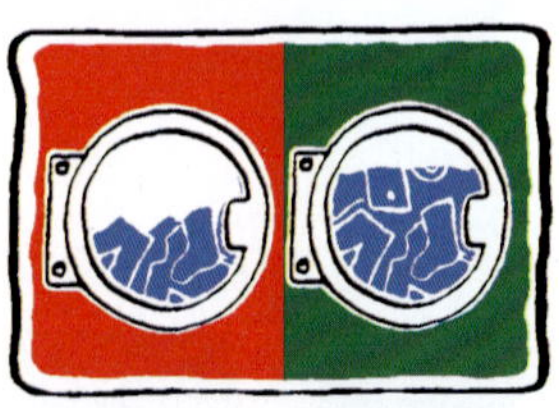

Fassungsvermögen der Waschmaschine ausnutzen

Das Waschen der Textilien belastet die Umwelt. Durch richtiges Waschverhalten kann die Umweltbelastung verringert werden.

- **Erkennungszeichen**
  Firmen, die Haushaltswaschmittel mit diesem Erkennungszeichen herstellen, versuchen die Umweltbelastung durch Waschmittel zu vermindern.

- **Waschmittel einsparen**
  Waschmittel gelangen über den Abfluss in die Kläranlagen. Dort müssen sie abgebaut, d. h. unschädlich gemacht werden, bevor sie dem natürlichen Wasserkreislauf (s. S. 51) wieder zugeführt werden.
  Die Waschmittel sollten deshalb gemäß der Verschmutzung und Wasserhärte genau dosiert werden. Kompaktwaschmittel statt Jumbopackungen verwenden.

- **Energie- und Wasserverbrauch verringern**
  Durch fachgerechten Einsatz der Waschmaschine kann der Energie- und Wasserverbrauch gesenkt werden.
  Die niedrigste empfohlene Waschtemperatur sollte deshalb gewählt werden.
  Kochwäsche nur in Ausnahmefällen, wie bei ansteckenden Krankheiten, Fußpilz, verwenden. Die meisten Keime werden bei 60 °C abgetötet (s. S. 20).
  Nur in Ausnahmefällen das Vorwaschprogramm wählen.

Arbeitsaufträge:

1. Wiegen Sie 5 kg Buntwäsche (Normalprogramm) und notieren Sie die einzelnen Wäschestücke.
2. Wie viele Hemden können im Pflegeleicht-Programm gewaschen werden?
3. Nach dem Waschen zeigt die Wäsche Waschmittelrückstände, ist tropfnass, nicht geschleudert. Nennen Sie verschiedene Ursachen für das schlechte Waschergebnis.
4. Im Wäschekorb für Handwäsche liegen ein blauer Wollpulli, schwarze Handschuhe und eine weiße Seidenbluse. In welcher Reihenfolge werden die Bekleidungsstücke gewaschen?
   Begründen Sie Ihre Entscheidung.

8 Trocknen

Nasse und feuchte Textilien müssen getrocknet werden.

Trocknungsarten
- **Natürliche Trocknung**
  - im Freien
  - im Trockenraum
- **Maschinentrocknung**
  - Wäschetrockner

8.1 Natürliche Trocknung

8.1.1 Trockenplätze

- **Im Freien**
  Die natürlichste Art ist das Trocknen im Freien auf der Wäscheleine oder Wäschespinne. Diese Trocknung wird hauptsächlich im Privathaushalt durchgeführt.

Wäschespinne

- **Im Raum**
  Geeignete Räume sind z. B.: Waschküche, Trockenraum, Bad. Der Raum muss gut belüftet sein, damit die abgegebene Feuchtigkeit abziehen kann.
  Weil die Luftbewegung fehlt, kann die Wäsche hart werden (Trockenstarre).
  Zum Aufhängen eignen sich: Wäscheleine, klappbare Wäscheständer und ausziehbare Wandmodelle.

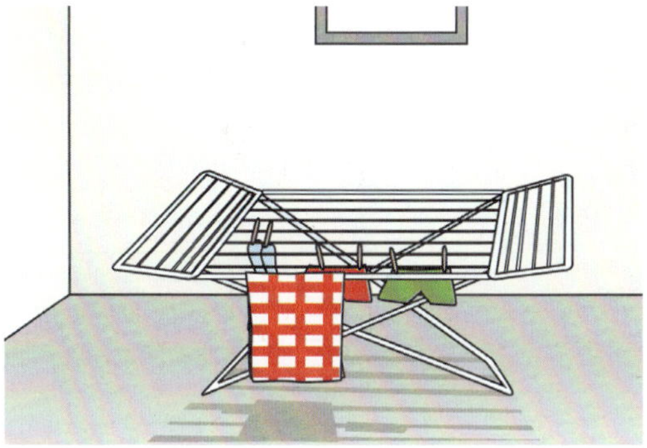

Trocknen im Raum

8.1.2 Aufhängen der Wäsche

Arbeitsgeräte:
- feuchtes Tuch
- Wäscheleine
- Wäschekorb oder Wanne
- Hocker oder Ablage für Wäschekorb
- Wäscheklammern
- Kunststoffkleiderbügel

Gut aufgehängte Wäsche ist schon halb gebügelt.

Arbeitsablauf:
- Wäscheleine vor dem Aufhängen feucht abwischen
- Wäschekorb in Greifhöhe auf den Hocker stellen
- Klammerschürze umbinden oder Klammerbeutel bereithängen
- Wäschestück gut ausschlagen und faltenfrei aufhängen
- Mit Klammern an unsichtbaren Stellen befestigen

Aufhängen der Wäsche

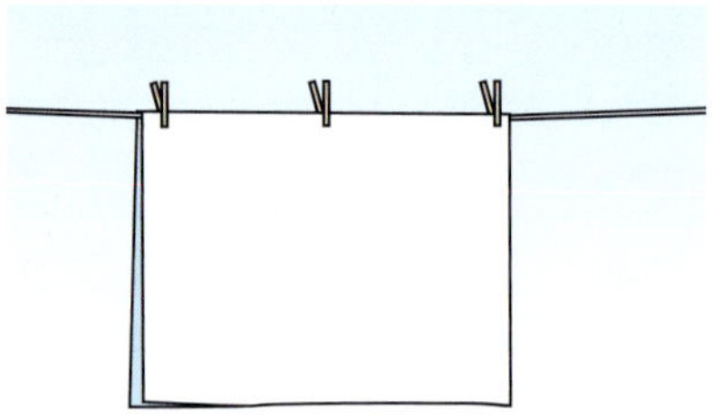

Aufhängen von großen Wäscheteilen

Arbeitsablauf:
Große Teile aufhängen:

- Wäschestücke in Form ziehen und handbreit bis zur Hälfte über die Leine schlagen
- fadengerade aufhängen
- Bettwäsche mit der Öffnung zur Seite aufhängen (trocknet schneller)
- Tischwäsche längsseitig zur Hälfte überhängen, die Seitenkanten sollen genau aufeinanderliegen

Arbeitsablauf:
Kleine Teile aufhängen:

- der Größe nach sortieren
- Strümpfe paarweise aufhängen

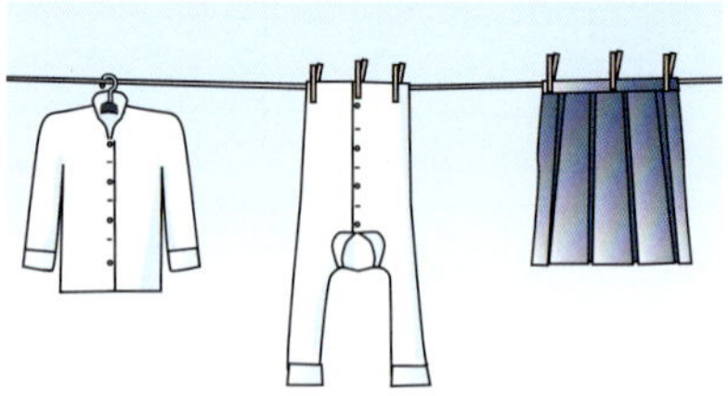

Aufhängen von Kleidungsstücken

Arbeitsablauf:
Hemden, Blusen, Hosen aufhängen:

- Hemden und Blusen auf Bügel hängen (den ersten und jeden zweiten Knopf schließen) oder am Saum anklammern (Knopfleiste aufeinanderlegen und Kragen hochstellen)
- Röcke und Hosen am Bund aufhängen, damit sie nicht verziehen

8.1.3 Abnehmen der Wäsche

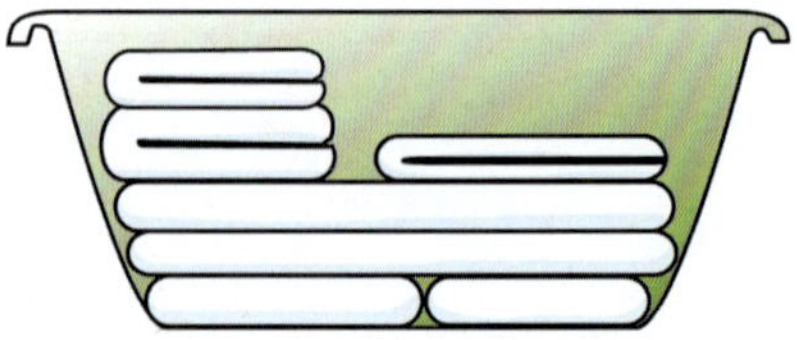

Abnehmen der Wäsche

- Bügelfreie Wäsche schranktrocken abnehmen
- Bügelwäsche, die sofort gebügelt wird, bügelfeucht abnehmen
- wird die Wäsche nicht gleich gebügelt werden die Wäschestücke ordentlich zusammengelegt in den Wäschekorb gegeben
- Wäsche sortiert in den Korb geben, dabei darauf achten, dass sie glatt und wenig gefaltet liegt
- Arbeitsplatz aufräumen

Maßnahmen zur Qualitätssicherung:

- Nähte, Säume nach dem Aufhängen gut ausstreichen (geringerer Bügelaufwand).
- Bunte und synthetische Wäsche nicht in praller Sonne trocknen, sie verblasst oder vergilbt.
- Wäscheteile auf links drehen.
- Weiße Wäsche wird in der Sonne nachgebleicht.
- Wolle und Seide werden in der Sonne spröde und brüchig.
- Bei Maschenware (z. B. Sweatshirts, T-Shirts) Klammern unter den Achseln anbringen.

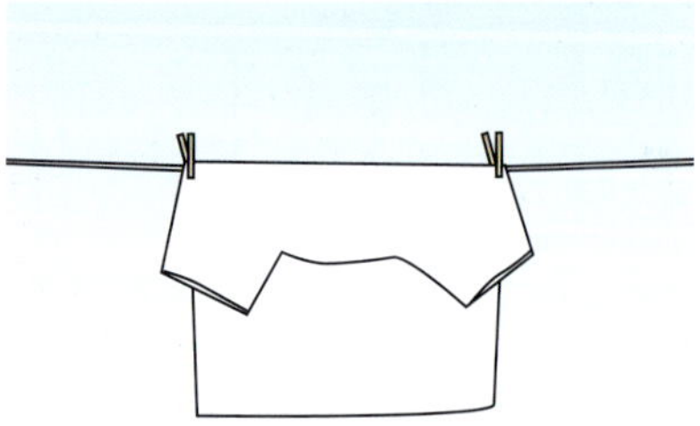

T-Shirt aufhängen

8.2 Maschinentrocknung

Der Wäschetrockner ist eine sinnvolle Ergänzung zu den Waschvollautomaten.
In vielen Haushalten fehlen die Trockenplätze, z. B. im Freien, in der Waschküche oder auf dem Trockenboden.
Der Einsatz des Wäschetrockners ist unabhängig von Wetter, Jahreszeit oder Luftverschmutzung.

Er ermöglicht ein kräfteschonendes, rationelles und schnelles Trocknen der Wäsche.
Durch die Bewegung in Luftströmung wird die Wäsche auch ohne Weichspüler weich und flauschig.

Die Bügelzeiten verringern sich.
Diesen Vorteilen stehen die Anschaffungs- und Energiekosten gegenüber.
Zudem kann die Wäsche einlaufen, d. h. schrumpfen.

Wäschetrockner

8.2.1 Aufbau des Wäschetrockners

Wäschetrockner haben eine größere Trommel als Waschmaschinen. Die Wäsche wird in der Trommel bewegt und von Luft mit unterschiedlicher Temperatur durchströmt.

Kondenswasserbehälter (1). Nur bei Kondenstrocknern zum Auffangen des Kondenswassers.

Öffnung zur Reinigung des Kondensators (2).

Vorrichtung für Abluftschlauch oder Abluftrohr. Nur bei Ablufttrocknern zum Ableiten der feuchten Trocknungsluft (3).

Bedienungsblende zum Einstellen von Trocknungsprogrammen und Sonderfunktionen (4).

Einfüllöffnung mit Flusensieb. Manche Trockner haben eine Glastür (5).

Kondensationstrockner

8.2.2 Wäschetrocknerarten

Trocknerarten
- **Ablufttrockner**
- **Kondensationstrockner (Kondenstrockner)**
  - **mit Wärmepumpe**
  - **ohne Wärmepumpe**

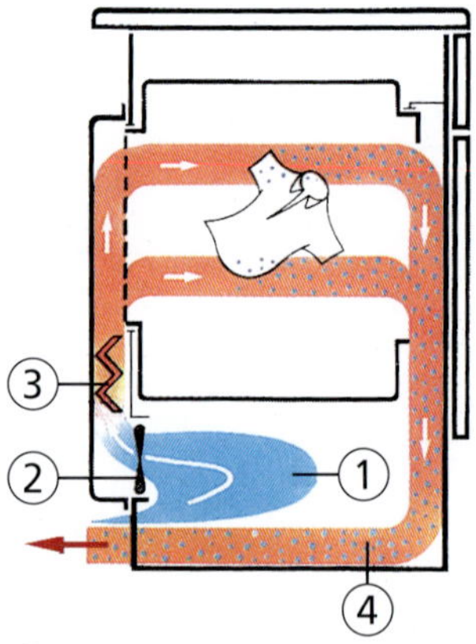

① zuströmende Luft
② Gebläse
③ Heizung
④ Abluft

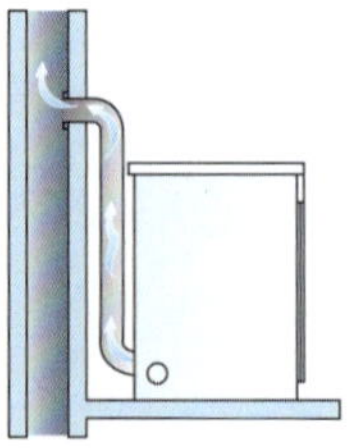

Abluftrohr führt in Lüftungsschacht

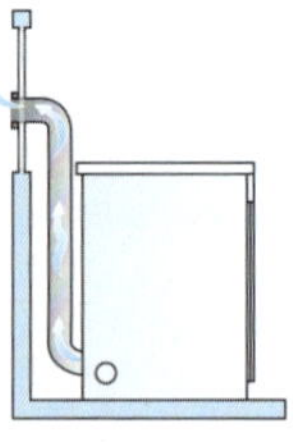

Abluftschlauch führt durch ein Fenster

Ablufttrockner

Beim Ablufttrockner wird die kalte Raumluft (1) mittels eines Gebläses (2) angesaugt und durch die Heizung (3) erwärmt. Die warme Luft durchströmt die Wäsche und nimmt deren Feuchtigkeit auf. Die feuchtwarme Luft wird ins Freie geleitet.

Möglichkeiten der Abluftführung:

- Abluftrohr in den Lüftungsschacht oder durch die Außenwand
- Abluftschlauch durch ein Fenster

ohne Wärmepumpe

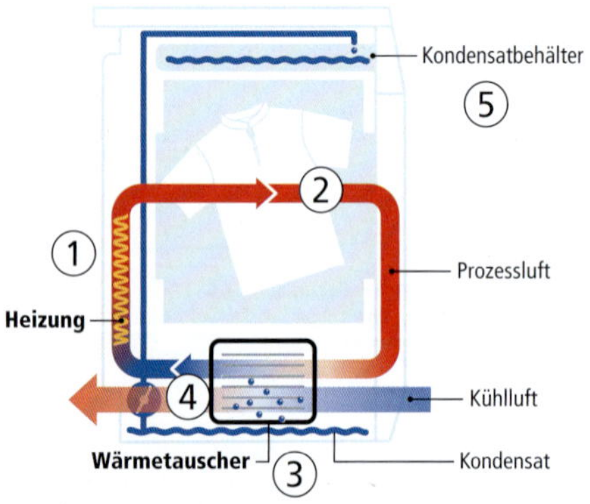

Kondensationstrockner

Beim Kondenstrockner wird die feuchte Luft nicht nach außen abgeleitet, sondern sie gibt die Feuchtigkeit im Gerät ab.
Das heißt, der Kondenstrockner hat einen geschlossenen Trocknungskreislauf. Die Trocknungsluft wird erwärmt (1) und durch die Wäsche geleitet (2). Dabei nimmt sie die Feuchtigkeit der Wäsche auf. Die feuchtwarme Luft wird anschließend durch den Wärmetauscher (3) geleitet. Hier wird die Luft abgekühlt, die aufgenommene Feuchtigkeit kondensiert, d.h., sie wird als Wasser abgeschieden (4). Die abgekühlte und feuchtigkeitsarme Luft wird erneut vom Gebläse angesaugt.

Das kondensierte Wasser sammelt sich in einem Gefäß und wird über die Pumpe in den Kondensatbehälter (5) gepumpt.
Dieser sollte nach jedem Trocknungsvorgang geleert werden. Das Kondenswasser kann auch direkt in den Abfluss geleitet werden.

mit Wärmepumpe

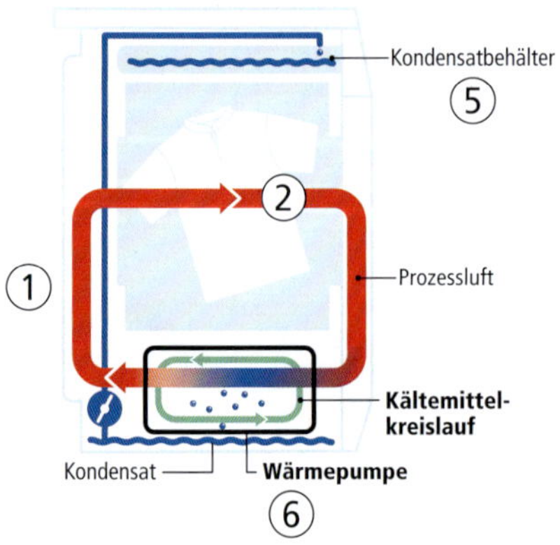

Kondensationstrockner mit Wärmepumpe

Wäschetrocknung mit Wärmepumpe (6) ist sehr energieeffizient, da die Energie im Trocknungsprozess erhalten bleibt und nicht abgeleitet wird. So können bis zu 60 % Strom eingespart werden.
Die Geräte sind in der Anschaffung sehr teuer.

8.2.3 Programmablauf

Das Programm umfasst folgende Phasen:

- Heiz- und Trocknungsphase
  Warme Luft entzieht der Wäsche die Feuchtigkeit.
- Abkühlungsphase
  Nach Beendigung der Trocknungszeit schaltet die Heizung aus, kalte Luft wird zugeführt, geringere Knitterbildung.
- Knitterschutzphase
  Trommel dreht sich in größeren Zeitabständen, um das Knittern der Textilien zu verhindern.

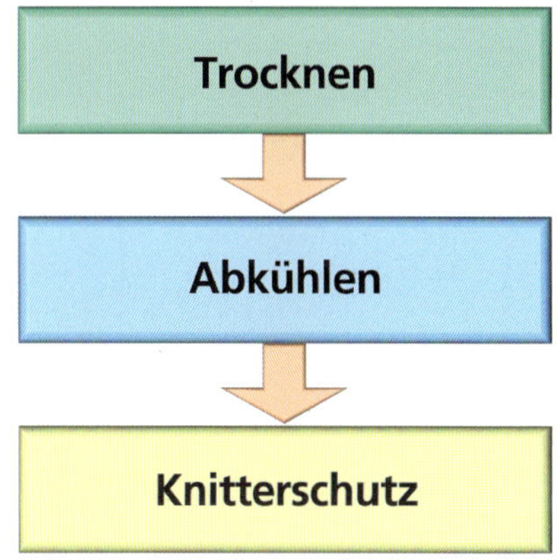

Programmablauf

8.2.4 Trocknungsprogramme

Es gibt zwei Möglichkeiten, den gewünschten Trocknungsgrad zu erreichen:

- **Zeitabhängige Programmwahl**
  Die Trocknungsdauer wird mit einem Zeitschalter eingestellt (bis zu 150 Minuten). Anhaltspunkte für die Trocknungsdauer stehen in der Gebrauchsanweisung des Wäschetrockners.

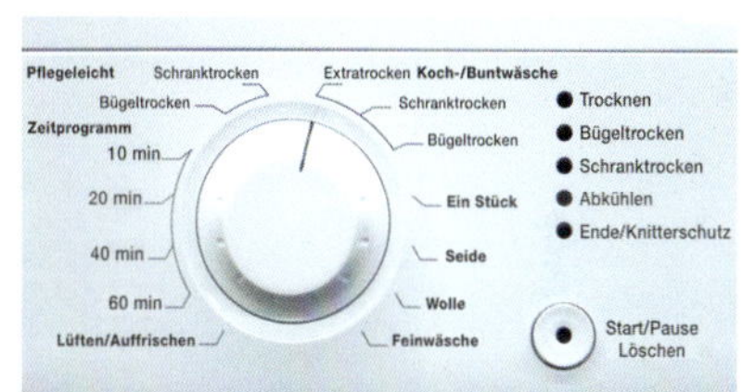

Zeitabhängige Programmwahl

- **Feuchtigkeitsabhängige Programmwahl**
  Der Trocknungsgrad der Textilien wird eingestellt, z. B. mangel- und bügelfeucht, schranktrocken, extratrocken. Der gewünschte Trocknungsgrad ist abhängig von der Nachbehandlung der Wäsche (Bügeln, Legen). Außerdem kann das Trocknungsprogramm auf die Faserart abgestimmt werden (Koch-/Buntwäsche, Pflegeleicht).

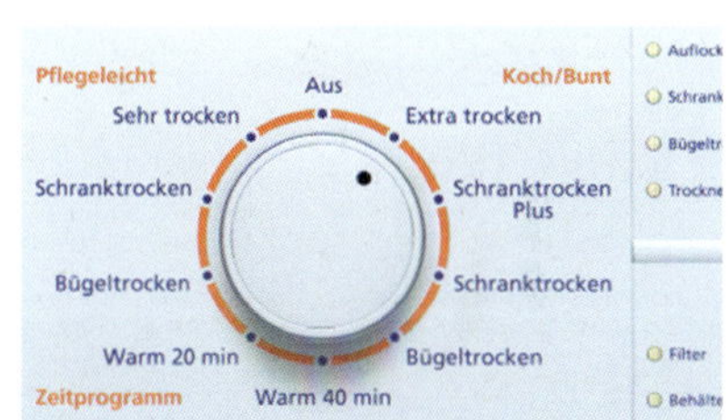

Feuchtigkeitsabhängige Programmwahl

Zusatzprogramme

- **Schonprogramm** für temperaturempfindliche Textilien
- **Glätten** zum Auflockern und Antrocknen. Wäsche bleibt feucht, Endtrocknung außerhalb des Trockners, keine oder geringe Bügelzeiten
- **Kurzprogramm** für schnelle Trocknung unempfindlicher Textilien
- **Kaltluft** zum Lüften, Entflusen, Entknittern, auch für trockene Textilien geeignet
- **Wollprogramm** zum Auflockern und Antrocknen von Wolltextilien
  Wollekorb: Wolltextilien werden über den Korb gelegt, textile Sportschuhe können in den Korb gestellt werden

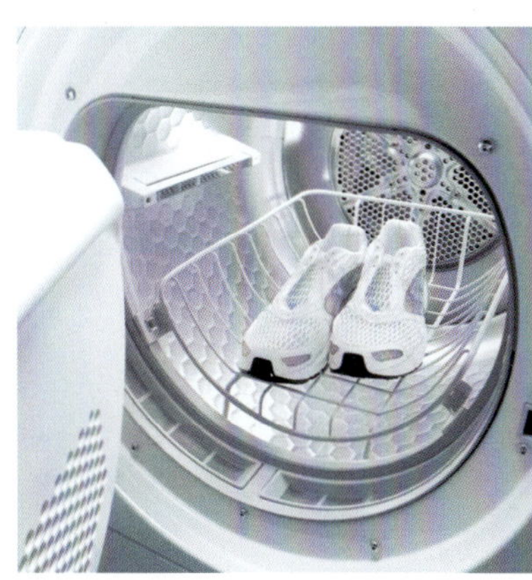
Wollekorb

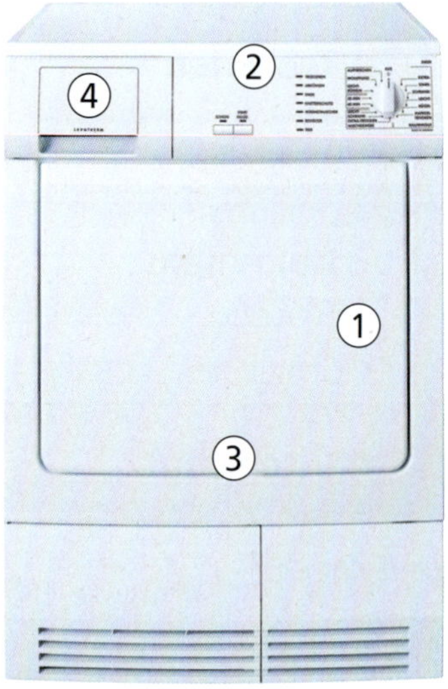

Kondenstrockner

8.2.5 Bedienung des Wäschetrockners

Arbeitsablauf:

- Wäschestücke einzeln, aufgelockert in die Trommel geben (1)
- Tür schließen, Trockenprogramm oder Zeiteinstellung wählen (2), z. B.:
  „schranktrocken" – Wäsche kann sofort gelegt werden,
  „bügelfeucht" – Wäsche muss anschließend gebügelt werden (ohne Einsprengen)
- Nach Programmablauf Wäsche sofort entnehmen, Gefahr der Knitterbildung
- Flusensieb reinigen (3)
- Wasserbehälter leeren (bei Kondenstrocknern) (4)

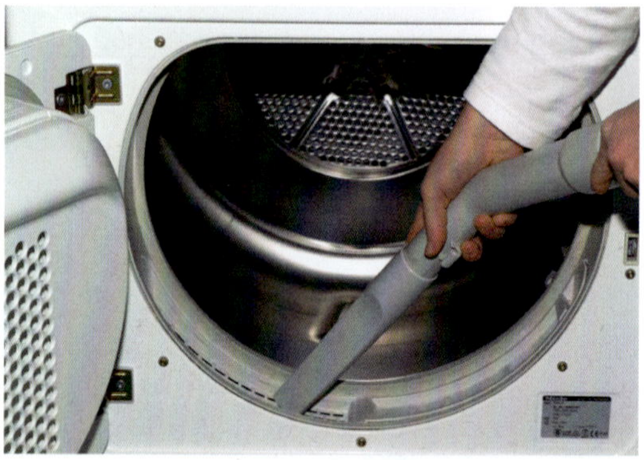
Aussaugen mit Fugendüse

8.2.6 Reinigung und Pflege des Wäschetrockners

Reinigungsmittel	Arbeitsgeräte
– Allzweckreiniger	– Mikrofasertuch – Kleiner Eimer – Staubsauger

In regelmäßigen Abständen sollten folgende Reinigungsarbeiten durchgeführt werden:

- Gehäuse und Bedienungsblende mit feuchtem Tuch abwischen
- Flusensieb nach jedem Trocknungsgang reinigen; bei Bedarf mit Fugendüse des Staubsaugers Flusensiebvorrichtung und Lüftungsöffnungen des Trockners aussaugen
- Trommel feucht reinigen
- Wärmeaustauscher bei Kondenstrocknern sollte nach Herstellerangaben gereinigt werden

Maßnahmen zur Qualitätssicherung:

- Pflegesymbole der Textilien beachten.
- Um Wäscheschäden zu vermeiden, Trocknungsdauer genau einhalten.
- Je höher die Schleuderzahl beim Waschen, desto geringer ist die Restfeuchte der Wäsche und die Trocknungsdauer.
- Die Trocknungszeit kann durch höhere Schleuderzahl bei Koch- und Buntwäsche (über 1200 U/Min.) verringert werden.
- Naturfasern, die im Wäschetrockner getrocknet werden, sollten ein bis zwei Nummern größer gekauft werden. Baumwolle, Leinen und Zellulosefasern laufen bei der Trocknung ein.
  Ausnahme: Textilien mit der Kennzeichnung „Sanfor“ oder „trocknergeeignet“ (s. S. 44).
- Ablufttrockner haben einen geringeren Stromverbrauch als Kondenstrockner.
- Das Fassungsvermögen des Wäschetrockners sollte dem Fassungsvermögen der Waschmaschine entsprechen, z. B. Waschmaschine 5 kg Fassungsvermögen, Wäschetrockner ebenfalls 5 kg.
- Synthetische Fasern laden sich im Normalprogramm elektrostatisch auf. Das Textil knistert, klebt und hat keinen guten Fall.

Pflegesymbol

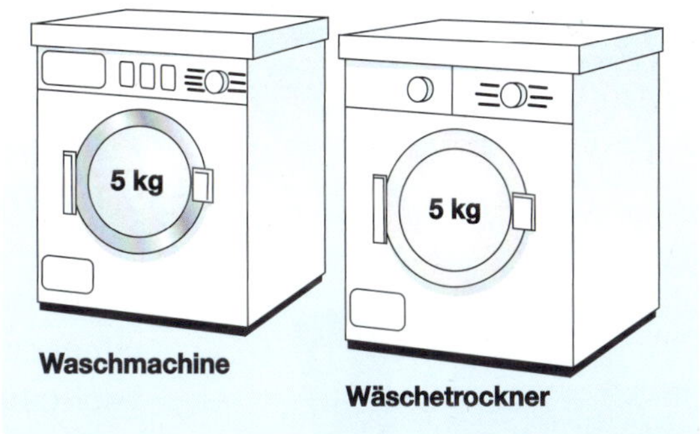

Arbeitsaufträge:

1. Ihre Nachbarin möchte einen Wäschetrockner kaufen. Erklären Sie ihr die Vorteile von natürlicher Trocknung und die Vorteile eines Wäschetrockners.
2. Erkundigen Sie sich im Fachhandel nach Preisen, Energieverbrauchswerten und Sonderausstattungen der Wäschetrockner. Halten Sie Ihre Ergebnisse schriftlich fest und vergleichen Sie diese mit Ihren Mitschülern.

9 Bügeln

Raue, ungebügelte Faser

Glatte, gebügelte Faser

Nach dem Waschen und Trocknen müssen einige Textilien noch gebügelt werden. In den letzten Jahren hat der Anteil der Bügelwäsche stark abgenommen. Es gibt zahlreiche pflegeleichte Textilien. Der Wäschetrockner erspart teilweise das Bügeln und auch die Ansprüche an das Aussehen sind nicht mehr so hoch wie früher.

Trotzdem hat das Bügeln einige Vorteile.
Durch das Bügeln wird den Textilien nach dem Waschen dieselbe Form, der Glanz, die Festigkeit und die Glätte wie zuvor verliehen. Die Wäsche ist nach dem Bügeln stärker Schmutz abweisend, da Schmutz und Staub auf einer glatten Fläche weniger haften als auf einer rauen Fläche. Durch die hohe Temperatur wird die Wäsche keimfrei.

9.1 Bügelgeräte

Bügeleisen			Spezialbügelgeräte		
Trockenbügeleisen	Dampfbügeleisen	Dampfgenerator (Bügelstation)	Haushalts-Bügelmaschine	Gewerbliche Bügelmaschine	Hemdenbügler
Trockene Hitze 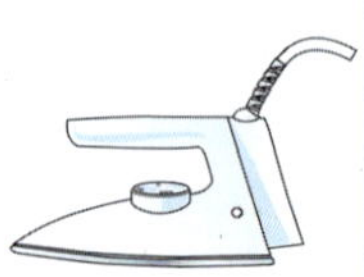	Dampf (feuchte Hitze) oder trockene Hitze 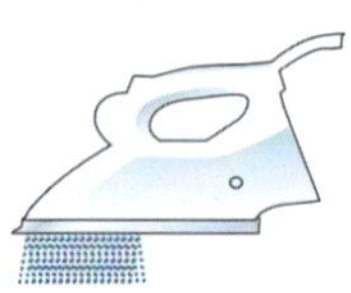	Viel Dampf oder trockene Hitze 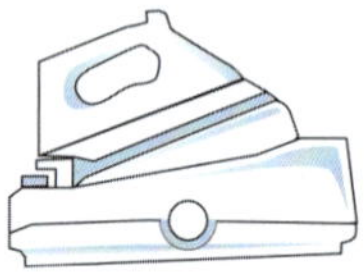	Dampf oder trockene Hitze 	Dampf oder trockene Hitze 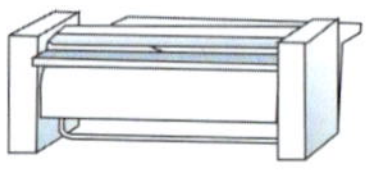	Trockene Hitze 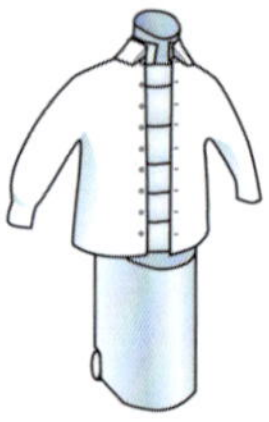

9.1.1 Trockenbügeleisen

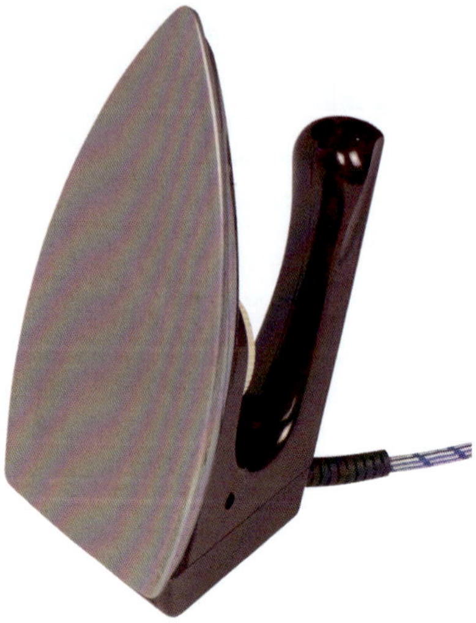

Bügelsohle ohne Dampfaustrittsöffnungen

Bügeleisen sind handgeführte Bügelgeräte. Sie haben eine beheizte, temperaturgeregelte Bügelsohle. Diese besteht aus Aluminium, Edelstahl oder hat eine Kunststoffbeschichtung. Der Temperaturregler schaltet die Heizung in Abständen ein und aus, sodass die am Temperaturwähler eingestellte Temperatur gehalten wird. Die Kontrollleuchte leuchtet rot, wenn das Bügelgerät aufheizt. Sie erlischt beim Erreichen der eingestellten Temperatur.

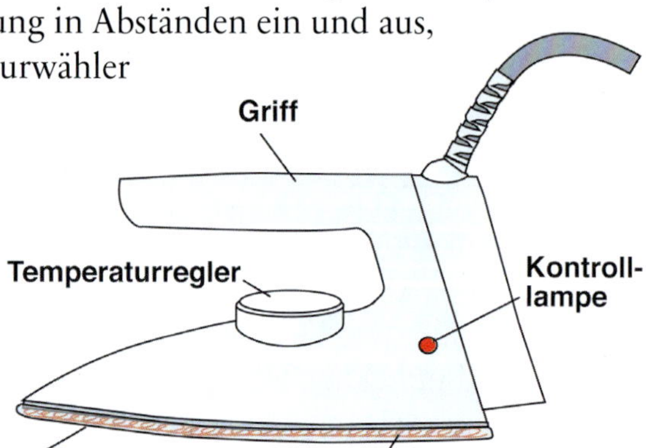

9.1.2 Dampfbügeleisen

Dampfbügeleisen haben einen Wassertank und Dampfkammern auf der Bügelsohle. Manche Geräte besitzen einen Dampfgenerator (Motor) im Bügeleisen, der eine größere Dampfmenge ausstößt. Bei Temperaturen über 100 °C erfolgt die Dampfentwicklung. Der Dampf tritt über die Öffnungen auf der Bügelsohle aus. Für ein gutes Bügelergebnis ist es wichtig, dass möglichst viele Dampfaustrittsöffnungen gleichmäßig auf der Bügelsohle verteilt sind. Je nach Dampfleistung werden 20 – 40 g Wasser pro Minute verdampft. Entsprechend den Herstellerangaben sollte Leitungswasser oder destilliertes Wasser verwendet werden.

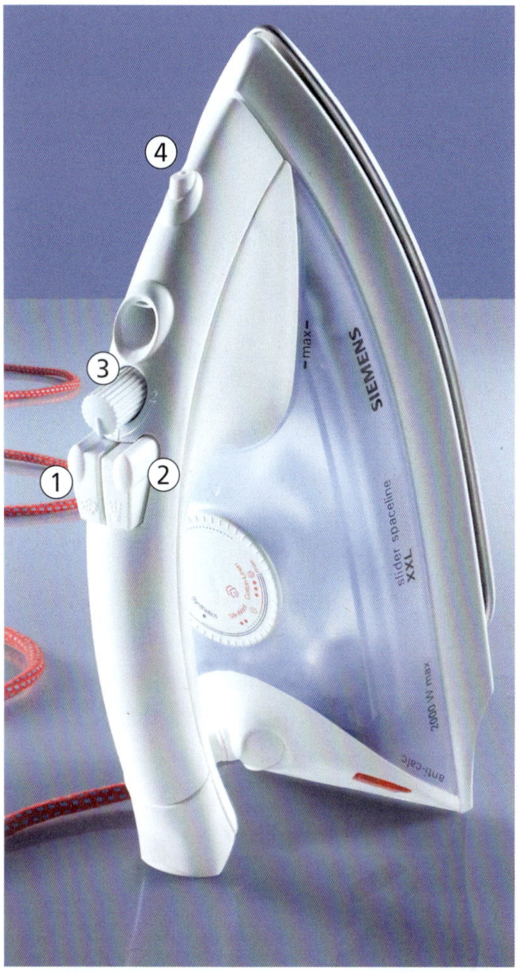

Dampfbügeleisen mit verschiedenen Bedienelementen

Zusatzausstattungen

- Knopf für Dampfstoß: Für kurze Zeit kann die Dampfmenge auf bis zu 100 g/min erhöht werden (1)
- Sprühvorrichtung: Bügelgut kann mithilfe der Sprühdüse (4) mit Wasser besprüht (eingefeuchtet) werden, z. B. zum Entfernen von kleinen Bügelfalten (2)
- Dampfmengenwähler: Einstellung der Dampfmenge (3)

Dampfbügeleisen können mit Dampf und auch als Trockenbügeleisen verwendet werden. Durch den Wassertank sind sie schwerer als Trockenbügeleisen. Dafür ist das Bügelergebnis meist besser und die Wäsche muss vorher nicht eingesprengt werden. Dampfbügeleisen sind in der Anschaffung teurer.

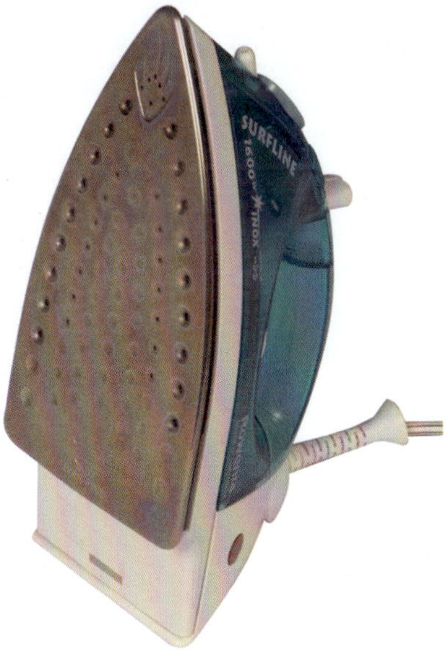

Bügelsohle mit Dampfaustrittsöffnungen

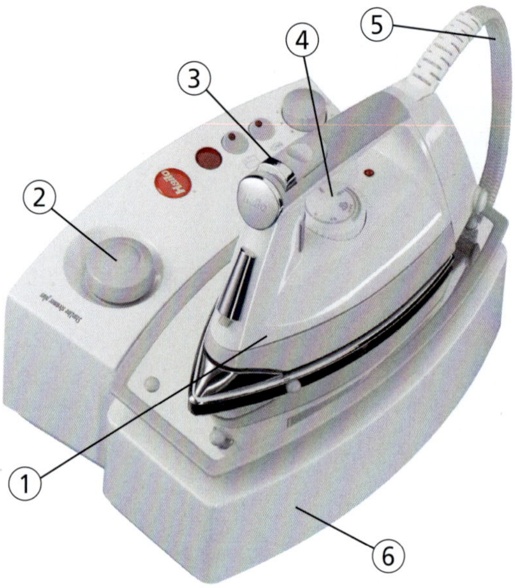

① Bügeleisen
② Einfüllöffnung für Wasser
③ Dampftaste
④ Temperaturwähler
⑤ Dampfverbindungskabel
⑥ Dampferzeuger

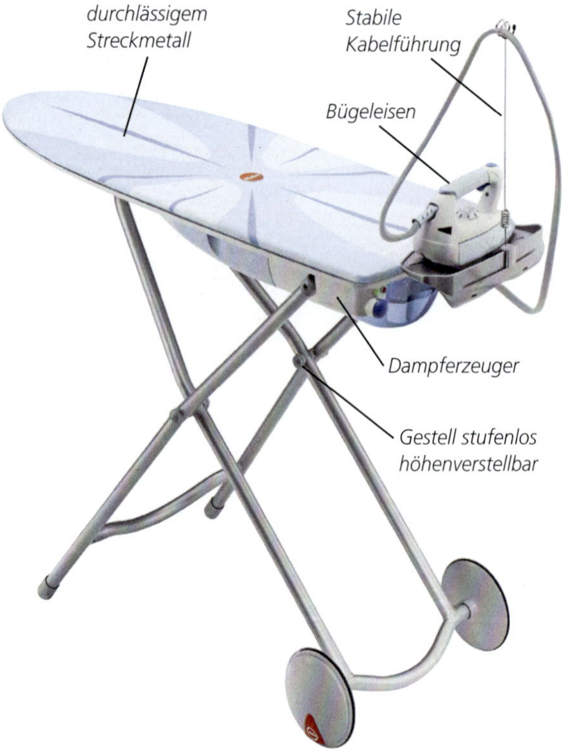

Dampfbügelsystem

9.1.3 Dampfgeneratoren (Bügelstationen)

Dampfgeneratoren, auch Bügelstationen genannt, bestehen aus einem Bügeleisen und einem Dampferzeuger. Der Dampf wird durch ein Verbindungskabel in das Bügeleisen geleitet. Der Wassertank des Dampferzeugers ist größer als beim Dampfbügeleisen. Er fasst bis zu 1,5 l Wasser. Aus diesem Grund kann mit der Bügelstation längere Zeit und mit einer größeren Dampfmenge ohne Nachfüllen gebügelt werden. Die Aufheizzeit beträgt 2 – 10 Minuten.

Man unterscheidet:

- **Druckdampferzeuger**
  Dampf wird unter Druck erzeugt. Dampfmenge bis zu 140 g/Min. Druck muss vor dem Nachfüllen abgebaut werden.

- **Druckdampferzeuger mit abnehmbarem Wassertank**
  Dampfleistung und Fassungsvermögen wie bei Druckdampferzeuger. Der Tank kann jederzeit abgenommen und nachgefüllt werden.

- **Dampfbügelsystem**
  Das Dampfbügelsystem besteht aus einem Bügeleisen, Dampferzeuger und Bügeltisch. Der Dampferzeuger ist in den Bügeltisch eingebaut. Die Bügeltische haben meistens eine Dampfabsaugung. Die Ansaugung fixiert („befestigt") die Wäsche am Bügeltisch. Außerdem gibt es eine Aufblasfunktion (1). Das Gebläse wirkt wie ein Luftkissen, sodass keine Nahtabdrücke und Falten entstehen. Die Absaugfunktion (2) sorgt dafür, dass der Dampf abgesaugt wird; das Textil trocknet schneller.

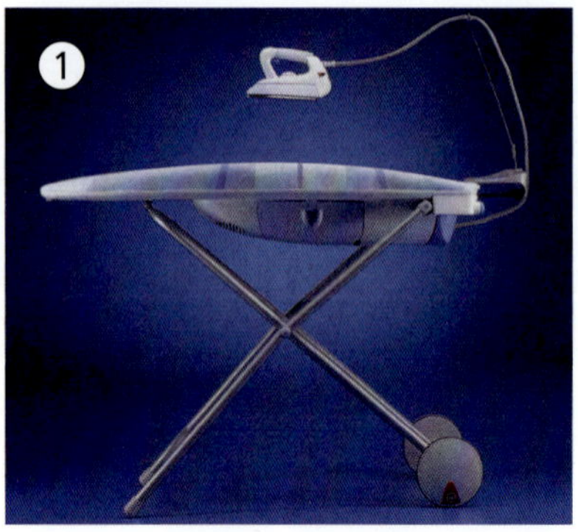

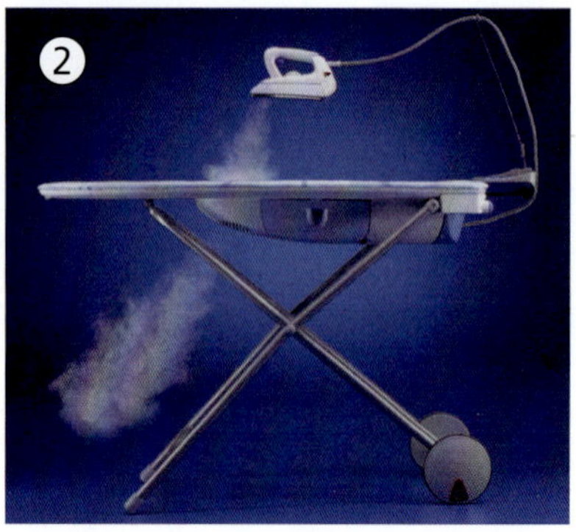

Wenn der Dampferzeuger nicht in den Bügeltisch eingebaut ist, sollte er auf einer Ablage neben der Bügelfläche stehen.
Außerdem sollte die Arbeitsfläche des Bügelbretts aus einem Metallgitter sein, damit der Dampf nach unten abweichen kann.

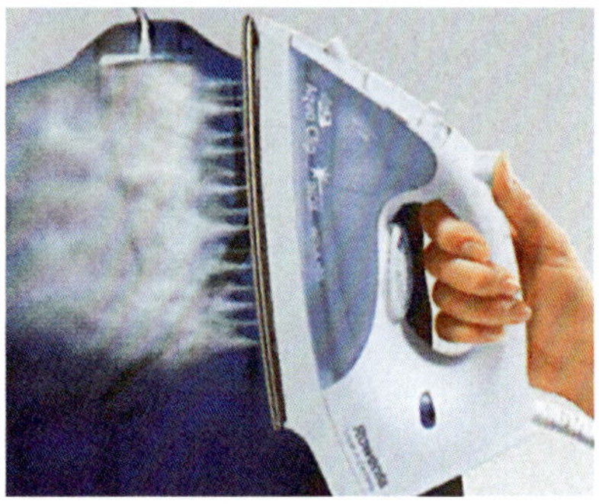
Vertikales Bügeln

Vorteile der Dampfgeneratoren:
- sehr gutes Bügelergebnis ohne vorheriges Einsprengen
- lang anhaltende Glätte der Textilien
- gleichzeitige Plättung mehrerer Stofflagen (z. B. Kragen und Manschetten nur auf der Oberseite bügeln)
- Seide und dunkle Textilien ohne Glanzstreifen
- schnelles Auffrischen von getragener Kleidung (vertikales Bügeln)
- großes Tankvolumen

Nachteile der Dampfgeneratoren:
- hohe Anschaffungskosten
- längere Aufheizzeit
- fester Standplatz im Arbeitszimmer notwendig
- größerer Aufwand zum Herrichten des Arbeitsplatzes

Reinigung und Pflege der Bügelsohle:

- nach jedem Gebrauch Bügelsohle kontrollieren, feucht abwischen
- Edelstahlsohlen mit feuchter Edelstahlspirale reinigen, trocknen
- Aluminiumsohlen mit grobem, feuchtem Mikrofasertuch reinigen, trocknen
- Bügelsohlen mit Beschichtung nach Gebrauchsanweisung reinigen

Grundreinigung des Bügeleisens

Reinigungsmittel	Arbeitsgeräte
– Allzweckreiniger – Essig	– Mikrofasertuch – Kleiner Eimer – Edelstahlspirale – Zahnstocher oder Wattestäbchen

Arbeitsablauf:
- Ecken und Kanten mit nebelfeuchtem (1) Tuch, Wattestäbchen und Holzspieß reinigen
- Bügelsohle reinigen (2)
- Dampfaustrittsöffnungen mit Wattestäbchen (in Essig getränkt) reinigen (3)
- Dampfbügeleisen und -stationen nach Gebrauchsanweisung entkalken
- Gehäuse mit feuchtem Tuch reinigen (4)

Arbeitsablauf Grundreinigung Dampfbügeleisen

9.1.4 Haushalts-Bügelmaschine

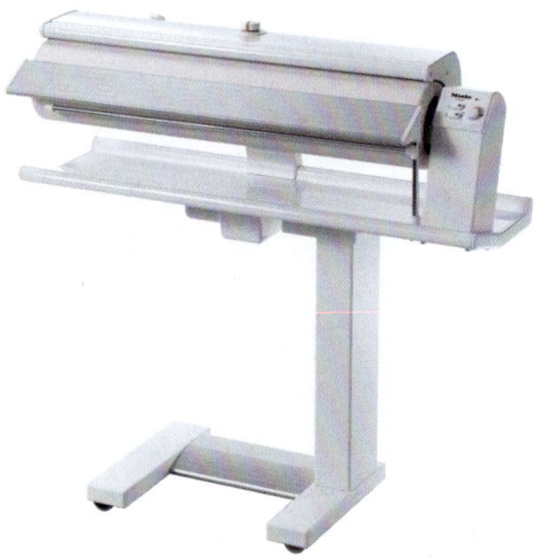
Bügelmaschine

Zum Glätten von größeren, flachen Textilien (z.B. Tischdecken, Bettwäsche) eignet sich die Bügelmaschine. Haushalts-Bügelmaschinen haben eine bis 85 cm breite Walze (1). Es entfällt das lange Stehen und das Bügelergebnis ist besser als beim Bügeleisen (Ausnahme Dampfstation). Zudem hat man eine größere Zeitersparnis und einen geringeren Stromverbrauch. Allerdings ist die Bügelmaschine in der Anschaffung teurer.

Funktion
Die Bügeltemperatur wird über einen Temperaturwähler (1) eingestellt. Die Wäsche wird auf das Anlegebrett (2) gelegt.
Durch Drücken des Fußschalters (3) bewegt sich eine bis zu 85 cm breite Walze (4). Diese transportiert die Wäsche und führt sie unter Druck an einer beheizten Wange (5) vorbei.
Die Drehgeschwindigkeit (6) der Bügelwalze lässt sich in verschiedenen Stufen dem Arbeitstempo und der Wäschefeuchtigkeit anpassen.
An der Bügelwange ist eine Leiste als Fingerschutz (7) angebracht. Bügelmaschinen werden auch als Dampfbügelmaschinen angeboten.

(1) Temperaturwähler
(2) Anlegebrett
(3) Fußschalter
(4) Bügelwalze
(5) Bügelwange
(6) Einstellung der Drehgeschwindigkeit
(7) Fingerschutz

Reinigung und Pflege

Reinigungsmittel	Arbeitsgeräte
– Allzweckreiniger	– Mikrofasertuch – Kleiner Eimer – Wattestäbchen

Regelmäßig nach jedem Bügelvorgang sollten folgende Reinigungsmaßnahmen durchgeführt werden:

Arbeitsablauf:

- Bügelmaschine abkühlen lassen
- Gehäuse und Anschlusskabel feucht abwischen
- Ecken und Kanten säubern
- Maschine zusammenklappen
- Bügelgerät aufbewahren und Schutzhülle überstreifen

Aufbewahrung der Bügelmaschine

9.1.5 Hemdenbügler

Automatische Hemdenbügler trocknen und glätten Hemden selbstständig. Die feuchten Textilien werden der Bügelpuppe übergezogen, Kragen, Knopfleiste und Manschetten in die Spannvorrichtung eingelegt.
Die Geräte sind mit verschiedenen Bügelprogrammen ausgestattet. Zusätzlich gibt es ein Kaltprogramm zum Auslüften und Auffrischen von Oberbekleidung und ein Warmluftprogramm zum Trocknen feuchter Jacken.
Hemdenbügler sind nicht für dehnbare Stoffe, z. B. Jersey, geeignet.

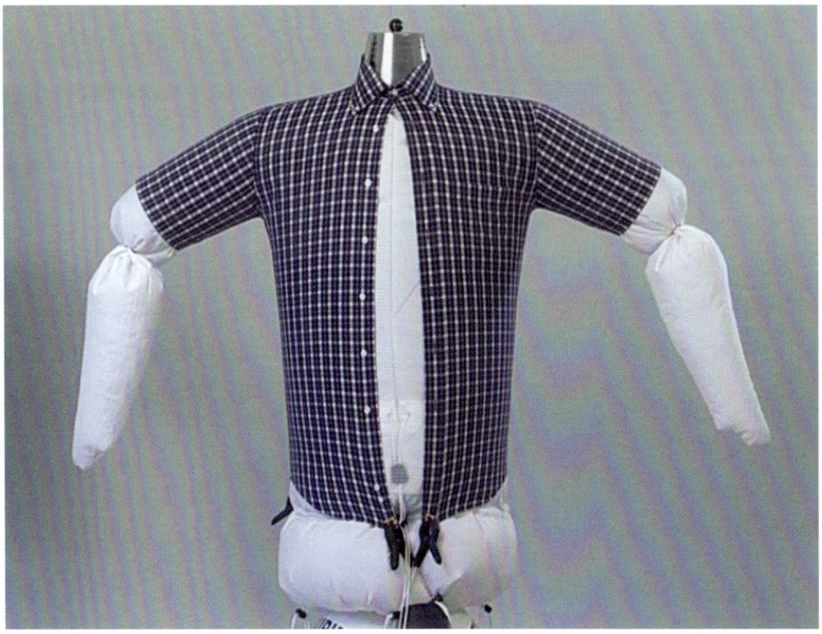

Hemdenbügler

9.1.6 Gewerbliche Bügelmaschinen (Muldenmangeln)

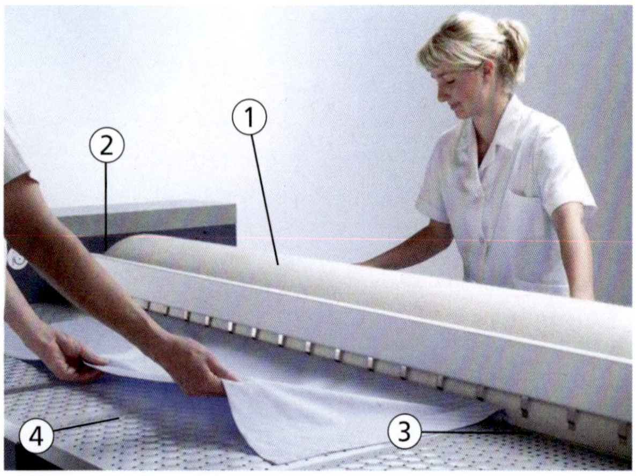

Muldenmangel

In Großhaushalten und Wäschereien werden glatte Teile mit gewerblichen Bügelmaschinen (Mangeln) geglättet. Sie funktionieren wie Haushalts-Bügelmaschinen. Allerdings wird an der Muldenmangel stehend gearbeitet und die Walze (1) ist viel breiter und hat einen größeren Durchmesser (2). Die beheizte Mulde (3) befindet sich unter der Walze. Meist schließt sich ein Abnahmetisch (4) an den Mangelauslauf an. Dort wird die Wäsche gelegt. Manche Abnahmetische haben eine Wabenstruktur (wabenartige Löcher). Das Mangelgut kühlt schnell ab, das Bügelergebnis wird dadurch verbessert.

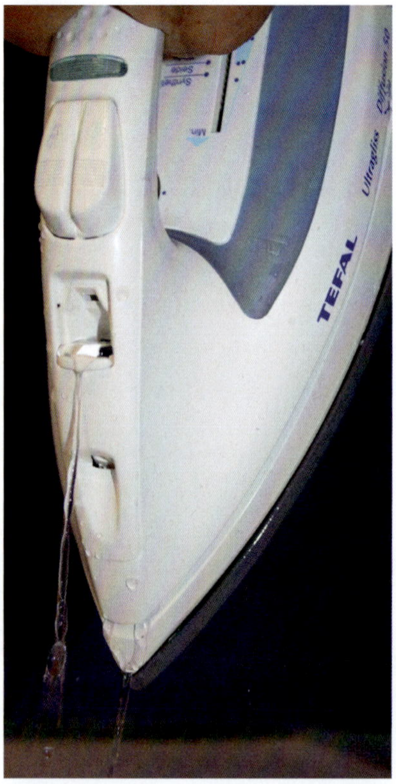

Wasserbehälter leeren

Maßnahmen zur Qualitätssicherung:

- Bügeleisen sollten eine besonders gehärtete, kratzfeste Bügelsohle haben.
- Aluminiumsohlen sind besonders kratzempfindlich.
- Verunreinigungen auf der Bügelsohle nie mit spitzen oder scharfen Gegenständen (Messer) entfernen.
- Nach Beendigung der Arbeit Wasserbehälter leeren.
- Bezug der Bügelwalze von Zeit zu Zeit waschen und bei Bedarf erneuern; dabei die Gebrauchsanweisung beachten.

Arbeitsaufträge:

1. Vergleichen Sie die verschiedenen Bügelgeräte für den Privathaushalt unter den Gesichtspunkten: Preis, Stromverbrauch, Vor- und Nachteile. Halten Sie Ihre Ergebnisse in einer Tabelle fest.

Arten	Preis	Stromverbrauch	Vorteile	Nachteile
Trockenbügeleisen				
Dampfbügeleisen				
Dampfgenerator				
Bügelmaschine				

2. Informieren Sie sich im Fachgeschäft über Hemdenbügler und tragen Sie Ihre Ergebnisse als Kurzreferat vor.
3. Erstellen Sie eine Übersicht über die Bügelgeräte Ihres Ausbildungsbetriebes. Begründen Sie, weshalb Ihr Betrieb diese Geräte ausgewählt hat.
4. Fertigen Sie ein Plakat mit Merksätzen zum sicheren Umgang mit Bügelgeräten.

9.2 Vorbereiten zum Bügeln

9.2.1 Wäsche sortieren

Bügelfreie Wäsche	**Bügelwäsche**	
= Wäsche, die nicht gebügelt wird	geformte Teile	glatte Teile

Bügelwäsche in der Reihenfolge wie sie gebügelt werden soll in den Wäschekorb legen.

9.2.2 Wäsche einsprengen

Sehr trockene Wäsche aus Baumwolle, Leinengewebe und Mischgewebe muss man vor dem Bügeln eingesprengen. Wird Dampf eingesetzt, so ist das Einsprengen nicht nötig.
Seide darf nicht eingesprengt werden, es können Wasserflecken entstehen.

Arbeitsmittel:

- Wäschesprenger (1)
- Kleine Schüssel (2)
- Schwamm
- Folienbeutel (3)
- Wäschekorb
- Feuchtes Reinigungstuch und Trockentuch

Arbeitsplatz Wäsche einsprengen

Arbeitsablauf:

- Wäschesprenger und Schüssel mit lauwarmem Wasser füllen
- Arbeitstisch säubern, trocknen
- Einsprengen je nach Wäscheteil
- nach dem Einsprengen den Tisch trocknen, Wäschesprenger und Schüssel leeren und trocknen

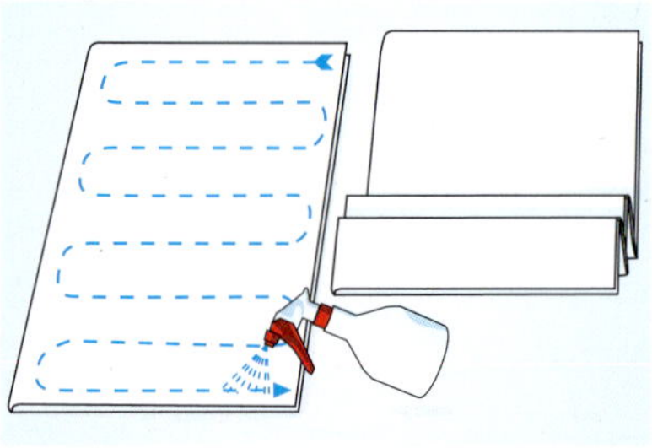

Einsprengen *Ziehharmonikaartig falten*

Einsprengen großer glatter Teile

Arbeitsablauf Tischwäsche einsprengen:

- Tischwäsche links auf links legen, Kante auf Kante
- Kanten ausstreichen
- mit dem Einsprenger gleichmäßig einsprühen
- Tischwäsche ziehharmonikaartig falten, Stapel halbieren
- in Folienbeutel geben oder in Wäschekorb und mit Folie abdecken
- 2–3 Stunden einwirken lassen

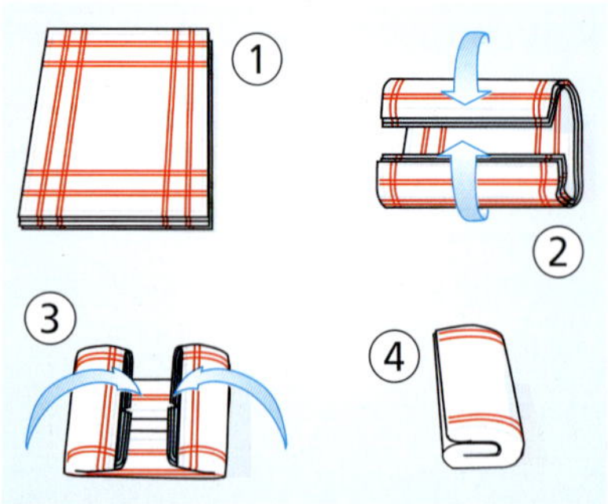

Geschirrtücher nach dem Einsprengen falten

Einsprengen kleiner glatter Teile

Arbeitsablauf Geschirrtücher einsprengen:

- Geschirrtuch glatt legen, Kanten ausstreichen, einsprengen
- zweites Geschirrtuch auf das erste legen, Kanten ausstreichen, einsprengen
- verfahren, bis ca. 8 Geschirrtücher aufeinander liegen (1)
- eingesprengte Tücher so falten, dass die Kanten (Säume) innen liegen (2–4)

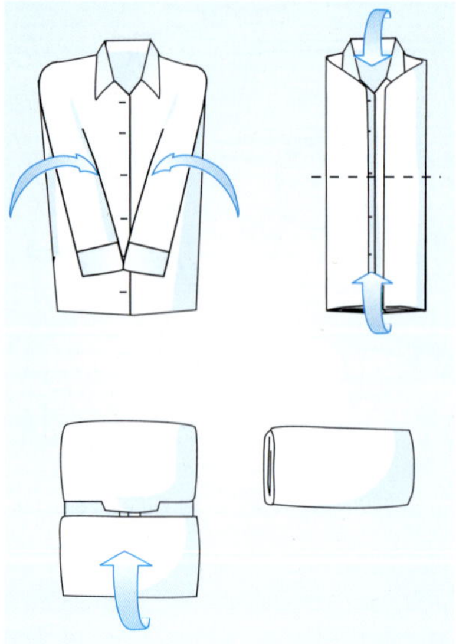

Hemd nach dem Einsprengen falten

Einsprengen geformter Teile

Arbeitsablauf Hemden einsprengen:

- Hemd flach auflegen, einsprühen, dabei doppelte Teile wie Säume gut einfeuchten
- Ärmel, Kragen, untere Saumkante zur Mitte schlagen und einfalten oder aufrollen

Maßnahmen zur Qualitätssicherung:
- Bügelfeuchte Wäsche muss nicht eingesprengt werden.
- Nicht zu stark einfeuchten, sonst verlängert sich die Bügelzeit.
- Warmes Wasser zieht schneller in die Faser ein.
- Eingesprengte Wäsche mindestens eine Stunde und nicht länger als 24 Stunden durchfeuchten lassen. Es können Stockflecken entstehen.

9.3 Bügeln von Hand

9.3.1 Bügelregeln

- Gebügelte Fläche von sich weg bügeln (1)
- ruhige und gleichmäßige Bewegungen
- Aufhänger bei Kleidungsstücken nach innen, bei Geschirrtüchern nach außen bügeln
- doppelte Teile wie Säume gut ausbügeln
- vom Weiten ins Enge bügeln (2)
- zuerst abstehende Teile bügeln, dann flächige Partien bügeln
- wird eine glänzende Oberfläche erwünscht, erst von linkes und dann auf der rechten Seite bügeln
- Textilien immer ganz trocken bügeln sonst bilden sich Wellen

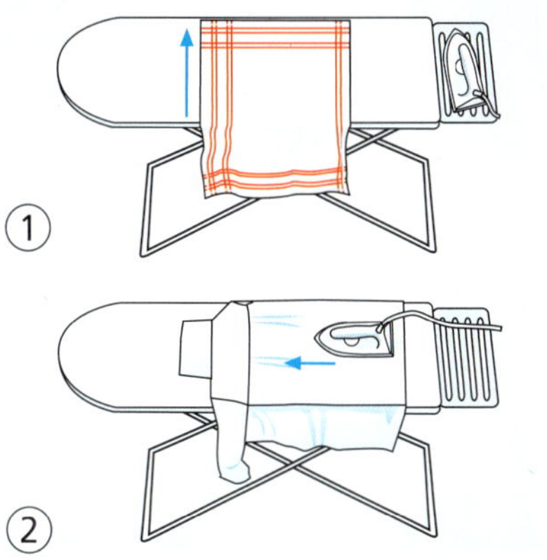

9.3.2 Arbeitsplatz

Arbeitsmittel:

- Bügeleisen (s. S. 72 ff.) (1)
- Bügelbrett, höhenverstellbar mit Steckdose (2) und Kabelführung (3)
  Bezug wattiert, aus Baumwolle und waschbar
- Arbeitsstuhl oder Stehhilfe (s. S. 135) (4)
- Stuhl oder Hocker zum Abstellen des Wäschekorbs (5)
- Wäscheständer zum Ausdampfen und Ablegen der gebügelten Wäsche (6)
- Kleiderbügel, evtl. Hemdenständer (7)
- Sprühflasche mit warmem Wasser oder kleine Schale mit Schwämmchen
- Stuhl oder Wäschekorb als Unterlage, damit große herabhängende Teile nicht auf dem Boden liegen

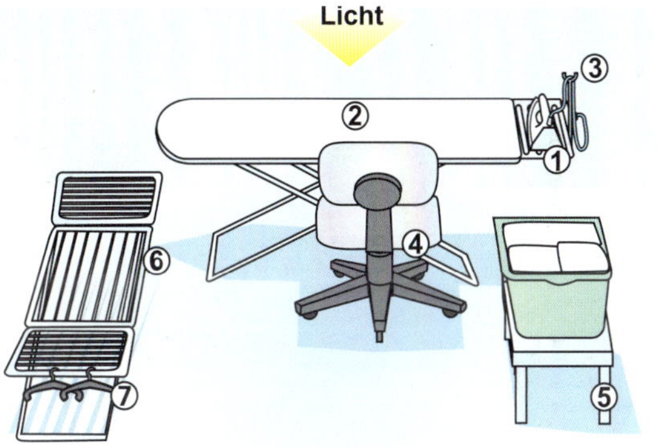

Arbeitsplatz Bügeln

Hemdenständer

Arbeitshinweise:
- Vor dem Bügeln Bügelarbeitsplatz richten.
- Bügelsohle auf Sauberkeit überprüfen und auf Abstellfläche stellen.
- Stecker einstecken und Temperatur je nach Faserart einstellen.

9.3.3 Bügeln glatter Teile

Arbeitsablauf Geschirrtuch bügeln:

- Geschirrtuch (rechte Seite nach oben) auf das Bügelbrett legen, parallel zur Bügeltischkante
- zuerst die Säume, Kanten und Aufhänger, dann die Tuchmitte bügeln
- gebügelte Fläche nach hinten ziehen, restliche Fläche genauso bügeln
- gebügeltes Geschirrtuch links auf die Ablage geben

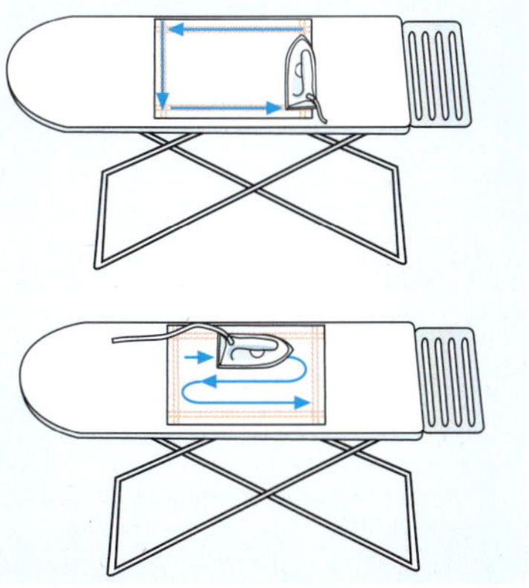
Geschirrtuch bügeln

9.3.4 Bügeln geformter Teile

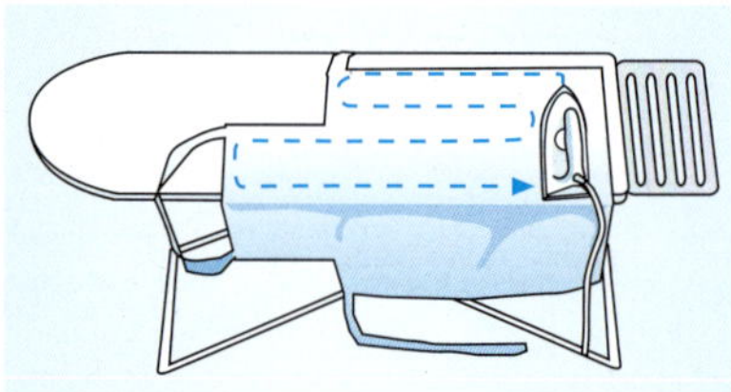

Arbeitsablauf Schürze mit Latz bügeln:

- alle abstehenden Teile (Bänder, Träger) bügeln
- Schürze flach auf das Bügelbrett legen, bügeln
- den gebügelten Teil von sich weg schieben und den restlichen Schürzenteil bügeln

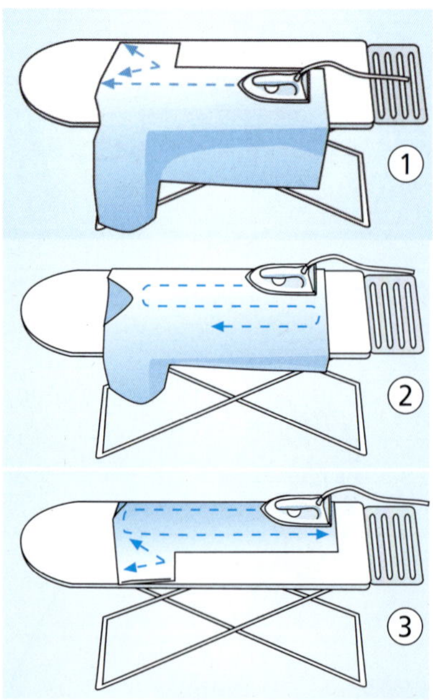

Arbeitsablauf T-Shirt bügeln:

- T-Schirt mit der Rückseite auf das Bügelbrett legen, Ärmelnaht liegt glatt auf
- linken Ärmel bügeln, seitliches Vorderteil bügeln (1)
- gebügeltes Teil nach hinten schieben und mittleres Teil der Vorderseite bügeln (2)
- rechten Ärmel und restliches Vorderteil bügeln (3)
- Rückenteil wie Vorderseite bearbeiten

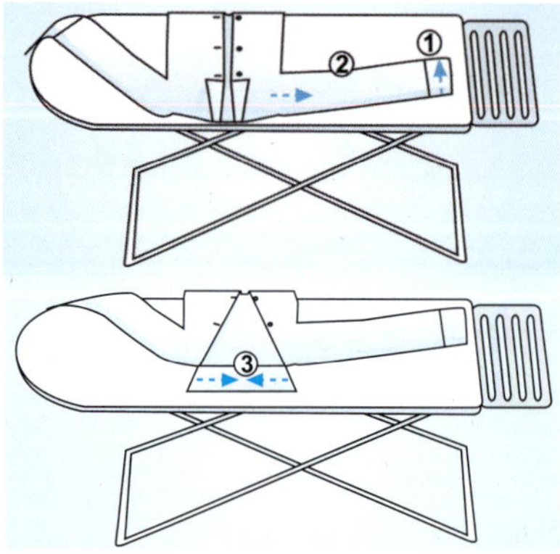

Arbeitsablauf Hemd bügeln:

- rechte Manschette bügeln (1)
- rechten Ärmel mit der Vorderseite nach oben auf das Bügelbrett legen, sodass die Ärmelnaht glatt liegt. Den Ärmel vom Schulteransatz zur Manschette hin bügeln, umdrehen und genauso vorgehen (2)
- Kragen von den Ecken zur Mitte bügeln und dabei den Kragen in Form ziehen (3)

- Passe glatt auf das Bügelbrett legen, von den Ecken zur Mitte hin bügeln (4)
- Hemd wenden
- linke Manschette bügeln (5)
- linken Ärmel wie linken Ärmel bügeln (6)
- rechtes Vorderteil straff über das Bügelbrett ziehen und vom Saum zum Kragen bügeln (7)
- Rückenteil: Die Seitennaht auf das Bügelbrett ziehen und glatt bügeln, dann das Hemd seitlich weiterziehen und bis zur zweiten Seitennaht bügeln (8)
- linkes Vorderteil weiter im Drehverfahren bis hin zur Knopflochleiste bügeln (9)
- Hemd auf Kleiderbügel hängen

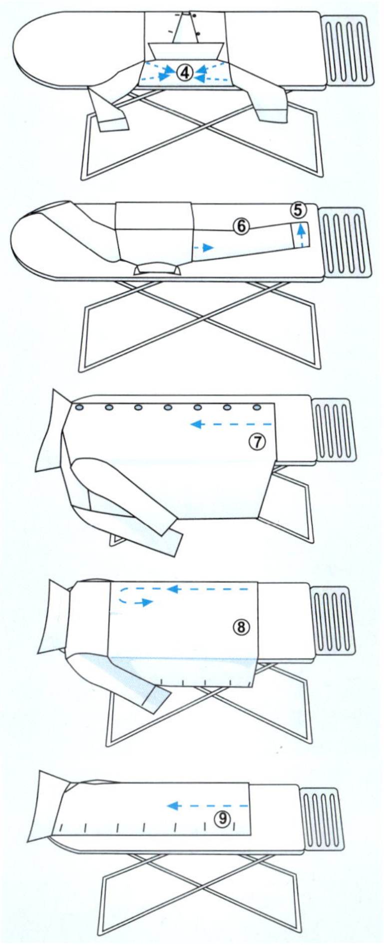

Blusen, Schlafanzugjacken, Nachthemden und Arbeitskittel werden ähnlich wie Hemden gebügelt.

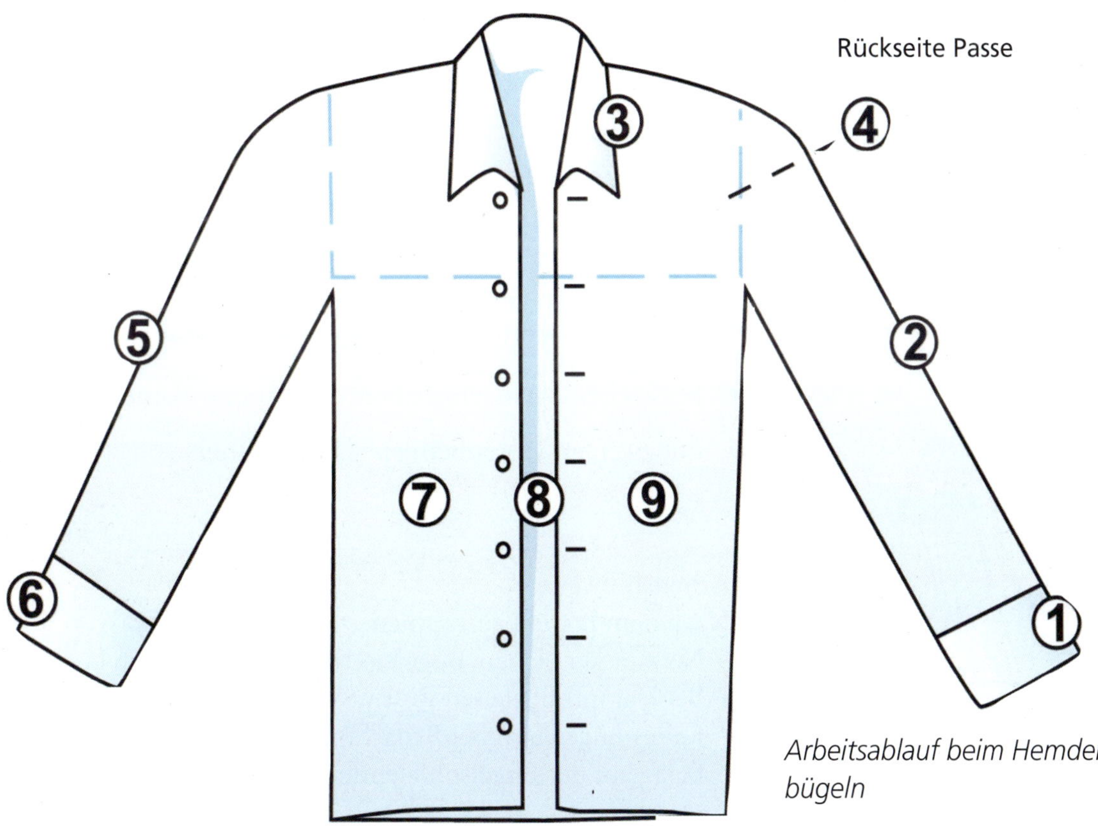

Arbeitsablauf beim Hemden bügeln

Arbeitsablauf Hose mit Bügelfalten bügeln:

Gesäßteil:

- Hosentaschen von links bügeln
- Hosenbund bügeln
- Hosen bis zum Schritt über das Bügelbrett ziehen
- Hose vom Bund an abwärts bügeln
- Reißverschluss und Taschen glatt und in Form gezogen bügeln

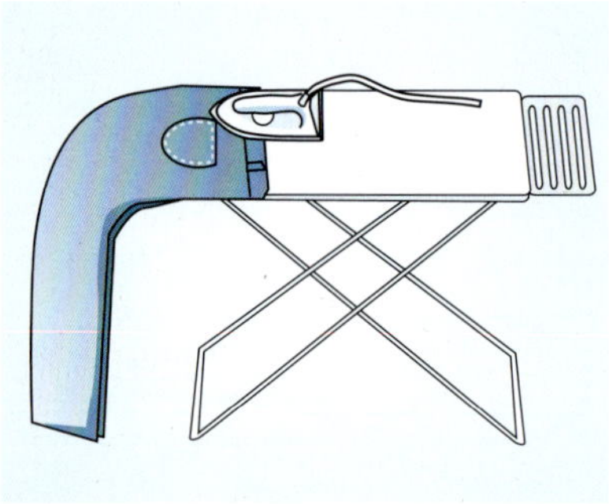

Gesäßteil bügeln

Beinteile:

- mit der Bügelspitze von rechts in die Bundfalte bügeln
- Hose so auf das Bügelbrett legen, dass die Nähte aufeinander liegen
- oberes Hosenbein über das Hosenoberteil legen
- unteres Hosenbein bügeln, dabei die Bügelfalte mit einbügeln
- zweites Bein auf das gebügelte legen und genauso bügeln wie das erste Beinteil
- Hose am Bund und unteren Beinteil zusammen greifen, die Hose wenden und den Ablauf auf der anderen Seite des Hosenbeins wiederholen

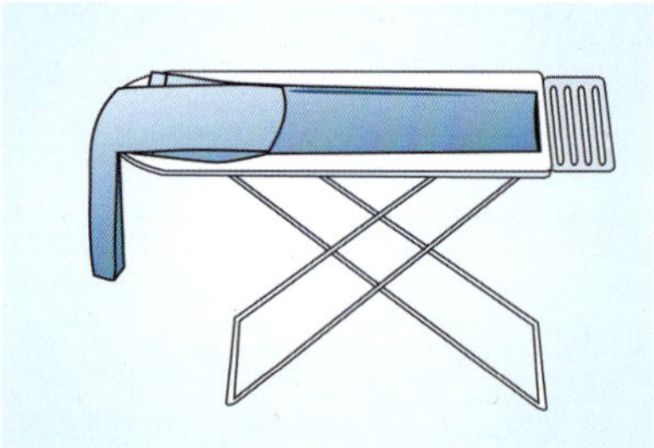

Beinteile bügeln

Arbeitsablauf Hose ohne Bügelfalten bügeln:

Gesäßteil wie Hosen mit Bügelfalten bügeln

Beinteile:

- Hosenbein so auf das Bügelbrett legen, dass die Rückseite nach oben liegt und die äußere Seitennaht parallel zur Bügelkante ist
- Rückseite bügeln, Hosenbein drehen und Vorderseite bügeln
- mit zweitem Hosenbein ebenso verfahren

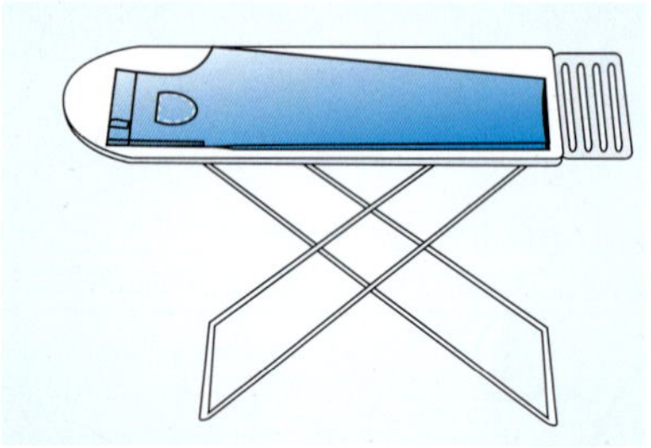

Beinteile ohne Bügelfalte bügeln

Arbeitshinweise:

Nach dem Bügeln aufräumen:
- Netzstecker ziehen, Bügeleisen stehend abkühlen lassen.
- Bei Dampfbügeleisen Restwasser nach Arbeitsende ausgießen.
- Kaltes Bügeleisen bei Bedarf mit feuchtem Tuch abwischen, Belag auf der Bügelsohle entfernen.

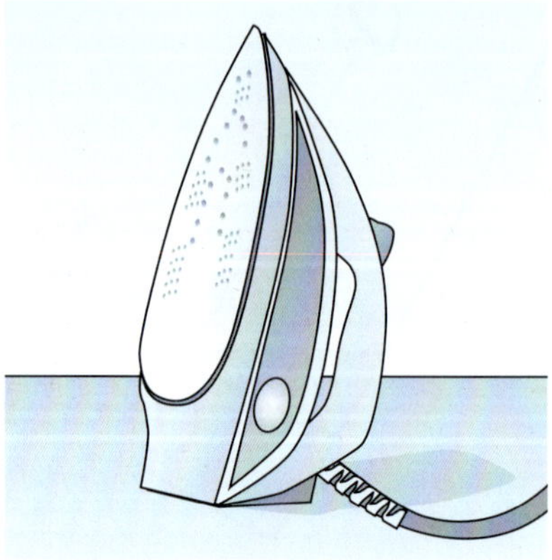

Bügeleisen stehend abkühlen lassen

Maßnahmen zur Qualitätssicherung:
- Vor Arbeitsbeginn Bügelsohle auf Sauberkeit überprüfen.
- Bügeltemperatur je nach Faserart einstellen.
- Bügelbrettbezüge sollen faltenfrei aufliegen und bei Bedarf gewaschen werden.
- Eingeschaltetes Bügeleisen nie ohne Aufsicht lassen.
- Auf Standsicherheit des Bügelbrettes achten.
- Nach Möglichkeit im Sitzen arbeiten oder Stehhilfe verwenden.
- Bei feineren, druck-, glanz- oder hitzeempfindlichen Stoffen Dampfgenerator oder Dampfbügeleisen und Dampftuch verwenden.
- Wäsche trocken bügeln, es können sich Wellen (Falten) bilden.
- Wäschestücke mit Aufdruck und wenn kein Glanz erwünscht ist, von links bügeln, ebenfalls Cord- und Samtstoffe.

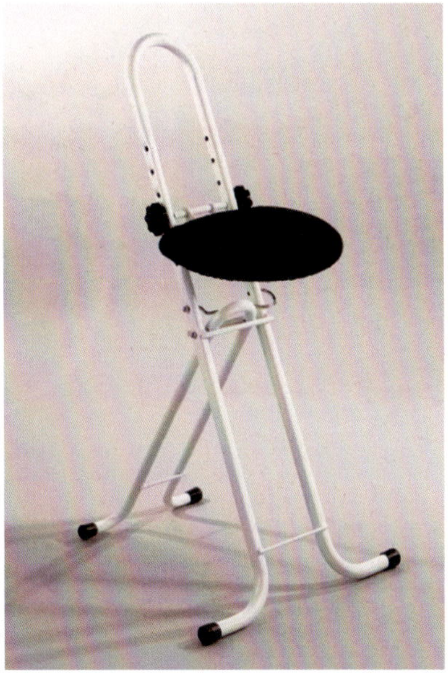

Stehhilfe

9.4 Bügeln mit der Maschine

Die Bügelmaschine erleichtert besonders bei größeren Mengen Flachwäsche die Bügelarbeit.
Für ein gutes Bügelergebnis bei Hemden, Blusen und Hosen bedarf es einiger Übung.

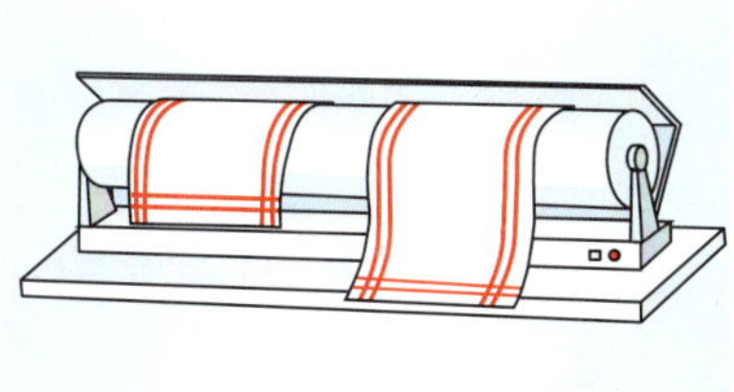

Walzenbreite der Bügelmaschine nutzen ①

9.4.1 Bügelregeln

- Begonnen wird mit der Wäsche, die bei niedriger Temperatur gebügelt wird
- Wäsche fadengerade einlaufen lassen
- Wäsche beim Einlaufen nicht an den Seitenrändern ziehen, es gibt Wellen und Zipfel
- um den Walzenbezug zu schonen, die ganze Walzenbreite ausnutzen, kleinere Teile versetzt durchlassen (1)

9.4.2 Arbeitsplatz

Arbeitsmittel:
- Bügelmaschine (1)
- Arbeitsstuhl (2)
- Hocker als Ablage für Wäschekorb (3)
- Sprühflasche oder kleine Schüssel mit Schwämmchen (4)
- Ablage für gebügelte Wäsche, z. B. Wäscheständer (5)

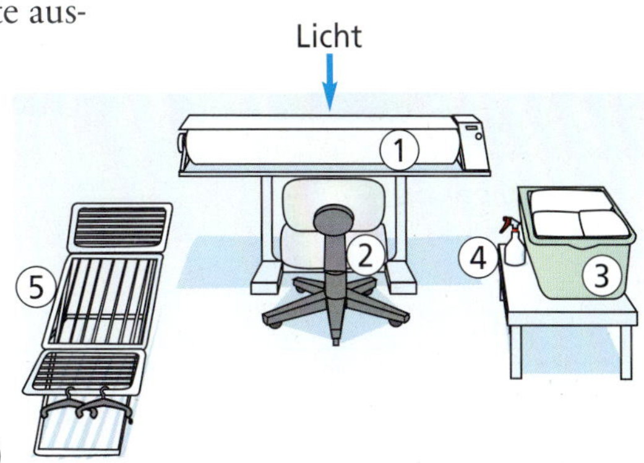

Arbeitsplatz Bügelmaschine

Arbeitshinweise:
Arbeitsplatz vor dem Bügeln richten:
- Saubere Arbeitskleidung anlegen.
- Arbeitsmittel richten.
- Bügelmaschine einschalten.
- Temperatur einstellen.

9.4.3 Bügeln glatter Teile

Eingesprengte Geschirrtücher mangeln

Arbeitsablauf Geschirrtücher bügeln:

- Geschirrtücher stapelweise auf den Schoß legen (evt. Plastikfolien unterlegen)
- Geschirrtücher quer einlegen, damit die Walzenbreite ausgenutzt wird
- Fußpedal betätigen
- Geschirrtuch nach dem Bügeln auf den Wäscheständer hängen

Von der Mitte nach außen streifen

Arbeitsablauf Tischtuch bügeln:

- eingesprengte Wäsche auf den Schoß legen
- Tischtuch auf Bügelwalze einlegen und bei gleichbleibender Drehgeschwindigkeit Wäsche durch die Walze laufen lassen, dabei von der Mitte nach außen ausstreichen
- Tischtuch nach dem Bügeln auslegen

10 Wäsche schrankfertig machen

10.1 Wäsche legen

Im Privathaushalt wird die Wäsche mit der Hand gefaltet.
In Wäschereien übernimmt das Falten häufig eine Maschine.

Für die Größe und Art der Faltung gibt es Regeln. Aber oft entscheidet der Platzbedarf im Schrank, in welcher Art die Wäsche gefaltet werden soll.

10.1.1 Legeregeln

- Das Wäschestück so falten, dass es sich bei Gebrauch auf einfache Weise entfalten lässt
- mittlere Stofflagen sollen auch glatt sein; deshalb eine Hand flach auf Stoff legen und mit der anderen Hand überschlagen
- alle offenen und geschlossenen Kanten übereinanderlegen
- abstehende Teile nach innen legen
- die Faltung soll so einfach sein, dass die Wäsche nicht unnötig hin- und hergewendet werden muss

Regalfach

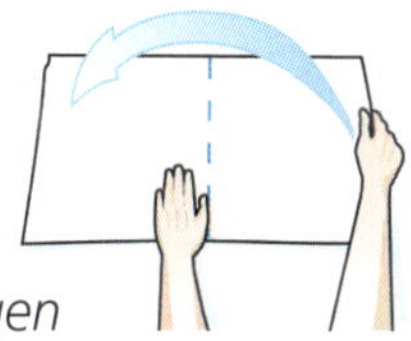

Faltenfreies Legen

10.1.2 Arbeitsplatz

Arbeitsmittel:

- Tisch (1)
- feuchtes Tuch
- Trockentuch
- Ablage für gebügelte Wäsche (2)
- Ablage für gefaltete Wäsche (3)

Arbeitsplatz Legen

Arbeitshinweise:

- Der Arbeitstisch soll so groß sein, dass das Wäscheteil ganz aufgelegt werden kann.
- Vor Arbeitsbeginn die Tischfläche feucht wischen und trocknen.

10.1.3 Legen glatter Teile

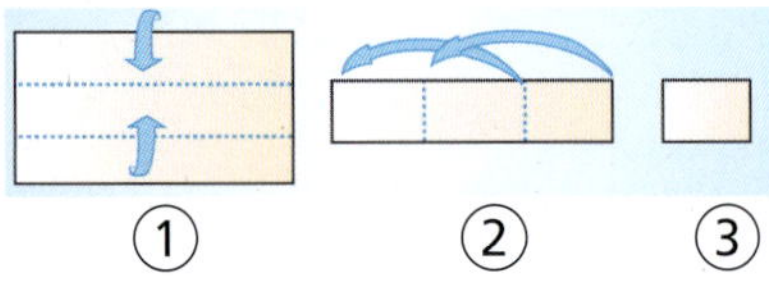

Geschirrtuch legen

Arbeitsablauf Geschirrtuch legen:

- von jeder Seite (linke Seite oben) um 1/3 einschlagen (1)
- zweimal dritteln, ohne das Tuch zu drehen (die Hand dazwischenlegen) (2)
- glatt streichen, auf Stapel legen (3)

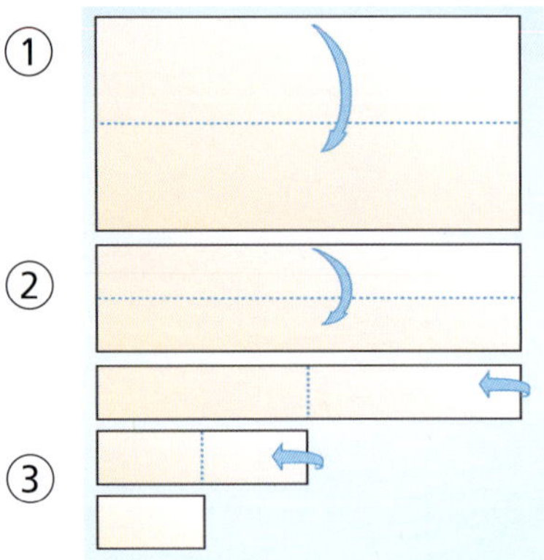

Tischtuch legen

Arbeitsablauf Tischtuch legen:

- in Längsrichtung falten (Mittelbruch) (1)
- nochmals der Länge nach falten (2)
- zweimal zur Hälfte übereinanderlegen (3)

10.1.4 Legen geformter Teile

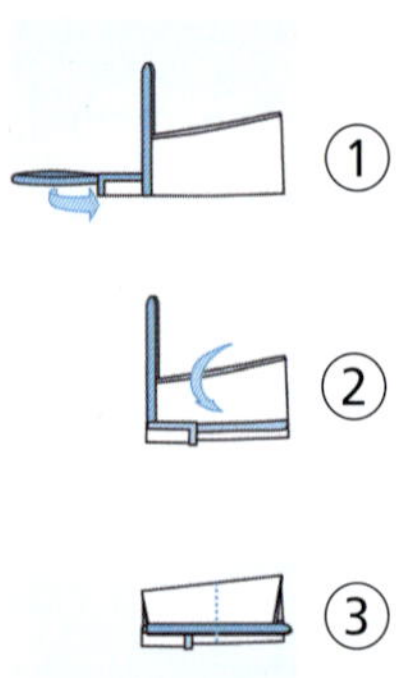

Schürze legen

Arbeitsablauf Schürze legen:

- linke Seite zeigt nach oben, Schürze der Länge nach halbieren (1)
- Latzteil zur Mitte einschlagen (2)
- Bänder zur Mitte legen und Schürzenteil nochmals halbieren (3)
- Schürze von links nach rechts ein bis zweimal einschlagen

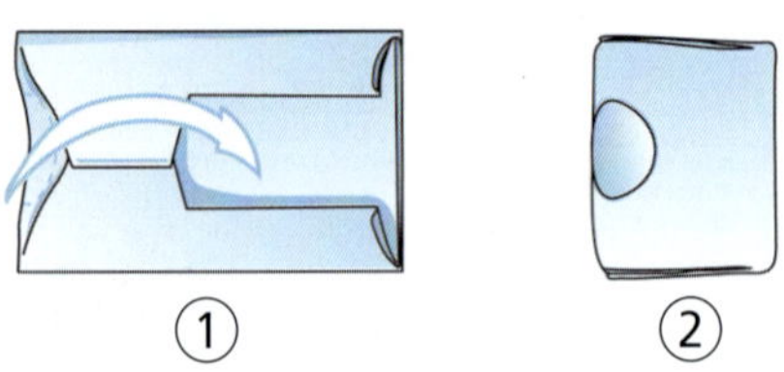

T-Shirts, Pullover legen

Arbeitsablauf T-Shirts, Pullover legen:

- Rückseite liegt oben
- Seitenteil und Ärmel einschlagen (1)
- am Schulterteil fassen und über die untere Hälfte legen (2)

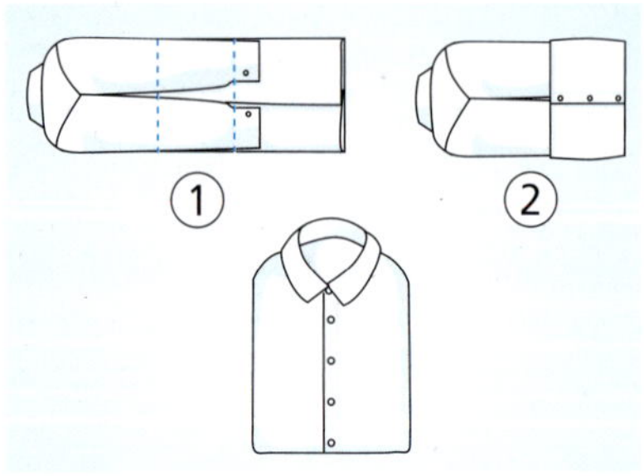

Hemden legen

Arbeitsablauf Hemd legen:

- Knöpfe schließen, den ersten und dann jeden zweiten
- Hemd mit der Rückenseite nach oben legen
- die Vorderseite an beiden Seiten jeweils 3 Fingerbreit einschlagen, die Ärmel parallel darüberlegen (1)
- Hemd zweimal der Länge nach einschlagen (2)

Schlafanzugjacken, Nachthemden und Arbeitsmäntel werden wie Hemden gefaltet.

Arbeitsablauf Unterhemd legen:

- Rückseite liegt oben, Träger zeigen nach links
- Längsseiten bis zu den Trägern zur Mitte hin umschlagen (1)
- das untere Hemdende zu 1/3 nach links umschlagen (2)
- das Oberteil zur Mitte umschlagen (3)

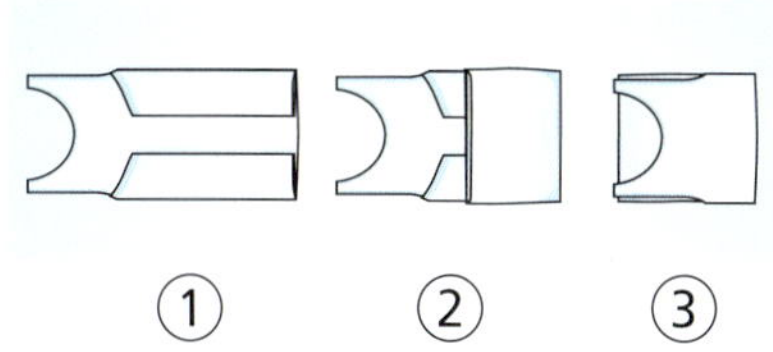

Arbeitsablauf Unterhose, Slip legen:

- Vorderseite liegt oben (1)
- Schrittpartie nach oben zum Bund umlegen (2)
- jede Seite jeweils 1/3 nach innen falten (3)

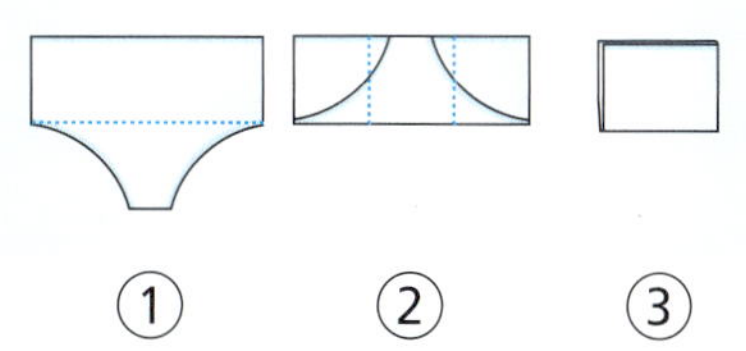

Arbeitsaufträge:

1. Erkundigen Sie sich im Betrieb nach den Regeln für das Legen. Erklären Sie Ihren Mitschülern die Legemethode.
2. Messen Sie die Zeit, die Sie benötigen, um 5 Hemden zu bügeln. Vergleichen Sie die Ergebnisse mit denen Ihrer Mitschüler/innen.

10.2 Wäsche verteilen und einräumen

Die Wäsche wird für die einzelnen Bereiche, z. B. Stationen, Kunden im Hotelbereich usw., sortiert und für den Transport in geschlossenen Behältern verpackt.

Für den Transport werden häufig mit Tüchern abgehängte Sortierwagen eingesetzt.

Die Sortierwagen bzw. Transportwagen werden nach jedem Gebrauch gereinigt und desinfiziert.

Schrankaufteilung

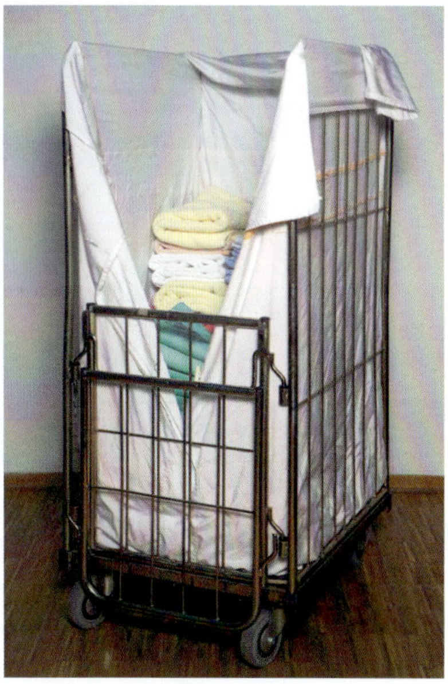

Mit Tuch abgehängter Transportwagen

Reinigungsarbeiten und Materialpflege sind wichtig für das Wohlbefinden und die Gesunderhaltung des Menschen.
Die Ansprüche der Bewohner an ihre Wohnumgebung sind sehr unterschiedlich. Die Reinigungs- und Pflegearbeiten müssen den hygienischen Grundsätzen entsprechen.

11 Grundbegriffe der Reinigung

11.1 Aufgaben der Reinigung

Mit der Reinigung werden Schmutz entfernt und Mikroorganismen vernichtet. Dies ist ein Beitrag zur Hygiene und Gesunderhaltung des Menschen.
Durch regelmäßiges Reinigen erhalten die Einrichtungsgegenstände, Fußböden und ganze Bereiche, wie der Sanitärbereich, eine längere Lebensdauer.
Das alles führt zu einem schönen Aussehen und steigert das körperliche und seelische Wohlbefinden des Menschen.

11.2 Reinigungsfaktoren

Vier Reinigungsfaktoren spielen bei der Reinigung eine wichtige Rolle.

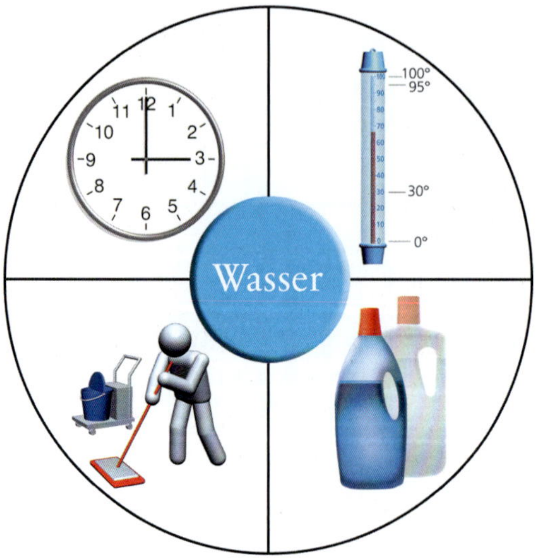

Reinigungsfaktoren

- **Zeit**
  Einwirkungszeit der Behandlungsmittel und Bearbeitungszeit von Hand oder durch Maschinen
- **Temperatur**
  Temperaturerhöhung von kalter bis lauwarmer Reinigerlösung (höchstens 30 °C), Ausnahme: Küche
- **Mechanik**
  Krafteinsatz von Hand oder durch Maschinen
- **Chemie**
  Einsatz von Reinigungs-, Pflege- und Desinfektionsmitteln (häufig wichtigster Anteil am Reinigungsprozess)

11.3 Schmutzarten

Schmutz ist Materie am falschen Ort.
Für die Auswahl der Reinigungsgeräte und -mittel ist die Bestimmung der Schmutzart sehr wichtig. Man unterscheidet folgende Schmutzarten:

Lose aufliegender Schmutz

Grobschmutz

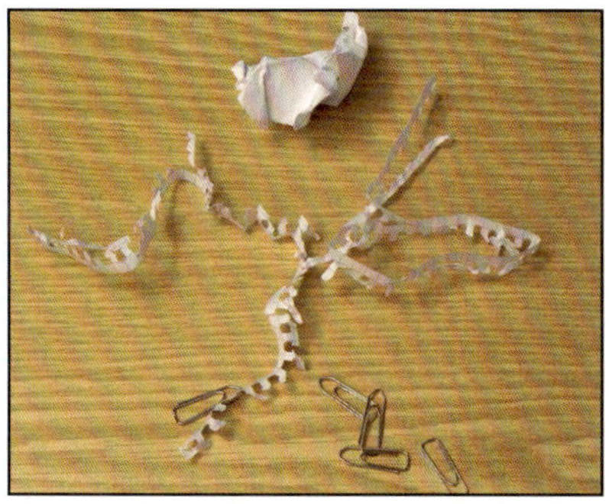

Beispiele	Entfernung
Laub, Sand, Papierreste, Zigarettenkippen, Speisereste	kehren, wischen, aufsammeln, saugen

Feinschmutz

Beispiele	Entfernung
Staub, Haare, Hautschuppen, Sand, Haarschuppen	saugen, wischen

Fest haftender Schmutz

wasserlöslich

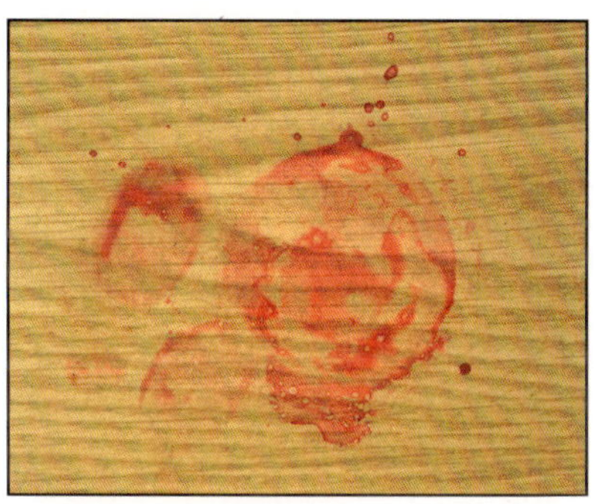

Beispiele	Entfernung
Staub, Getränkeflecke, Rußflecke, Fettflecke, Fingerabdrücke	feucht wischen, nass wischen

wasserunlöslich

Beispiele	Entfernung
Klebstoff, Harz, Wachs, Farbreste, Kaugummi,	lösungsmittelhaltige Reiniger, Hochdruckreiniger

12 Reinigungsarten

Die **häufigsten** Reinigungsarten sind:

Sichtreinigung Oberflächliche Reinigung	**Unterhaltsreinigung** Regelmäßige Reinigung	**Grundreinigung** Sehr gründliche Reinigung	**Zwischenreinigung** Reinigung in unregelmäßigen Abständen

12.1 Sichtreinigung

Sichtreinigung

Bei der Sichtreinigung handelt es sich um eine schnelle, oberflächliche Reinigung. Alle deutlich sichtbaren Verunreinigungen werden entfernt. Der Raum soll gepflegt aussehen.

Anfallende Tätigkeiten, z. B.:

- Fenster öffnen, lüften
- herumliegende Gegenstände ordnen
- sichtbaren Schmutz, z. B. Getränkeflecken entfernen
- Stühle/Möbel korrekt ausrichten
- Aschenbecher und Mülleimer leeren
- Bett richten
- Gardinen ausrichten

12.2 Unterhaltsreinigung

Unterhaltsreinigung

Unterhaltsreinigung ist eine regelmäßige Reinigung. Sie kann täglich, wöchentlich oder in anderen festgelegten Abständen erfolgen. Die Räume und Gegenstände werden dabei laufend gereinigt und gegebenenfalls gepflegt.

Anfallende Tätigkeiten, z. B.:

- Herumliegende Gegenstände aufräumen
- Abfall beseitigen
- Staubwischen
- Sanitärbereich nass reinigen
- Fußboden reinigen
- Spinnweben entfernen
- bei Bedarf frische Textilien auflegen, z. B. Tischdecke

12.3 Grundreinigung

Bei der Grundreinigung werden Räume und Einrichtungsgegenstände in größeren Abständen **gründlich** gereinigt und gepflegt. Sie wird im Privathaushalt 1- bis 2-mal jährlich durchgeführt. Im Großhaushalt kann es öfter sein, z. B. bei einem Patientenwechsel. Die Grundreinigung schließt die Tätigkeiten der Unterhaltsreinigung ein. Zusätzlich wird der gesamte Raum mit den schwer zugänglichen Stellen und der Raumausstattung gründlich gereinigt und gepflegt.

Grundreinigung

Anfallende Tätigkeiten, z. B.:

- Decken, Lampen, Türen, Wände gründlich reinigen
- Einrichtungsgegenstände innen und außen gründlich reinigen
- Schrankraum entrümpeln und ordnen
- alte Pflegefilme entfernen
- Fußboden gründlich reinigen und pflegen
- Fensterreinigung
- Heizkörperreinigung

12.4 Zwischenreinigung

Manche Gebäudeteile und Einrichtungsgegenstände werden nur in größeren oder unregelmäßigen Abständen oder bei Bedarf gereinigt. Durch die Zwischenreinigung wird der Zeitpunkt für die Grundreinigung möglichst weit hinausgeschoben.
Die Häufigkeit der Zwischenreinigung hängt vom Gegenstand ab.

Zwischenreinigung

Anfallende Tätigkeiten, z. B.:

- Fenster reinigen
- auf Polstern und Teppichböden Flecke entfernen
- Heizkörper reinigen
- Dekorationen entfernen und ggf. erneuern

Arbeitsaufträge:

1. Erkundigen Sie sich in Ihrem Betrieb nach der Häufigkeit der Unterhaltsreinigung im Wohnbereich. Lassen Sie sich eine Begründung geben.
   Vergleichen Sie die Ergebnisse in der Klasse.
2. Beschreiben Sie die Grundreinigung Ihres Schlafzimmers.
3. Weshalb werden Sichtreinigungen durchgeführt?
   Klären Sie die Frage zusammen mit Ihrer Ausbilderin/Ihrem Ausbilder!
4. Welche Tätigkeiten fallen bei der Sichtreinigung eines Besprechungszimmers an?

13 Reinigungsverfahren

Trockenreinigung	Feuchtreinigung	Nassreinigung
 Kehren/ Trockenwischen 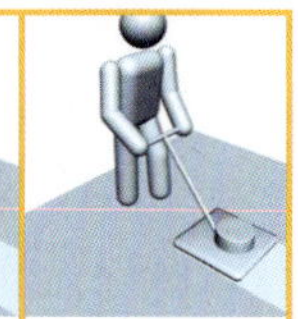 Staubsaugen	 Feuchtwischen	 Nasswischen
Ohne Wasser lose aufliegenden Schmutz (s. S. 91) entfernen	Nebelfeucht lose aufliegenden und leicht anhaftenden Schmutz entfernen	Mit viel Feuchtigkeit anhaftenden und nassen Schmutz entfernen

13.1 Trockenreinigung

Kehren/ Trockenwischen

Staubsaugen

Mit der Trockenreinigung werden lose aufliegender Fein- und Grobschmutz wie Staub, Essensreste u. a. entfernt.

Arbeitsgeräte:

- Besen zum Kehren/Fegen
- Handfeger und Kehrschaufel zur Schmutzaufnahme
- Staub- und Bürstsauger zum Saugen
- Saugbohner zum Saugen und Pflegen
- Staubtuch, Staubpinsel, Staubwedel zur Staubentfernung
- Breitwischgerät mit Trockenbezug zum Wischen

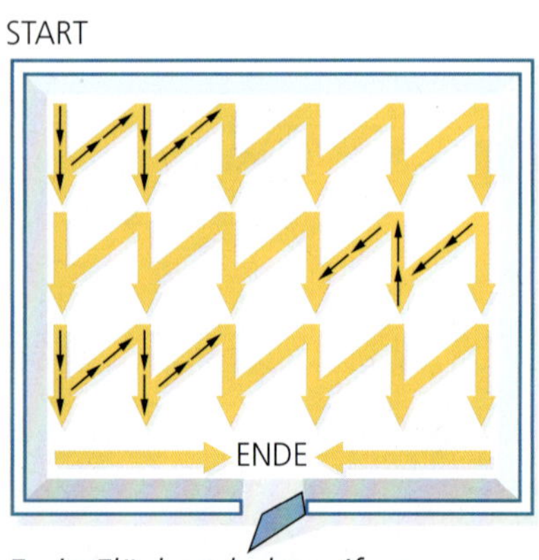

Freie Flächen kehren/fegen

Arbeitsablauf beim Kehren/Fegen:

- bewegliche Gegenstände (Stühle, Hocker) hochstellen
- an der gegenüberliegenden Seite zur Tür mit dem Kehren beginnen
- abschnittsweise in Bahnen zur Tür hin kehren
- Schmutz mit Handfeger und Kehrschaufel aufnehmen
- Schmutz im Abfalleimer entsorgen
- Arbeitsgeräte reinigen

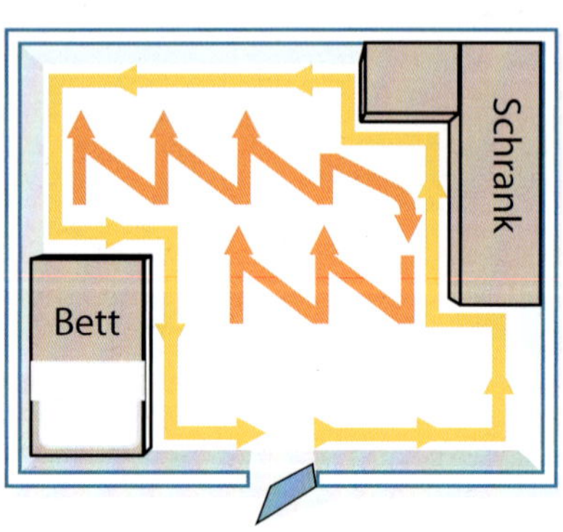

Überstellte Flächen saugen

Arbeitsablauf beim Saugen:

- Kleinmöbel (Sessel, Stühle, Tische) zur Seite schieben
- zuerst Fußleisten, Ecken, Kanten mit Fugendüse absaugen
- rechts neben der Tür beginnen
- nach links im Raum arbeiten
- Düse langsam über den Boden führen
- überlappende Bahnen saugen

Das Kehren/Fegen ist umweltschonend. Allerdings wird bei diesem Reinigungsverfahren viel Staub aufgewirbelt.

13.2 Feuchtreinigung

Bei der Feuchtreinigung/Feuchtwischen werden lose aufliegender Schmutz und leicht anhaftender Feinschmutz entfernt.
Das Reinigungstuch wird nebelfeucht eingesetzt, die Reinigungstücher und Bezüge haben eine geringe Feuchtigkeit. Sie dürfen nicht nass sein. Dies wird entweder durch Einsprühen mit einem Sprühkännchen erreicht oder dadurch, dass Reinigungstücher noch feucht aus dem Trockner genommen oder vorher über Nacht eingeweicht werden.

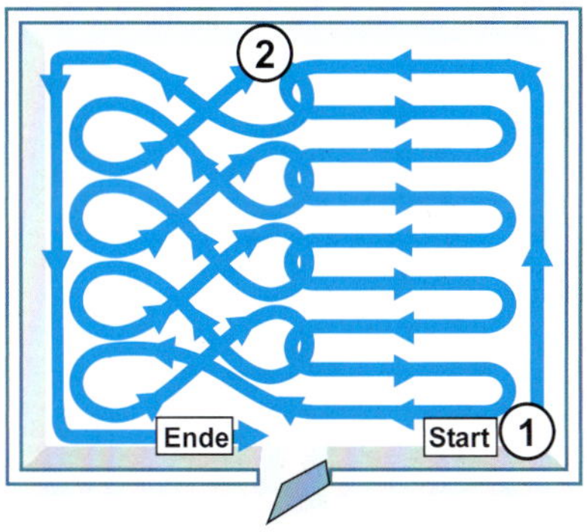

Feuchtwischen auf freien Flächen

Arbeitsgeräte:
- Breitwischgerät
- vorgefeuchtete Wischbezüge z. B. Mikrofasertücher, Breitwischbezüge, Vliestücher, ggf. Einwegtücher
- Sprühkännchen zum Anfeuchten der Bezüge

Arbeitsablauf beim Feuchtwischen mit dem Breitwischgerät:
- Wischgerät an der Randzone entlang zur gegenüberliegenden Seite führen (1), rechts beginnen
- rückwärts in Achterbewegungen zur Tür hin arbeiten (2) die Wischschwünge gehen von der Mitte aus zur Seite
- bearbeitete Abschnitte sollen sich überlappen

Das Feuchtwischverfahren ist ein umweltschonendes Reinigungsverfahren. Es bindet den Staub, ohne ihn aufzuwirbeln. Der Verbrauch an Reinigungsmitteln ist gering.

13.3 Nassreinigung

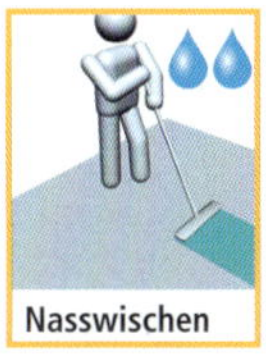

Das Nassreinigungsverfahren ist ein Reinigungs- und Pflegeverfahren, bei dem grober, nasser und anhaftender Schmutz entfernt wird, z. B. Speiseflecke, Straßenschmutz. Das Nassreinigungsverfahren ist nur für wasserfeste Böden, Sanitär- und Kücheneinrichtungen geeignet. Das Reinigungstuch wird nass eingesetzt.

Arbeitsgeräte:
- Breitwischgerät mit Breitwischbezug
- Eimer oder Wanne mit Presse
- Schrubber mit Bodentuch
- Hochdruckreiniger

Arbeitsablauf beim Nasswischen mit dem Breitwischgerät:
- in der Mitte des Raumes mit der Reinigungsflotte (Wasser und Reinigungsmittel) eine Wasserstraße ziehen (1)
- Reinigungsflotte in Achterbewegungen aus der Waschstraße aufnehmen (2), dabei rückwärts gehen
- Grobschmutz aufnehmen (3)

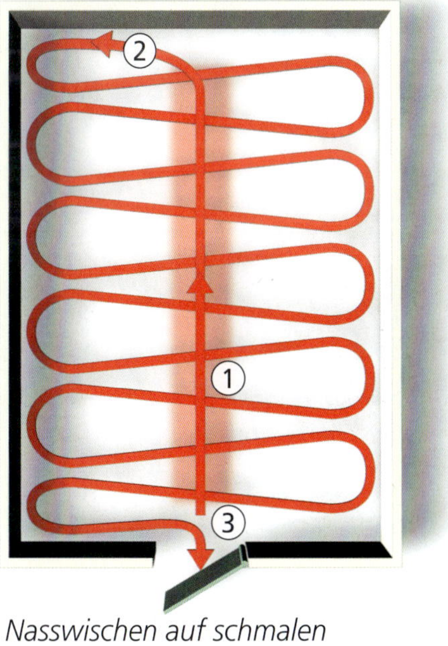

Nasswischen auf schmalen Flächen

Die Arbeitsweise mit Schrubber und Bodentuch hat eine geringe Flächenleistung und erfordert einen hohen Kraftaufwand.
Sie wird deshalb heute nur noch selten und vorwiegend in kleinen Privathaushalten eingesetzt.

Warnschild

Maßnahmen zur Qualitätssicherung:

- Während der gesamten Reinigungsarbeit beim Feuchtwischen und Nasswischen bis zum endgültigen Trocknen Warnhinweisschild gut sichtbar aufstellen.
- Auf genügend Luftzufuhr achten.
- Beim Kehren/Fegen den Besen mit ruhigen Bewegungen so führen, dass wenig Staub aufgewirbelt wird.
- Eimer nur dreiviertel mit Wasser füllen, damit das Wasser beim Transport nicht überschwappt.
- Beim Wischen unter Möbeln oder Kehren mit Handfeger immer mit geradem Rücken in die Hocke gehen, nicht gebückt.
- Große Teppiche vor dem Wischen einschlagen.
- Flecken auf Teppichen sofort entfernen (s. S. 46, 102).
- Ggf. Trockenwischen: Trockenwischen dient nach dem Feucht- oder Nasswischen zur Beseitigung von Putzstreifen oder Reinigungsmittelrückständen.

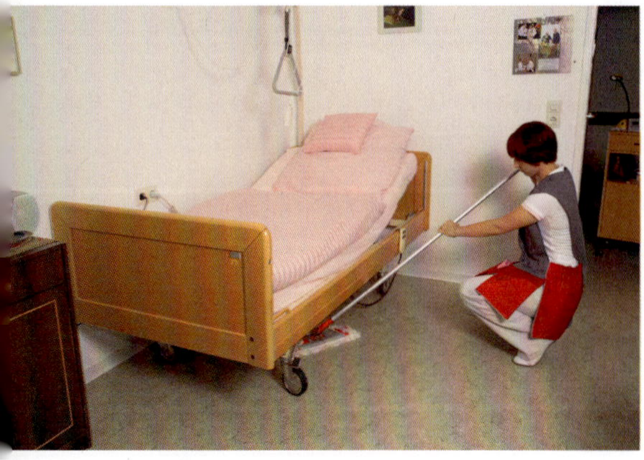

Wischen unter Möbeln

Arbeitsaufträge:

1. Führen Sie eine Trockenreinigung in drei Zimmern mit Linoleumfußboden durch.
   Ein Zimmer fegen Sie, das zweite saugen Sie mit dem Staubsauger. Das dritte Zimmer reinigen Sie mit einem Trockenmopp.
   Ermitteln Sie die Arbeitszeit mit einer Stoppuhr und vergleichen Sie das Arbeitsergebnis.
2. In welchen Räumen Ihres Ausbildungsbetriebes wird eine Nassreinigung durchgeführt?
   Vergleichen Sie Ihre Ergebnisse mit denen Ihrer Nachbarin in der Schule und versuchen Sie Gründe für das Nassreinigungsverfahren zu finden.
3. Informieren Sie sich in Ihrem Ausbildungsbetrieb über das Feuchtreinigungsverfahren: Halten Sie Ihre Ergebnisse schriftlich fest.

14 Behandlungsmittel

Reinigungsmittel	Pflegemittel	Desinfektionsmittel
Entfernen den Schmutz	Pflegen das Material und verbessern das Aussehen	Hemmen das Wachstum der Mikroorganismen oder töten sie ab

Kombinationsmittel

Reinigen und pflegen und desinfizieren in einem Arbeitsgang

14.1 Wasser

Neben den Reinigungsfaktoren Chemie, Temperatur, Zeit, Mechanik hat auch das Wasser beim Reinigen wichtige Aufgaben zu erfüllen. Wasser ist Träger der Inhaltsstoffe von Reinigungsmitteln. Es dringt in den Schmutz ein und hilft beim Lösen und Abtransport des Schmutzes.

14.2 pH-Wert

Reinigungs- und Pflegeprodukte auf Wasserbasis können sauer, neutral oder alkalisch sein. Die Messgröße wird als pH-Wert bezeichnet. Der pH-Wert ist ein Maß für die Stärke oder Schwäche einer Säure. pH-Wert 7 ist neutral, also weder sauer noch alkalisch. Der pH-Wert ist wichtig für die Werkstoff- und Hautverträglichkeit. Falsche Anwendung von z.B. starken Säuren (Essigsäure) kann zu Schäden an der Werkstoffoberfläche und Gesundheit führen.

Reiniger	pH-Wert	nicht geeignete Materialien
Salzsäure Sanitärreiniger Kalklöser WC-Reiniger Essigsäure Zitronensäure Kohlensäure	1 2 3 4 5 6 (zunehmend sauer)	Marmor, Travertin Muschelkalk, Jura Solnhofener Platten (alle Kalksteine) Klinker, PVC-Belag
Wasser Neutralreiniger	7 8 (neutral)	für alle Materialien geeignet
Seifenreiniger Allzweckreiniger Grundreiniger Schmierseife	9 10 11 12 13 14 (zunehmend alkalisch)	Linoleum Lacke, Gummi polierte Steine

14.3 Anforderungen an Behandlungsmittel

Im Handel wird eine Vielzahl von Reinigungs- und Pflegemitteln angeboten.
Behandlungsmittel sollten folgenden Anforderungen entsprechen:

- einfach und praktikabel in der Dosierung
- durch Nachfüllpackungen zu ergänzen
- möglichst ohne Gefahrstoffe
- dem Material und der Verschmutzung angemessen
- wenig umweltbelastend

14.4 Inhaltsstoffe von Behandlungsmitteln

Inhaltstoff Tensid

- **Tenside** (s. S. 52)
  Tenside sind die wichtigsten Bestandteile der Behandlungsmittel. Sie haben die Aufgabe, den Schmutz aufzuweichen, abzulösen und zu binden. Sie sind die Schmutzkiller. In den meisten Reinigungsmitteln sind Tenside enthalten.

Inhaltstoff Säure

- **Säuren**
  Säuren lösen alle Kalkbeläge, besonders im Sanitärbereich, aber auch in der Küche. Säurehaltige Reiniger beschädigen kalkhaltige Flächen, z. B. Marmorfenstersimse, Muschelkalkböden, Travertin. Säuren sind vorwiegend in Sanitärreinigern enthalten.

Inhaltstoff Alkohol in Lösungsmitteln

- **Lösungsmittel**
  Lösungsmittel entfernen Öle, Wachse, Lacke, Teer, Klebstoffe, Harze. Sie dürfen nicht auf lösungsmittelempfindlichen Oberflächen, z. B. PVC-Böden, lackierten Flächen und Kunststoffoberflächen, verwendet werden. Lösungsmittel sind in Alkoholreinigern, Grundreiniger, Acklöser, Klebstoff enthalten.

Inhaltstoff Marmormehl in Abrasivstoffen

- **Abrasivstoffe**
  Abrasivstoffe entfernen den Schmutz durch Reibung und Bewegung (Mechanik). Sie bestehen aus Schleif- und Polierkörpern, z. B. Marmormehl, Quarzmehl. Grobe und harte Abrasivstoffe (Quarzmehl) können das Material beschädigen. Abrasivstoffe sind in Scheuermitteln, Ceranreinigern und Poliermitteln enthalten.

weitere Inhaltsstoffe

– Farbstoffe	– Duftstoffe
– Enthärter	– Enzyme

14.5 Reinigungsmittel (Übersicht)

Reinigungsmittel	Inhaltsstoffe	Einsatzgebiete	Praxishinweise	Ökologische Bewertung
Allzweck- oder Universalreiniger, Neutralreiniger	Tenside, Enthärter, Farb- und Duftstoffe	alle wasserbeständigen Oberflächen	poröse Flächen, z.B. Marmor, können nachdunkeln	umweltverträglich
Alkoholreiniger, Glanzreiniger, Glasreiniger	geringer Tensidgehalt, Lösungsmittel, Enthärter, Farb- und Duftstoffe	alle wasserbeständigen, glänzenden Oberflächen (Boden, Einrichtungsgegenstände, Fenster)	kalt anwenden, Oberflächen trocknen schnell, Glanz ohne Nachpolieren	Alkohole leicht abbaubar, geringe Umweltbelastung
Scheuermilch	feines Marmormehl, Bimsmehl, Tenside	nur für besonders kratzfeste Oberflächen geeignet	unterstützt mechanische Reinigung, empfindliche Oberflächen werden beschädigt	empfehlenswert, wenn ohne Bleichmittel und ohne Phospat
Scheuerpulver	grobe, harte Abrasivstoffe, Quarzmehl, Tenside	offenporige Oberflächen (z.B. Rohholz)	Materialien werden beschädigt, sollte deshalb nicht eingesetzt werden	
Handspülmittel	hoher Tensidgehalt, Farb- und Duftstoffe	Geschirrreinigung, Oberflächenreinigung (Küche)	bei Überdosierung starke Schaumbildung	empfehlenswert, leicht abbaubar
Sanitärreiniger	Säuren, Tenside, Farb- und Duftstoffe	Waschbecken, Wand- und Bodenfliesen, WC, Urinale	Zitronensäure benötigt längere Einwirkzeit	empfehlenswert sind schwache Säuren, z.B. Zitronensäure. Säuren sind biologisch leicht abbaubar
Seifenreiniger	hoher Tensidgehalt, Enthärter, Farb- und Duftstoffe	alle wasserbeständigen Oberflächen	nicht für Linoleum verwenden	sehr alkalisch, Gewässerbelastung

14.6 Pflegemittel

Pflegemittel

Pflegemittel haben die Aufgabe, das Material zu pflegen und damit das Aussehen zu verbessern und die Lebensdauer zu verlängern. Gleichzeitig schützen Pflegemittel vor Beschädigungen. Sie werden nach der Reinigung aufgetragen. Um Schäden zu vermeiden, müssen sie nach Gebrauchsanweisung angewendet werden.
Gebräuchlichste Pflegemittel:

- Selbstglanzemulsionen für Fußböden
- Öle, Wachse für Fußböden und Möbel aus Holz
- Möbelpolituren für Möbel aus Holz
- Lederpflegemittel für Möbel mit Lederbezug

14.7 Desinfektionsmittel

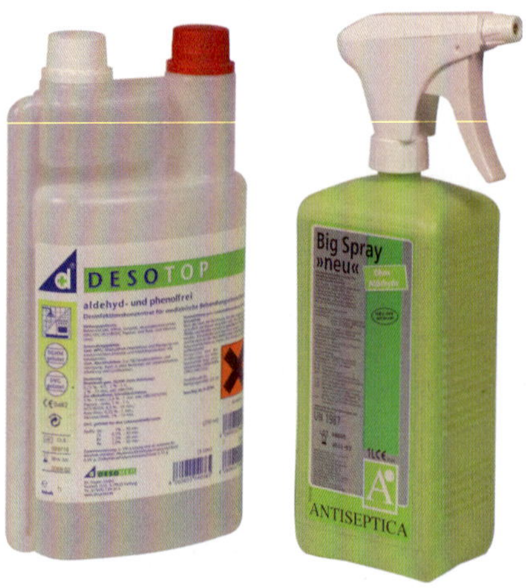

Desinfektionsmittel

Desinfektionsmittel haben die Aufgabe, Mikroorganismen im Wachstum zu hemmen oder sie abzutöten. Vor allem in Krankenhäusern werden diese Produkte verwendet, um Instrumente, Einrichtungsgegenstände, Hände und Körper zu desinfizieren.
Im Privathaushalt sollte auf Desinfektionsmittel verzichtet werden (Anwendung nur im Krankheitsfall). Desinfektionsmittel werden mit kaltem Wasser angesetzt (warmes Wasser führt zur schnellen Verdunstung des desinfizierenden Wirkstoffs!). Grundsätzlich kann davon ausgegangen werden, dass mit Desinfektionsmitteln nicht nur krank machende Keime bekämpft werden. Sie sind für Mensch und Umwelt schädlich. Schleimhautreizungen, Hautallergien und eine Resistenz der Erreger sind häufige Erscheinungen bei ständiger Nutzung von Desinfektionsmitteln.

14.8 Kombinationsprodukte

Produkte für Reinigung und Pflege
Diese Kombinationsprodukte reinigen und pflegen in einem Arbeitsgang. Dabei werden Zeit und Arbeitskosten gespart.

- Wischpflegemittel für Fußböden (Seifen, Tenside, Wachse, wasserlösliche Kunststoffe)
  Sie hinterlassen nach der Anwendung einen leicht glänzenden Schutzfilm, der aufpoliert werden kann.
- Cleaner für die maschinelle Bodenreinigung und -pflege (Tenside, Wachse, Kunststoffe, Lösungsmittel)
  Sie hinterlassen einen Pflegefilm, der mit der Scheibenmaschine aufpoliert werden kann.

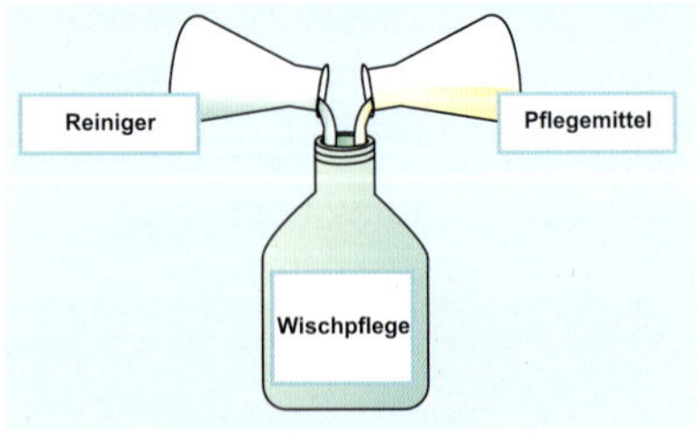

Aufbau Kombinationsprodukt

Produkte für Reinigung, Pflege und Desinfektion
Desinfektionswischpflegemittel reinigen, pflegen und desinfizieren in einem Arbeitsgang.
Sie werden in der Fußbodenreinigung und -pflege eingesetzt.

14.9 Dosiersysteme

Flüssige Reinigungsmittel enthalten viel Wasser. Um Volumen und Gewicht zu reduzieren, werden verstärkt Konzentrate angeboten. Die Gefahr einer Überdosierung ist aber recht groß.

Die Überdosierung geht zulasten der Umwelt und Gesundheit. Sie kann zu Materialschädigungen führen. Weiterhin verursacht Überdosierung unnötige Kosten und kann das optische Ergebnis beeinträchtigen. Die Unterdosierung führt zu einem schlechten Reinigungsergebnis.

Dosiersystem	**Beispiele**	**Beurteilung**
Schussmethode		– schlechte Handhabung – Gefahr der Überdosierung – Gefahr des Verschüttens
Schraubkappen auf Flaschen, Kanister	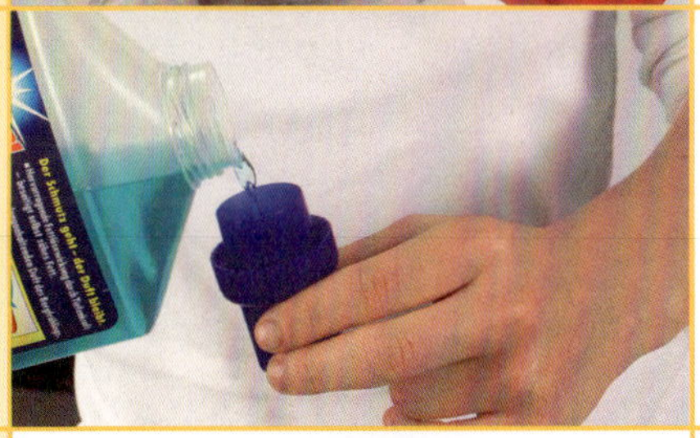	– schlechte Handhabung – Gefahr der Fehldosierung – Gefahr des Verschüttens
Messbecher		– schlechte Handhabung – Gefahr des Verschüttens – Nutzung für falsche Produkte möglich
Portionsbeutel Tabs		– leichte Handhabung – genaue Dosierung möglich – Dosierung ist an bestimmte Wassermenge gebunden – teuer
Dosierflaschen	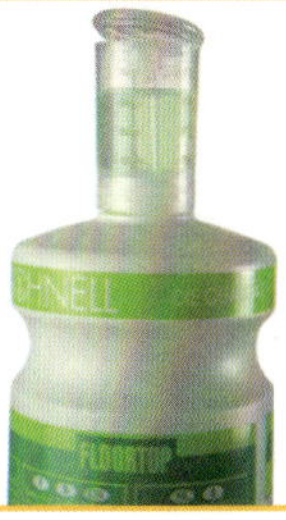	– leichte Handhabung – genaue Dosierung möglich, geringe Umweltbelastung – wiederbefüllbar

14.10 Hausmittel

Hausmittel belasten die Umwelt kaum.
Sie sollten im Privathaushalt bevorzugt werden.

Hausmittel	Anwendungsgebiete	
Zitronensäure	– Entkalken von Heißwassergeräten – Kalkentfernung im Sanitärbereich	
Salz	– Ausbleichen von Rotweinflecken (Flecken sofort mit Salz bestreuen) – mechanische Reinigung, z. B. Glasgefäße	
Milch	– Entfernen von Schneerändern an Schuhen	
Gallseife	– Entfernen von fetthaltigen Verschmutzungen	
Backpulver	– Ausbleichen von Fugen und Flecken	
Mineralwasser	– Fleckentfernung auf Teppichböden und Textilien	

Flecken sofort entfernen!

14.11 Gefahrstoffe

Behandlungsmittel können Stoffe enthalten, die für den Menschen gesundheitsschädlich sind und die Umwelt stark belasten. Solche Produkte müssen mit Gefahrensymbolen gekennzeichnet sein. Gefahrensymbole und Gefahrenbezeichnungen sind Warnhinweise. Sie sollen uns vor Verletzungen beim Umgang mit Behandlungsmitteln schützen. Deshalb müssen die Sicherheitsratschläge genau beachtet werden.

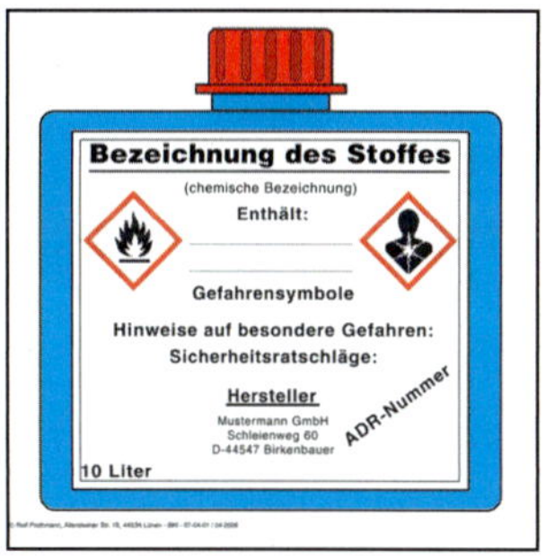

Gefahrensymbol	Gefahren-bezeichnung (Gefährdungsgrad)	Art der Gefährdung	Beispiele
	entzündlich (Gefahr)	Beim Umgang mit dem Gefahrstoff besteht erhöhte Brandgefahr. Schon ein kleiner Funke kann zum Brand führen.	Brennspiritus, Klebstoff, Waschbenzin, Lacke, Alkohole in Desinfektionsmitteln, Fleckentfernungsmitteln
	gesundheitsschädlich (Gefahr)	Kann infolge von Einatmen, Verschlucken oder Aufnahme durch die Haut Gesundheitsschäden von beschränkter Wirkung hervorrufen.	Verdünner, Kalkreiniger, lösungsmittelhaltige Spezialreiniger, Schädlingsbekämpfungsmittel
	sehr giftig (Gefahr)	Kann bei Einwirkung auf lebendes Gewebe, z. B. Haut oder Schleimhaut, Reizungen oder Entzündungen hervorrufen.	Backofenreiniger, Grillreiniger, Entkalker für Haushaltsgeräte, Sanitärreiniger
	ätzend, reizend (Gefahr)	Kann die Haut und anderes lebendes Gewebe zerstören.	Rohrreiniger, Urinsteinentferner, Fettschmutzentferner, Grundreiniger

komprimierte Gase (Warnung)	explosinsgefährlich (Gefahr)	brandfördernd (Gefahr)	gesundheitsgefährdend (Warnung)	umweltgefährdend (Warnung)

14.12 Umgang mit Behandlungsmitteln

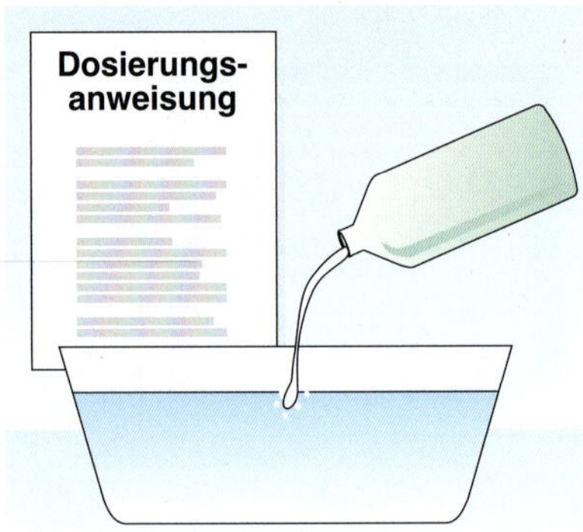

Dosierungsanweisung beachten

Produkt immer im Original-behälter aufbewahren.

Nicht mit anderen Produkten mischen.

Während Anwendung Raum lüften.

Giftnotrufzentralen u. a.
Giftinformationszentren:
München 089/1 92 40
Göttingen 0551/1 92 40
Bonn 0228/1 92 40
Erfurt 0361/73 07 30
Freiburg 0761/1 92 40

Ein unsachgemäßer Einsatz der Behandlungsmittel schadet der Gesundheit (Schleimhautreizung, Hauterkrankungen), belastet die Umwelt (Abwasser- und Luftverunreinigung) und beschädigt das Material.

Anforderung an den Umgang mit Behandlungsmitteln:

- Produktinfo und Dosierungsanweisung genau lesen
- Materialbeschaffenheit prüfen und Gefahrensymbole beachten
- immer das Mittel mit der geringsten Umweltbelastung auswählen. Zuerst Wasser einfüllen dann Mittel zugeben
- Behandlungsmittel nie mischen – Verletzungsgefahr
- Behandlungsmittel nur in Originalverpackungen aufbewahren
- während des Arbeitens mit starkriechenden oder lösungsmittelhaltigen Behandlungsmitteln Fenster öffnen
- Hautschutz ist unerlässlich! Handschuhe tragen
- in Notfällen sofort Giftnotrufzentrale anrufen (Telefonnummer beim Telefon aufbewahren)

Arbeitsaufträge:

1. Lesen Sie die Dosierungsanleitung eines Allzweckreinigers. Welches Dosiersystem wird empfohlen?
2. Betrachten Sie die Farben der Reinigungsmittel. Was können Sie feststellen?
3. Suchen Sie verschiedene Gefahrstoffsymbole im Ausbildungsbetrieb. Welche Behandlungsmittel tragen Gefahrstoffsymbole?
4. Erkunden Sie während Ihres Betriebspraktikums, wo Desinfektionsmittel eingesetzt werden. Lassen Sie sich eine Begründung für den Einsatz geben.

15 Reinigungsgeräte und Maschinen

15.1 Hilfsmittel für die Reinigung

Zur Anwendung der Behandlungsmittel sind Arbeitsmittel und Arbeitsgeräte notwendig. Für die Reinigung stehen viele Hilfsmittel zur Verfügung. Sie müssen so ausgewählt werden, dass sie kraft- und zeitsparend zum Einsatz kommen.

Allzwecktuch

Vliestuch

15.1.1 Reinigungstücher

Reinigungstücher werden in verschiedenen Ausführungen angeboten. Es gibt gewebte und gewirkte Tücher, aus Baumwolle oder Synthetik, Tücher in kochfesten Ausführungen und als Einmaltuch. Man unterscheidet folgende Arten:

- Allzwecktücher/Spültücher
- Raumpflegetücher/Vliestücher
- Fensterleder (gegerbtes Naturprodukt)
- Staubtücher (oft mit staubbindender Wirkung)
- Gazetücher
- Scheuertücher
- Einwegtücher

Fensterleder

Staubtuch

Gazetuch

Scheuertuch

Mikrofasertücher als Reinigungstücher
Mikrofasern (s. S. 41) sind sehr feine Fasern, die eine große Reinigungswirkung haben. Sie lösen und binden Fett und Staub – auch ohne Zusatz von Reinigungsmitteln. Das Material wird schonend gereinigt. Glas- und Spiegelflächen trocknen streifenfrei ohne Nachpolieren. Durch den Verzicht auf Reinigungsmittel sind Mikrofasertücher sehr umweltschonend. Außerdem haben diese Tücher ein geringes Gewicht und sind sehr strapazierfähig. Sie können trocken, leicht angefeuchtet oder auch nass in allen Reinigungsbereichen eingesetzt werden.

Bei nasser Anwendung haben sie nicht ihre volle Reinigungswirkung.

Microfasertücher

Falttechnik bei Reinigungstüchern:
Das Tuch wird 2-mal gefaltet, es ergeben sich 8 saubere Flächen. Ist eine Fläche verschmutzt, reinigt man mit der sauberen Rückseite weiter.

Die Vorteile dieser Falttechnik sind:

- verbesserte Hygiene
- große Flächenleistung
- zeit- und wegsparend
- kräfteschonendes Reinigen

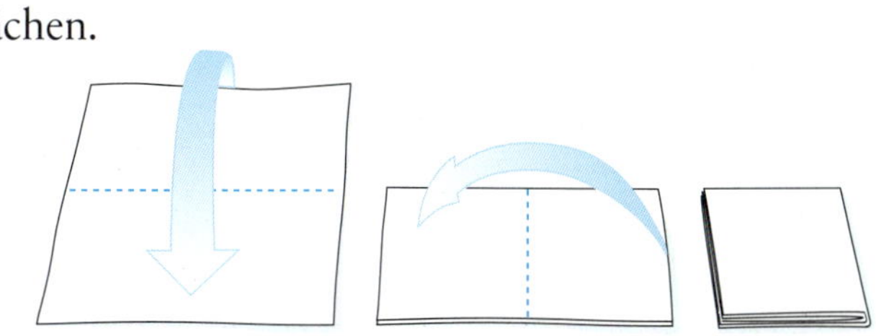
2 Flächen zum Reinigen (Vor- und Rückseite) | *Nach 1-mal Falten 4 Flächen zum Reinigen* | *Nach 2-mal Falten 8 Flächen zum Reinigen*

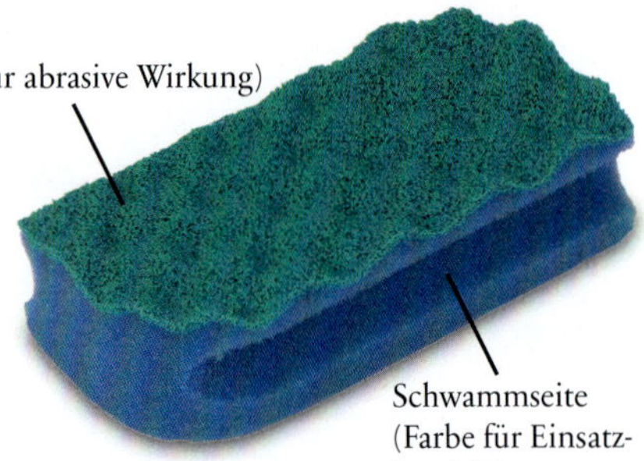

Padschwamm

Schwammtücher

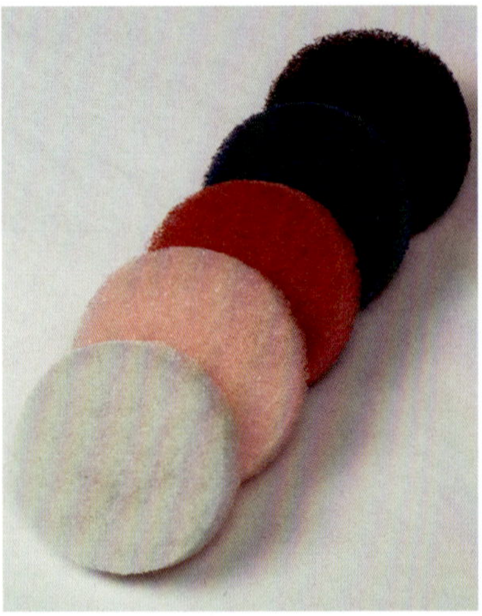
Farbstufen für abrasive Wirkung

15.1.2 Padschwämme und Schwammtücher

Padschwämme gibt es in unterschiedlichen Farben:

- Padseite weiß – kratzfrei, zum schonenden Nassreinigen für empfindliche Oberflächen, z. B. Edelstahl, Kunststoff
- Padseite grün – leicht abrasiv, entfernt hartnäckige Verschmutzungen
- Padseite schwarz – stark kratzend, entfernt Angebranntes und hartnäckige Verschmutzungen

Je dunkler die Padseite, desto stärker ist die abrasive Wirkung.

Schwammtücher sind flache Schwämme mit meist waffelartiger Struktur. Sie sind saugstark, geschmeidig, fusselfrei. Man verwendet sie zum Nasswischen von Oberflächen.

Reinigung der Reinigungstücher, Padschwämme und Schwammtücher

Nach dem Gebrauch Tücher und Schwämme zur Schmutzwäsche geben oder sofort in kaltem Wasser auswaschen.
Reinigungstücher, Padschwämme und Schwammtücher werden in der Waschmaschine gewaschen. Sie können im Trockner bei niedriger Temperatur getrocknet werden.

Maßnahmen zur Qualitätssicherung:
- Bei Mikrofasertüchern keine Bleichmittel und keinen Weichspüler verwenden.
- Reinigungstücher und Padschwämme nach Angaben des Herstellers reinigen.
- Padschwämme nicht im Wäschetrockner trocknen.
- Bei Padschwämmen unbedingt Farbe der Padseite beachten.
- Reinigungstücher immer gefaltet verwenden.

15.1.3 Besen und Bürsten/Staubwedel

Besen und Bürsten bestehen aus dem **Bürstenrücken** (1) und dem **Besteckungsmaterial** (2).
Der Bürstenrücken ist aus Holz oder Kunststoff gearbeitet.
Das Besteckungsmaterial besteht aus synthetischen Fasern (Polyamid), Tierhaaren (Rosshaar, Schweinsborsten) oder Pflanzenfasern (Reisstroh).
(Eigenschaften der Fasern s. S. 34ff.)

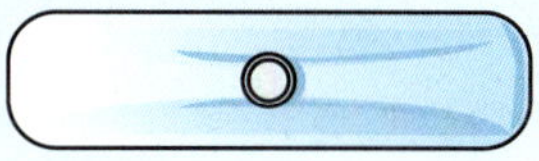
Bürstenrücken (1)

Besteckungsmaterial (2)

Reinigung und Pflege von Besen und Bürsten:

Reinigungsmittel	Arbeitsgeräte
– Allzweckreiniger – Feinwaschmittel	– Besenkamm – Reinigungstuch – Waschwanne

Arbeitshinweise:
- Nach jedem Gebrauch sollten die Besen und Bürsten trocken gereinigt werden; das geschieht durch Ausstreichen oder Ausbürsten mit einem Besenkamm (3).
- Besen werden hängend, Bürsten auf der Seite liegend aufbewahrt, damit das Besteckungsmaterial nicht flach gedrückt wird.

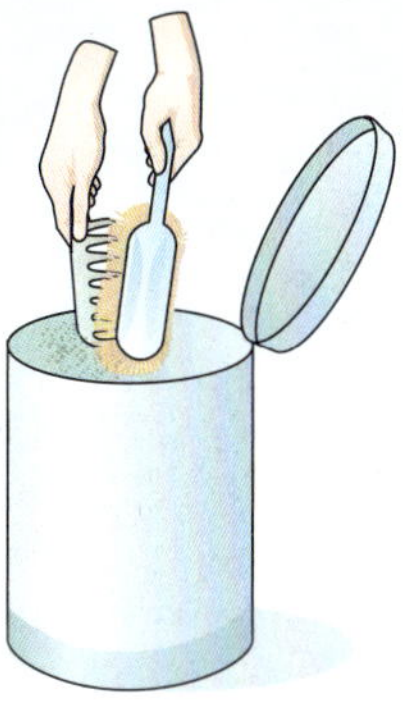
Abbürsten mit Besenkamm (3)

Arbeitsablauf bei gründlicher Reinigung:

- tierisches und synthetisches Besteckungsmaterial immer mit lauwarmer Reinigerlösung reinigen (4)
- Besteckungsmaterial dabei in der Waschlauge hin- und herbewegen
- Bürste kräftig ausschlagen (5) und zum Trocknen auf die Seite legen (6)
- Bürsten- und Besenstiel mit feuchtem Tuch abwischen
- Arbeitsergebnis kontrollieren
- Arbeitsplatz säubern, Arbeitsgeräte reinigen und trocken aufbewahren

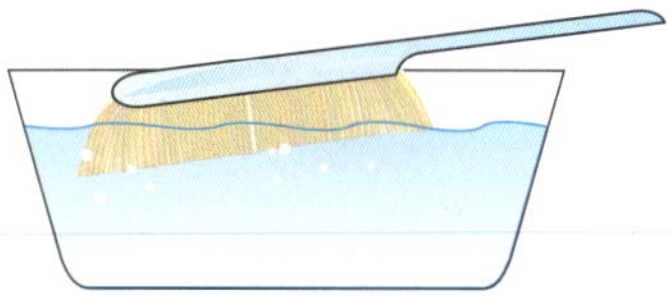
Reinigung des Besteckungsmaterials (4)

Bürste ausschlagen (5)

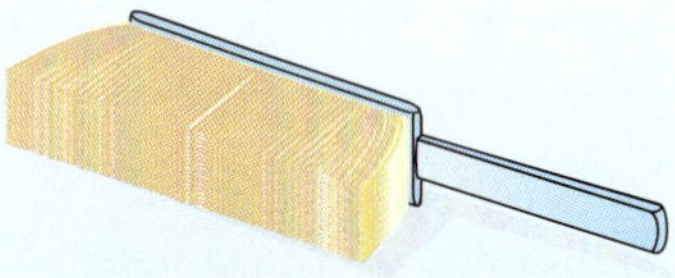
Bürste auf der Seite liegend trocknen lassen (6)

Der **Staubwedel** (Staubbiene) mit den staubbindenden synthetischen Borsten hat einen Stiel. Mit ihm kann man schnell vertikale Flächen (Holztüren, Schranktüren, Tapeten) trocken reinigen.
Wichtig: Staubwedel muss zuerst über eine trockene, saubere Kunststofffläche gezogen werden, damit er sich elektrostatisch auflädt und den Staub binden kann.
Während des Arbeitens muss er immer wieder im Freien ausgeschlagen werden.

Wand- und Beckenbesen

Maßnahmen zur Qualitätssicherung:

- Spülbürsten aus Kunststoff und Fettpinsel aus Silikon werden in der Spülmaschine gereinigt.
- Tierisches Besteckungsmaterial darf nie heiß gewaschen werden.
- Loser Feinschmutz auf vertikalen Flächen, z. B. Türen, Schrankwand, lässt sich schnell mit einem Staubwedel entfernen. Reinigungsmittel werden gespart.

Staubwedel

Gabelmopp für Heizkörper

Arbeitsaufträge:

1. Informieren Sie sich in einem Drogerie- oder Supermarkt über das Angebot an verschiedenen Reinigungstüchern. Beachten sie dabei Material und Einsatzbereiche.
2. Welche Reinigungstücher und Schwämme verwenden Sie in Ihrem Ausbildungsbetrieb?
   Tragen Sie Ihre Ergebnisse in folgende Tabelle ein:

Reinigungstücher/ -schwämme Arten	Einsatzbereiche	Begründung

15.1.4 Geräte und Zubehör zur Bodenreinigung

Feuchtwischgerät/Breitwischgerät
Das Gerät besteht aus Stiel (höhenverstellbarer Teleskopstiel), Bezugshalter und Kardangelenk (1) (zum Abwinkeln und Bewegen des Bezugshalters).
Die Stiellänge sollte der Körpergröße angepasst sein. (2)
Der Bezugshalter kann aus einem Metallrahmen oder einer Kunststoffsohle gefertigt sein.

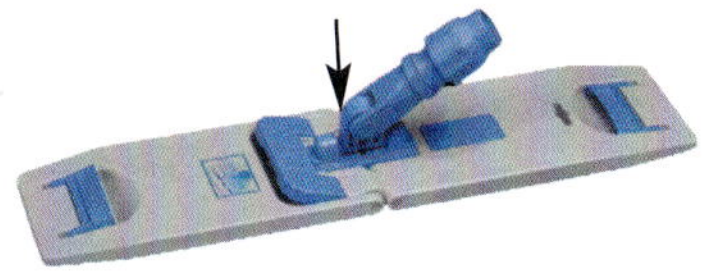
Bezugshalter und Kardangelenk (1)

Bezugshalter mit Breitwischbezug

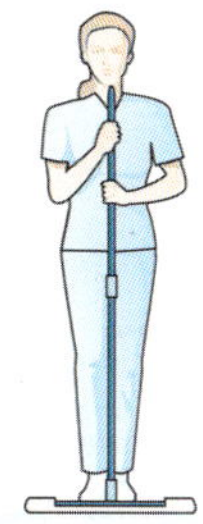
Stiellänge (2)

Wischbezüge
Zum Wischen werden **Breitwischbezüge** mit Fransen oder Schlingen eingesetzt.
Die meisten Bezüge haben eine Mischung aus Schlingen und Fransen.

Man unterscheidet:

- **Baumwollbezüge** sind stark saugfähig und haben eine geringe Reinigungswirkung. Sie sind für Feucht- und Nassreinigung geeignet
- **Mischfaserbezüge** aus Baumwolle, Viskose und Mikrofasern haben eine geringe Saugfähigkeit.
  Sie lösen den Schmutz gut. Die Bezüge sind für Feucht- und Nassreinigung geeignet
- **Trockenbezüge/Elektrostatikbezüge** aus synthetischen Fasern (Mikrofasern oder Aktivfasern) laden sich durch die Reibung elektrostatisch auf und binden dadurch den Feinschmutz (Staub, Flusen, Haare). Diese Bezüge sind nur für die Trockenreinigung geeignet. Der Bezug wird kräftig ausgeschüttelt oder mit einem Staubsauger gereinigt
- **Vlies-/Gazetücher** werden als Mehrweg- oder Einwegtücher angeboten. Sie sind entweder angefeuchtet oder mit Öl imprägniert. Man verwendet sie für die Feuchtreinigung

Baumwollbezug mit Schlingen

Mischfaserbezug

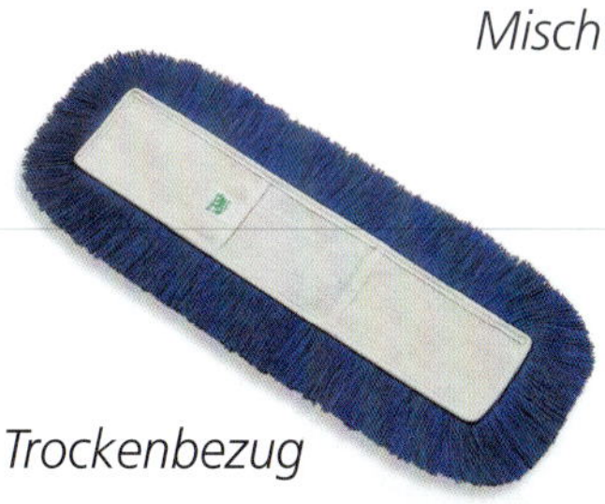
Trockenbezug

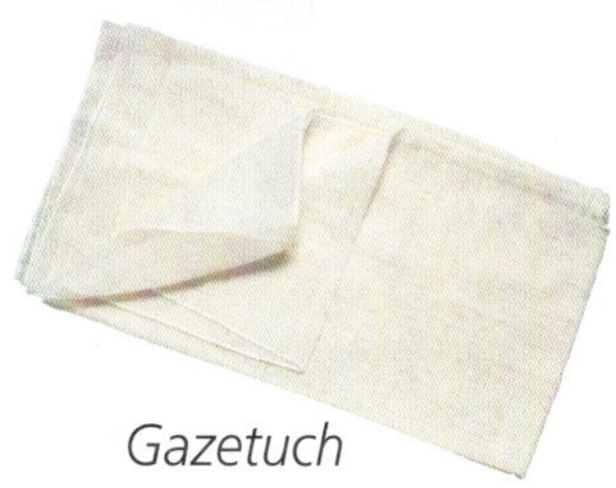
Gazetuch

Reinigung der Wischbezüge:
Alle Bezüge sind kochfest und werden im Trockner getrocknet.

Schrubber
Der Schrubber besteht aus einem Stiel und einer Schrubberbürste, die möglichst breit sein sollte.

Bei der Nassreinigung wird der Schrubber als Bürste eingesetzt um den fest anhaftenden Schmutz zu entfernen. Die Reiniger- oder Pflegelösung trägt man mit einem Bodentuch auf, wischt oder bürstet den Boden. Anschließend wird die restliche Reinigerlösung aufgenommen.

Schrubber

Nasswischmopp

Klemmhalter

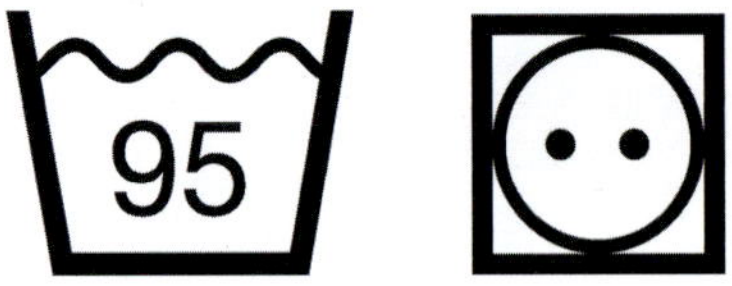

Nasswischmopp

Der Nasswischmopp (Fransen-, Spaghettimopp, Feudel) besteht aus Stiel, Mopphalter und Mopp.
Die Fransen haben eine Länge von 25–45 cm und bestehen vorwiegend aus Baumwolle, selten aus Viskose oder synthetischen Fasern.
Im Vergleich zum Breitwischgerät ist der Nasswischmopp sehr schwer und unhandlich. Er ist nur für schwer zugängliche Stellen geeignet.

Reinigung des Nasswischmopps:
Der Nasswischmopp ist kochfest und kann im Trockner getrocknet werden.
Nach Gebrauch die Geräte und das Zubehör reinigen, trocknen und in der Nähe des Einsatzortes aufbewahren.

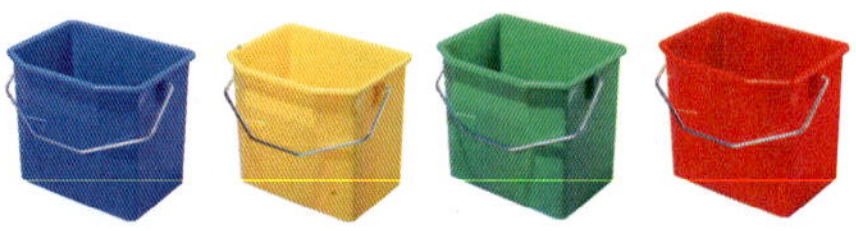

Reinigungswannen

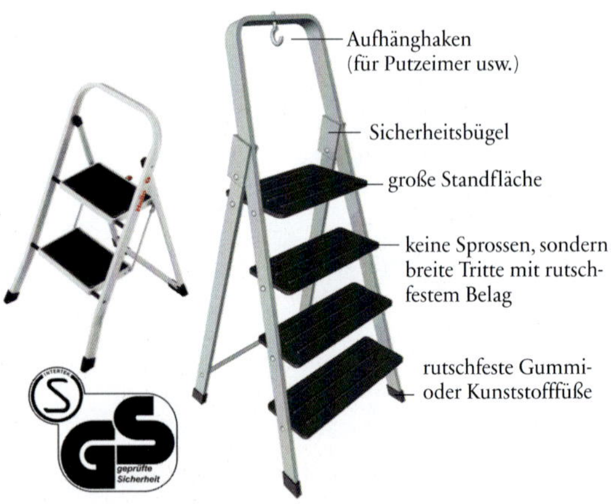

Tritthocker / Trittleiter

15.1.5 Sonstige Arbeitsgeräte

Eimer und Wannen

Für die Reinigung werden Eimer aus Kunststoff verwendet. Handliche Griffe und Henkel, Ausgießvorrichtung und Litermarkierung an Eimern erleichtern die Arbeit. Nach Gebrauch werden die Eimer und Wannen ausgewaschen und ausgetrocknet.

Leitern, Trittleitern, Tritthocker

Für hohe Fenster, Türen, Regale, die nicht vom Boden aus erreicht werden können, benötigt man eine Leiter, Trittleiter oder einen Tritthocker.
Bei Leitern muss auf eine gute Standsicherheit geachtet werden. Eine Vorrichtung zum Ablegen oder Aufhängen von Arbeitsmitteln ist sehr sinnvoll.

Gummihandschuhe

Gummihandschuhe

Gummihandschuhe schützen die Hände vor mechanischen und chemischen Verletzungen. Beim Kauf sollte auf Tragekomfort, Beweglichkeit und sicheren Griff geachtet werden.
Schutzhandschuhe gibt es aus verschiedenen Materialien und in verschiedenen Ausführungen.

Einmalhandschuhe

Bei Reinigungsarbeiten sind Einmalhandschuhe in der Regel ungeeignet. Der Schaft ist oft zu kurz, Wasser kann leicht in den Handschuh eindringen. Die fehlende Unterfütterung verstärkt das Einwirken des Schweißes auf die Haut. Die Tragezeit sollte sehr kurz sein.

Vinylhandschuhe

Vinylhandschuhe sind preiswert und mechanisch gut belastbar.

Arbeitshinweise für das Tragen von Gummihandschuhen:
- Vor und nach dem Tragen der Handschuhe Hände eincremen. (1)
- Bei sehr empfindlicher Haut Baumwollunterhandschuhe tragen.
- Auf langen Schaft achten (Umkrempeln schützt vor Hereinlaufen des Wassers. (2)
- Nach der Arbeit mit Handschuhen die Hände waschen und abtrocknen.
- Handschuhe zum Trocknen aufhängen oder auf Ständer aufstellen.

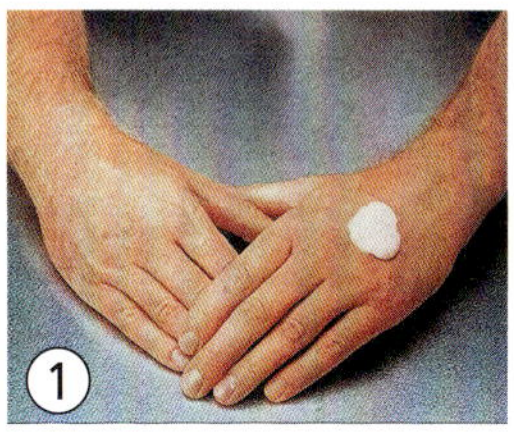

Hände eincremen

Schaft umkrempeln

Einfachfahreimer und Doppelfahreimer mit aufgesetzter Presse
Fahreimer bestehen aus einem Fahrgestell mit einem oder zwei Eimern. Oberhalb der Eimer ist eine Handpresse angebracht.
Die Pressen werden verwendet, um das Auswringen der Bezüge von Hand zu vermeiden. Man unterscheidet **Flach- und Korbpressen**.
Die Doppelfahreimer trennen die Schmutz- und Reinigungsflotte. Im dunklen Eimer ist die Schmutzflotte und im hellen die Reinigerlösung.

Einfachfahreimer mit Korbpresse

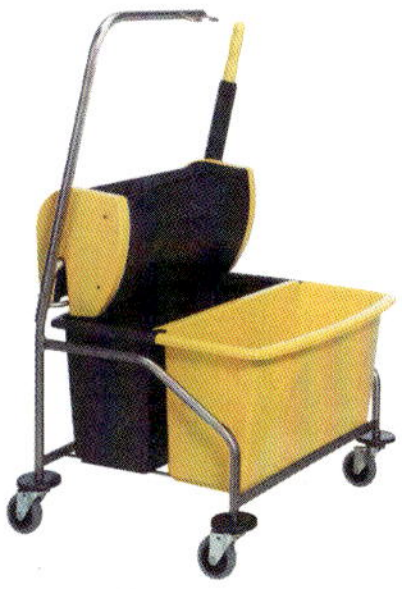

Doppelfahreimer mit Flachpresse

Reinigungswagen/Systemwagen
Reinigungs- oder Systemwagen haben außer Fahrgestell, Eimer und Presse noch verschiedene Ablagen und Aufhängevorrichtungen. Die zur Reinigung benötigten Arbeitsmittel (Tücher, Schwämme, Reinigungsmittel, Wischgeräte, Abfallbehälter usw.) sind dort griffbereit aufbewahrt. Die Bestückung des Reinigungswagens richtet sich nach dem jeweiligen Einsatzgebiet und Aufgabenbereich.
Vor Arbeitsbeginn muss der Systemwagen kontrolliert werden. Bei Bedarf müssen z. B. Toilettenpapier, Müllbeutel, Reinigungstücher nachgefüllt werden.

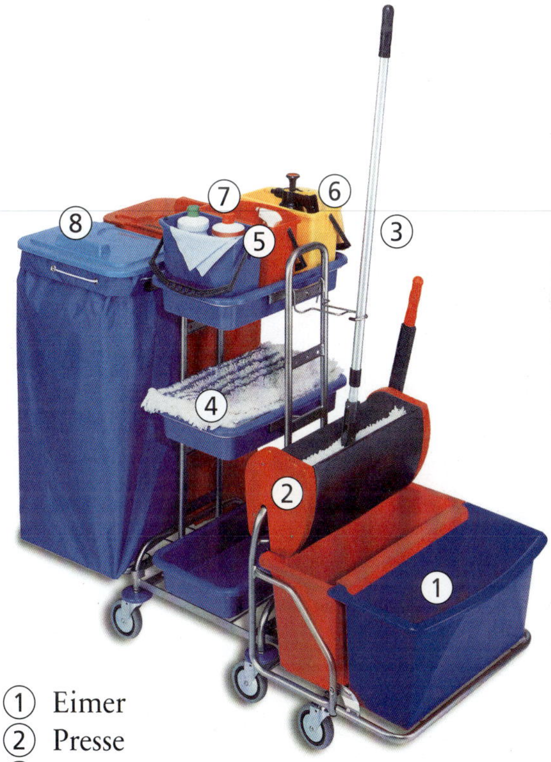

① Eimer
② Presse
③ Wischgerät
④ Reinigungstextilien
⑤ Nachfüllpackungen
⑥ Reinigungsmittel
⑦ Kleiner 5-Liter-Eimer
⑧ Abfallsack

Systemwagen

Maßnahmen zur Qualitätssicherung:
- Vor Beginn der Reinigungsarbeit Arbeitsplatz herrichten.
- Alle benötigten Hilfsmittel zur Reinigung bereitstellen, dadurch werden Zeit und Wege gespart.
- Nach der Arbeit Geräte und Hilfsmittel reinigen, trocknen und in der Nähe des Arbeitsplatzes aufbewahren.
- Eimer sollten eine Litermarkierung haben. Behandlungsmittel können genau dosiert werden.
- Reinigungsgeräte so hinstellen, dass keine Stolpergefahr besteht.
- Auf Farbe der Einsatzbereiche achten.

15.1.6 Vier-Farben-System

Beim Vier-Farben-System haben Eimer, Tücher und Schwämme eine bestimmte Farbe. Die Arbeitsgeräte mit der gleichen Farbe werden nur in einem Bereich eingesetzt, z. B. gelbe Tücher, gelber Schwamm, gelber Eimer nur für Badezimmer ohne WC verwenden. Dadurch hat man eine gute Trennung der verschiedenen Einsatzbereiche. Die Keimverschleppung kann verringert werden.

Farben	Einsatzbereiche	Beispiele
Gelb 	Waschbecken Ablagen Spiegel Armaturen Seifenspender	
Rot 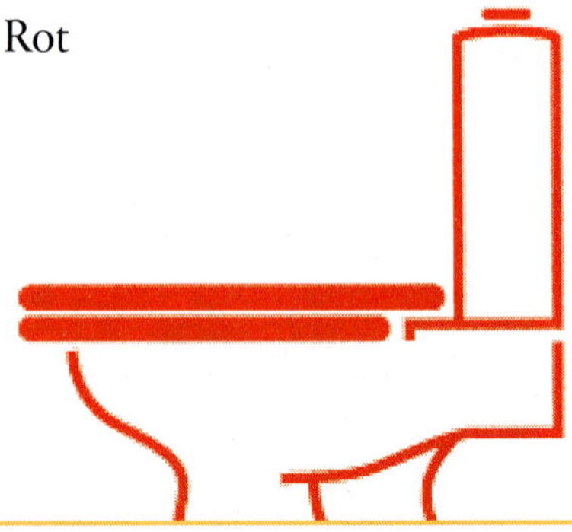	WC Urinal Bidet	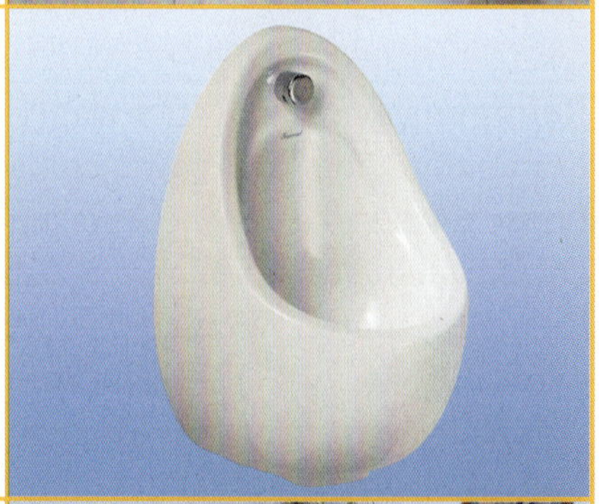
Blau 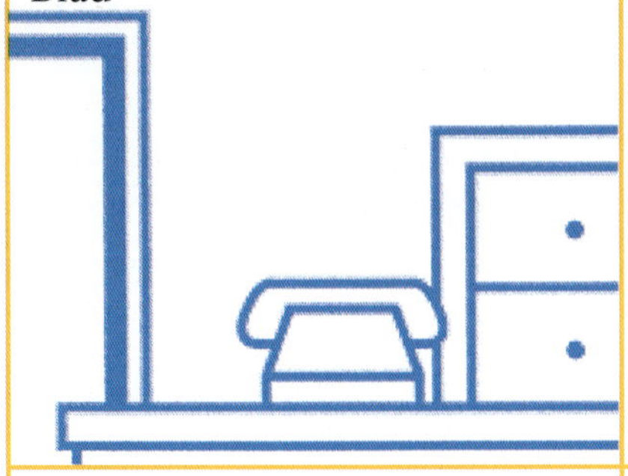	Möbel Oberflächen Patientenzimmer	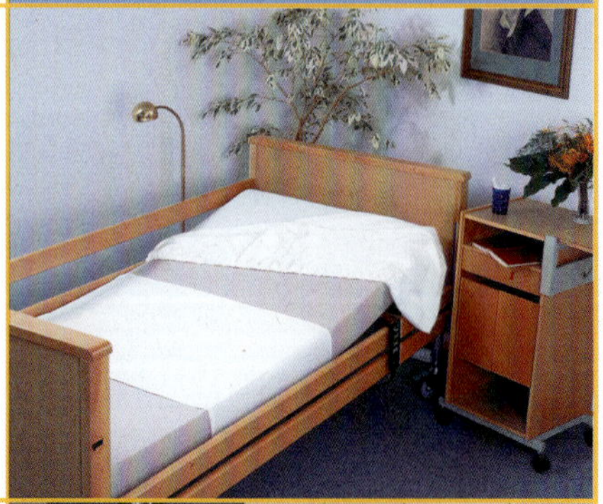
Grün 	Küche	

15.2 Reinigungsmaschinen

15.2.1 Staubsauger

Das gebräuchlichste Bodenreinigungsgerät ist der Staubsauger. Man verwendet ihn hauptsächlich zur Entfernung trockener, loser Verschmutzungen auf textilen Belägen. Aber er kommt auch auf allen übrigen glatten Fußböden zum Einsatz. Mit speziellen Düsen können auch Einrichtungsgegenstände abgesaugt werden.

Staubsaugerarten

Bodenstaubsauger

- für mittlere bis große Wohnungen mit viel textilen Belägen
- vielseitiges Zubehör

Bürstsauger

- für großflächige textile Beläge
- nur für Bodenreinigung geeignet
- nicht für Nadelfilz verwenden

Mehrzwecksauger / Nass-Trocken-Sauger

- für große Flächen
- für Trockenschmutz oder Flüssigkeiten einsetzbar
- großes Fassungsvermögen

Bodenstaubsauger

Bürstsauger

Mehrzwecksauger

Funktion

Der Motor treibt das Gebläse an und drückt die Innenluft nach außen. Dadurch entsteht im Gehäuse ein Unterdruck. Verschmutzte Außenluft strömt ein und nimmt den losen Schmutz mit in den Filter. Die Luft wird im Staubbeutel gefiltert. Der Schmutz bleibt im Staubbeutel und die saubere Luft tritt nach außen. Für die unterschiedlichen Saugarbeiten stehen unterschiedliche Düsen zur Verfügung.

Aufbau Bodenstaubsauger

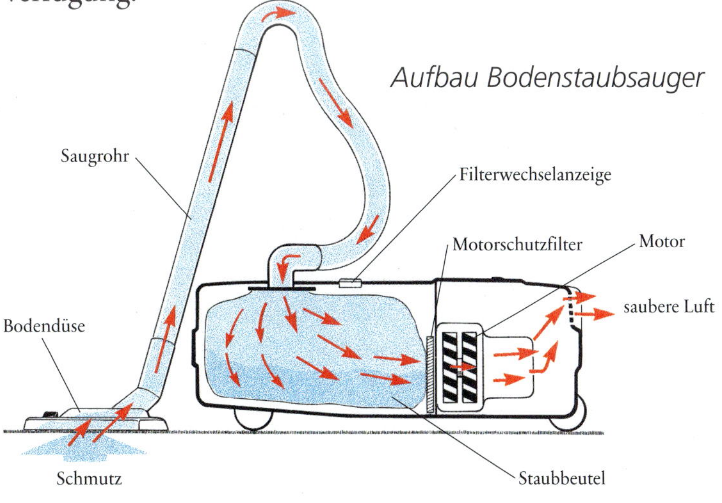

Teppich- und Bodendüse (Kombidüse)

Fugendüse

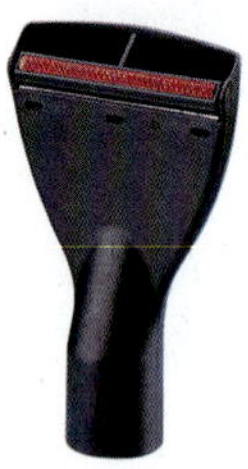

Polsterdüse

Möbelpinsel

Teppich- und Bodendüse (**Kombidüse**)
Die Teppich- und Bodendüse wird zur Reinigung von textilen Belägen, Teppichen und glatten Böden verwendet. Bei der Anwendung läuft die Kombidüse direkt auf dem Boden. Werden glatte Böden gereinigt, so drückt man auf den Tritthebel. Ein Borstenkranz schwenkt heraus und reinigt so schonend den Boden.

Polsterdüse
Die Polsterdüse wird zum Reinigen von Polstermöbeln, Matratzen, Kleidern oder Gardinen eingesetzt.

Fugendüse
Mit der Fugendüse gelangt man in Fugen, Ecken, Ritzen.

Möbelpinsel
Der Möbelpinsel dient zum Reinigen von empfindlichen Einrichtungsgegenständen, wie z. B. Stoffe, Bücher.

Reinigung des Staubsaugers:

Reinigungsmittel	Arbeitsgeräte
– Allzweckreiniger	– blaues Reinigungstuch – Trockentuch

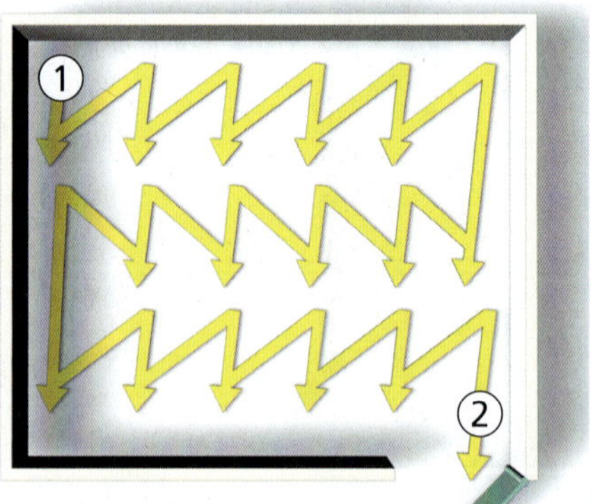

Zick-Zack-Bewegungen beim Staubsaugen von freien Flächen

① Start
② Ende

Arbeitshinweise:

- Stoff- oder Papierfilter regelmäßig kontrollieren und entleeren (Füllmengenanzeige beachten!)
- Papierfilter in Restmülltonne entsorgen
- Mikrofilter, Abluftfilter, Motorfilter bei Bedarf wechseln
- Filterkorb und Düsen nach Gebrauchsanleitung reinigen
- Gehäuse mit Zubehör feucht reinigen, trockenreiben

Maßnahmen zur Qualitätssicherung:

- Staubbeutelwechsel nur bei ausgeschaltetem Motor vornehmen.
- Bei verminderter Saugleistung Saugdüse und Saugrohr überprüfen.
- Keine Flüssigkeiten oder feuchten Schmutz aufsaugen.
- Durch ruhige und gleichmäßige Bewegungen wird der Schmutz besser entfernt.
- Auf Kabelführung achten.
- Saugleistung des Gerätes dem Bodenbelag und der Verschmutzung anpassen.

15.2.2 Dampfreinigungsgeräte

Mit Dampfreinigungsgeräten werden alle glatten Flächen mit Wasserdampf bearbeitet. Wasserfeste Fußböden und Wände, Fenster und Sanitäreinrichtungen können mit diesen Geräten gründlich gereinigt werden. Häufig arbeitet man mit Wasser **ohne Reinigerzusatz**.

Dampfreiniger

Funktion

Dampfreinigungsgeräte erzeugen Wasserdampf im Kessel, der unter Druck durch Düsenöffnungen austritt. Der Wasserdampf kann bis zu 165 °C heiß sein. Vorsicht, Verbrennungsgefahr! Wasserempfindliche Werkstoffe wie z. B. Holzfußleisten, Möbelstükke oder Holzfensterrahmen können durch den heißen Wasserdampf beschädigt werden. Diese Geräte haben einen hohen Energieverbrauch.

Bodendüse

Zubehör/Sonderzubehör

- kleine Bürste für Polster
- Dampfdruckdüse, Dampfpistole für Fugen, Ecken
- Dampfbügeleisen
- Abflussreiniger
- Reinigungstücher

Bürste mit Reinigungstuch

Reinigung des Dampfreinigungsgerätes:

Reinigungsmittel	Arbeitsgeräte
– Allzweckreiniger	– Reinigungstuch – Trockentuch

Dampfpistole

Arbeitsablauf:

- Druck absenken
- Restwasser aus drucklosem Kessel entleeren
- Gehäuse mit Reinigerlösung feucht abwischen
- Zubehör nach Gebrauchsanleitung reinigen

15.2.3 Sprühextraktionsgeräte

Sprühextraktionsgerät

Sprühextraktionsgeräte sind Mehrzwecksauger in Schlittenform. Sie können für die Grundreinigung von wasserfesten, verklebten Teppichböden, Teppichen und Polstern genutzt werden.

Funktion

Das Gerät enthält einen Reinigungsmittel- und einen Schmutzwasserbehälter. Der Behälter für Reinigungsmittel wird mit Wasser befüllt und das Reinigungskonzentrat nach Gebrauchsanweisung dazugegeben.

Die Reinigungsmittellösung wird mit der Sprühdüse auf den Boden gesprüht. Im gleichen Arbeitsgang nimmt die schmale Saugdüse die verschmutzte Reinigerlösung auf. Sie gelangt über den Saugschlauch in den Schmutzwasserbehälter.

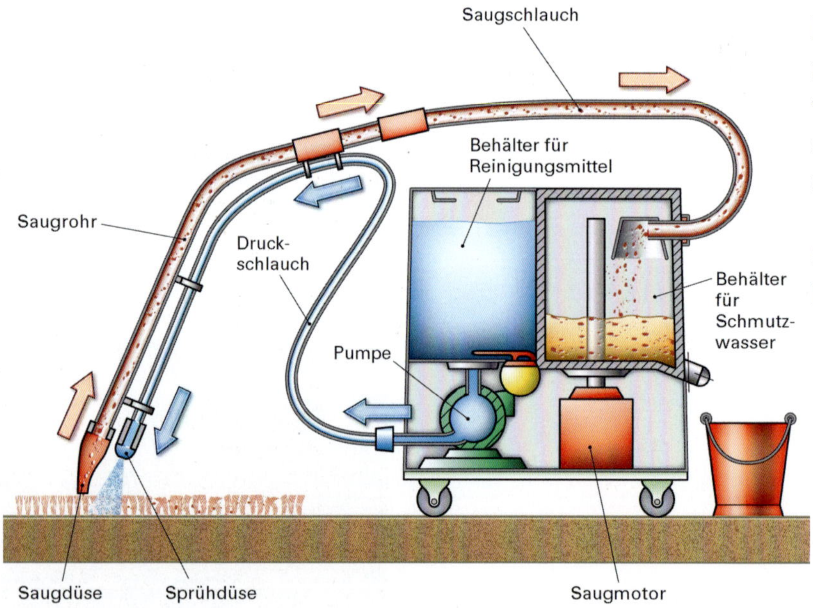

Funktion des Sprühextraktionsgerätes

Bei starken Verschmutzungen kann man die Reinigerlösung auch einwirken lassen. Erst nach dem vollständigen Abtrocknen der Flächen sind diese nochmals abzusaugen.

Sprühextraktionsgeräte können im Fachhandel ausgeliehen werden.

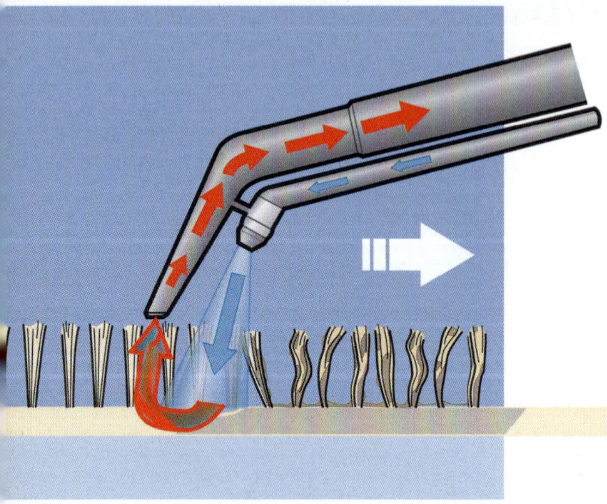

Sprüh- und Saugdüse

Reinigung des Sprühextraktionsgerätes:

Reinigungsmittel	Arbeitsgeräte
– Allzweckreiniger	– Reinigungstuch – Trockentuch

Arbeitsablauf:

- beide Tanks leeren und säubern
- Düsen und Schläuche nach Gebrauchsanweisung reinigen
- Gehäuse feucht abwischen

15.2.4 Scheibenmaschinen

Zur Reinigung und Pflege von großflächigen Fußböden verwendet man Scheibenmaschinen. Sie können je nach Zubehör zum Polieren oder Entfernen von Pflegefilmen, Shampoonieren textiler Beläge oder Nassscheuern eingesetzt werden.

Pads (Bodenreinigungsscheiben)

Einscheibenmaschine

Funktion
Unter dem Motorblock sind 1–3 rotierende Treibteller angebracht. Sie arbeiten entweder mit Tellerbürsten (zum Scheuern) oder mit Pads (Bodenreinigungsscheiben).

Die Pads werden in verschiedenen Farben angeboten:
helle Farben: wenig Abrieb
dunkle Farben: starker Abrieb(vgl. Padschwämme)

Die Bewegungsrichtung beim Reinigen ist rückwärts. Damit man das Anschlusskabel weder überfährt noch darüber stolpert, legt man es sich in einer großen Schlinge über die Schulter.
Der Umgang mit Scheibenmaschinen ist nicht einfach und bedarf einiger Übung.

Reinigung der Scheibenmaschine:

Reinigungsmittel	Arbeitsgeräte
– Allzweckreiniger	– Reinigungstuch – Trockentuch

Scheibenmaschine im Einsatz

Arbeitsablauf:

- Gehäuse mit Reinigerlösung feucht abwischen
- Pads gemäß den Herstellerangaben reinigen

16 Werkstoffe und deren Reinigung

16.1 Glas

Zur Glasherstellung wird als Grundstoff Quarzsand verwendet. Hinzu kommen noch Kalk als Füllstoff und Natron oder Pottasche als Flussmittel. Die Rohstoffe werden zerkleinert, gemischt und bei 1200–1500 °C geschmolzen. Die Glasschmelze kann durch Gießen, Ziehen, Blasen oder Pressen in Form gebracht werden.

Eigenschaften	Hinweise
Lichtdurchlässig	Glasvasen können durch ihre Wölbung wie ein Brennglas wirken – bei Sonneneinstrahlung Brandgefahr!
Empfindlich gegen Stoß und Fall	Glas zerbricht leicht. Glastüren vor Kindern sichern.
Empfindlich gegen raschen Temperaturwechsel	Keine heißen Speisen in Glasgefäße füllen – Glas immer vorher erwärmen.
Glatte Oberfläche	Leichte Reinigung, aber: empfindlich gegen Kratzer und abrasive Reinigungsmittel.
Unempfindlich gegen Säuren	Säurehaltige Lebensmittel, z. B. Essiggurken, Zitronenlimonade, verändern das Glas nicht.

	Glasarten	Eigenschaften
	**Wirtschaftsglas** (Natronglas) einfaches Gebrauchsglas, Flaschen, Einmachgläser	Dickwandig, stabil, klingt nicht, oft Bläschen und Unregelmäßigkeiten, Pressnaht
	**Kristallglas** (Kaliglas) hochwertige Trinkgläser, Kristallglas, Vasen	Rein, fehlerfrei, klar, hart, klingt, meist dünn, lässt sich gut gravieren
	**Bleikristallglas**	Schwer durch hohen Bleigehalt, hoher Glanz, leicht schleifbar, sehr teuer, muss gekennzeichnet sein
	**Wärmebeständiges Glas**	Beständig gegen raschen Temperaturwechsel, stabil
	**Glaskeramik**	Unempfindlich gegen große Temperaturunterschiede, geringe Stoßempfindlichkeit, leicht zerkratzbar

Reinigung von Hohlglas:
(Trinkgläser, Vasen, Krüge, Auflaufformen)

Reinigungsmittel	Arbeitsgeräte
– Spülmittel – Zitronensäure – Salz	– Spülbürste – Spültuch – Flaschenbürste – Gläsertuch aus Leinen oder Halbleinen

Arbeitshinweise:
- Glaswaren einzeln spülen und sofort mit klarem Wasser nachspülen.
- Zum Abtropfen werden sie auf eine Ablauffläche gestellt und mit einem Gläsertuch abgetrocknet.
- Stielgläser zum Abtrocknen immer am Kelch anfassen.
- Trinkgläser im Schrank mit der Öffnung nach unten aufbewahren.

Hohlglas

Reinigung von Flachglas:
Fenster, Türen, Spiegel, Glastrennwände (s. S. 140 f.).

Maßnahmen zur Qualitätssicherung:
- Kalkansätze und Schmutzreste in Vasen mit Essig und Salz einreiben und einwirken lassen, anschließend spülen und trocknen.
- Eingetrocknete Speisereste in Auflaufformen einweichen, spülen, trocknen.
- Trüb gewordene Gläser mit Zitronensaft abreiben.
- Wertvolle Gläser nie in die Spülmaschine geben, sie können leicht beschädigt werden.

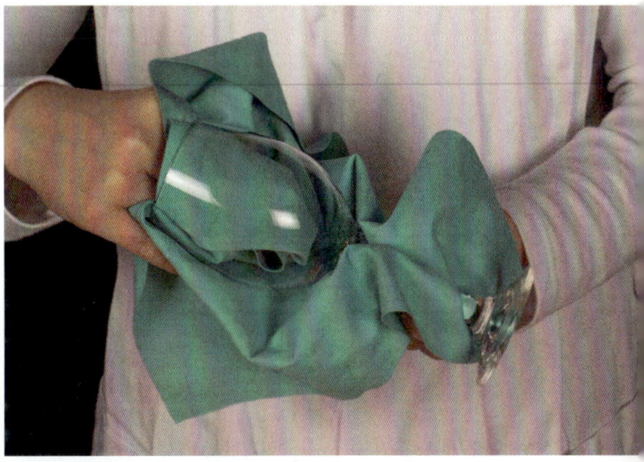

Glasreinigung

Arbeitsaufträge:
1. Erstellen Sie eine Liste mit den verschiedenen Glasarten, die Sie in Ihrem Betrieb vorfinden. Geben Sie jeweils den Gegenstand und dessen Verwendung an.
2. In Ihrem Ausbildungsbetrieb gab es ein Fest. Anschließend müssen Sie 30 Sektgläser spülen. Beschreiben Sie den Arbeitsablauf.
3. Erkunden Sie in einem Haushaltswarengeschäft die Preise für Trinkgläser. Weshalb gibt es so große Preisunterschiede?

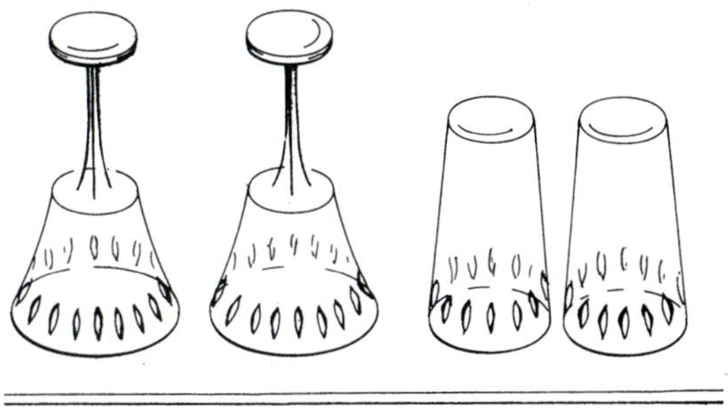

Aufbewahrung von Gläsern

16.2 Kunststoffe

Kunststoffe werden aus Erdöl, Erdgas oder Kohle hergestellt. Durch den Zusatz von weiteren Materialien (Weichmacher, Füllstoffe, Farbstoffe) lassen sich Kunststoffe mit verschiedenen Eigenschaften gewinnen.

Eigenschaften:
- besonders haltbar
- kratzempfindlich
- säurebeständig
- geräuscharm
- hitzeempfindlich
- leicht

Thermoplaste

Kunststoffarten und Verwendung

- **Thermoplaste**
  Thermoplaste schmelzen beim Erhitzen!
  Sie verformen sich beim Erwärmen.

  Verwendung:
  Schüsseln, Waschkörbe, Ess- und Trinkgefäße, Eimer, Fußbodenbeläge, Acrylglas

Duroplaste

- **Duroplaste**
  Duroplaste sind weniger temperaturempfindlich.
  Sie verkohlen bei starker Hitzeeinwirkung.

  Verwendung:
  Gehäuseteile von Kleingeräten, Schalter, Steckdosen, Topfgriffe

Elastomere

- **Elastomere**
  Elastomere sind quellbar und gummielastisch.

  Verwendung:
  Schwämme, Schwammtücher, Matratzen
  Fußbodenbeläge

Reinigung von Kunststoffen:

Reinigungsmittel	Arbeitsgeräte
– Spülmittel – Allzweckreiniger	– Reinigungstuch – Mikrofasertuch – Trockentuch

Küchengeräte aus Kunststoff

Arbeitshinweise:
- Küchengeräte und Arbeitsgeschirr aus Kunststoff werden in heißer Spülmittellösung gereinigt, klargespült und getrocknet.
- Kunststoffbeschichtete Möbel und Arbeitsgeräte mit Reinigerlösung feucht abwischen und trocknen.

Gütekennzeichen für Kunststofferzeugnisse

Kunststoffe, die für Lebensmittel verwendet werden, müssen das Gütezeichen tragen.

Maßnahmen zur Qualitätssicherung:
- Kunststoffe nicht mit Lösungsmitteln behandeln.
- Scheuermittel, Pads und harte Bürsten verursachen auf Kunststoffoberflächen kleine Kratzer und Risse – sogenannte Haarrisse. In ihnen kann sich Schmutz einlagern.
- Farbflecken, z. B. von Karotten, lassen sich mit Speiseöl entfernen.
- Die Entsorgung von Kunststoff ist aufwendig.

Kein Scheuerpulver verwenden

Arbeitsaufträge:
1. In Ihrem Ausbildungsbetrieb gibt es viele Arbeitsgeräte und -maschinen aus Kunststoff oder mit einem Kunststoffbezug. Fertigen Sie eine Liste für diese Gegenstände und bestimmen Sie die Kunststoffart.
2. Bilden Sie zwei Gruppen in Ihrer Klasse.
   Die eine Gruppe sammelt Argumente für (pro) Kunststoffe im Haushalt und die andere Gruppe befasst sich mit Argumenten gegen (kontra) Kunststoffe.
   Führen Sie mit der Gegengruppe ein Streitgespräch und notieren Sie die jeweiligen Argumente.

16.3 Metalle

Eisenmetalle Rosten ohne Schutzschicht	**Nichteisenmetalle** rostfrei
Gusseisen, Stahl (emaillierter Stahl, Weißblech, Edelstahl)	Aluminium, Silber

Kochtopf aus Gusseisen

16.3.1 Eisenmetalle

Gusseisen

Gusseisen entsteht durch Gießen von Eisen in Formen. Es kann mit einem Schutzüberzug vor Rost versehen werden.

Eigenschaften:
- stoßempfindlich
- sehr schwer
- sehr guter Wärmeleiter
- raue Oberfläche
- nicht rostfrei

Verwendung:
Schmortöpfe, Bratpfannen, Herdplatten

Herdplatten aus Gusseisen

Reinigung von Gusseisen:

Reinigungsmittel	Arbeitsgeräte
– Spülmittel	– Spültuch – Spülbürste – Trockentuch – Edelstahlspirale

Arbeitshinweise:
- Mit heißem Wasser, weicher Bürste oder Schwamm reinigen, klarspülen und gut trocknen.
- Niemals Stahlwolle oder grobe Scheuermittel verwenden.
- Nach dem Abtrocknen die Topfinnenseite von Gusseisen mit einem Tropfen Öl und Küchenkrepp einfetten, das Material wird gepflegt.
- Nicht in der Spülmaschine reinigen.

Stahl
Stahl wird aus der Weiterverarbeitung von Roheisen gewonnen. Stahl rostet. Um das zu verhindern, wird er mit einer Schutzschicht (Email, Zinn, Kunststoff) überzogen. Eine weitere Möglichkeit ist, den Stahl mit anderen Materialien zu mischen (Edelstahl rostfrei).

Roheisen

Emaillierter Stahl (glasartige Oberfläche)
Der Stahl wird mit einer Emailleschicht überzogen. Die Emailleschicht besteht aus Glaspulver und Farbstoffen. Die flüssige Glasmasse wird durch Tauchen oder Spritzen aufgebracht und bei sehr hohen Temperaturen gebrannt.

Emaillierter Kochtopf

Eigenschaften:
- stoßempfindlich
- säurebeständig
- glatte Oberfläche

Verwendung:
Kochgeschirr, Gehäuse von Elektrogeräten

Reinigung von Emaille:

Reinigungsmittel	Arbeitsgeräte
– Spülmittel	– Spültuch – Spülbürste – Schwamm – Edelstahlspirale – Trockentuch

Anwendung der Edelstahlspirale

Arbeitshinweise:
- In heißer Spülmittellösung mit weicher Bürste oder Schwamm reinigen, trocknen.
- Hartnäckige Verschmutzungen mit nasser Edelstahlspirale entfernen.
- Keine groben Scheuermittel verwenden.
- Nur weiche Pads zur Reinigung verwenden. Emaillierte Töpfe können in der Spülmaschine gereinigt werden.

Kuchenform aus Weißblech

Weißblech
Weißblech ist ein Stahl, der mit einer Zinnschicht überzogen wird.

Eigenschaften:
- säurebeständig
- nicht kratzfest

Verwendung:
Backformen, Beschichtungen von Konservendosen, Reiben

Reinigung von Weißblech:

Reinigungsmittel	Arbeitsgeräte
– Spülmittel	– Spültuch – Spülbürste – Schwamm, helle Padseite – Trockentuch

Arbeitshinweise:
- In heißer Spülmittellösung mit weicher Bürste oder Schwamm reinigen.
- Bei hartnäckiger Verschmutzung Topf einweichen und wenn nötig, milde Scheuermilch verwenden.

Edelstahlwagen

Edelstahl
Edelstahl ist eine Mischung aus Chrom, Nickel und Stahl.
Er kommt unter dem Handelsnamen Nirosta, Cromargan vor.
Der Aufdruck „Edelstahl 18/10" bedeutet:
18% Chrom, 10% Nickel, 72% Stahl.

Eigenschaften:
- rostfrei
- säurebeständig
- glatte Oberfläche
- lange Lebensdauer

Verwendung:
Kochgeschirr, Besteck, Spülbecken, Schüsseln, Küchenschränke, Edelstahlwagen

Reinigung von Edelstahl:

Reinigungsmittel	Arbeitsgeräte
– Spülmittel – Allzweckreiniger – Edelstahlreiniger	– Spültuch – Spülbürste – Edelstahlspirale – Trockentuch

Edelstahlbesteck

Arbeitshinweise:
- In heißer Spülmittellösung reinigen, wenn nötig milde Scheuermilch verwenden.
- Grobe Scheuermittel hinterlassen Kratzer, Kochgeschirr und Arbeitsgeräte sind spülmaschinenfest.
- Alle übrigen Gegenstände feucht reinigen, Spülbecken, Küchenschränke, Arbeitsflächen bei Bedarf gründlich mit Edelstahlreiniger reinigen und pflegen, die Anwendung erfolgt nach Gebrauchsanweisung.

16.3.2 Nichteisenmetalle

Aluminium
Aluminium ist das auf der Erde verbreitetste Metall.

Kastenform aus Aluminium

Eigenschaften:
- leicht
- guter Wärmeleiter
- leicht verformbar
- säureempfindlich

Verwendung:
Kochgeschirr, Backformen, Alufolie

Reinigung von Aluminium:

Reinigungsmittel	Arbeitsgeräte
– Spülmittel	– Spültuch – Spülbürste – Trockentuch

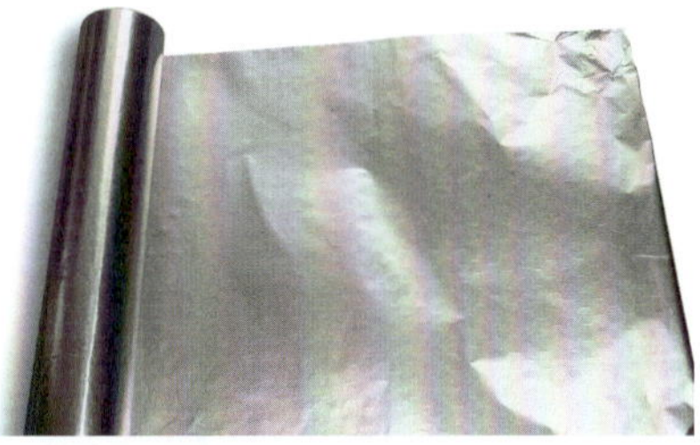

Alufolie

Arbeitshinweise:
- In heißer Spülmittellösung mit weicher Bürste oder Schwamm reinigen, trocknen.
- Kochgeschirr bei Bedarf einweichen.
- Keine Scheuermittel verwenden!

Beschichtete Pfanne

Aluminium mit Antihaftbeschichtung (Kunststoffüberzug)
Aluminium kann mit einem Kunststoffüberzug versehen werden.

Eigenschaften:
- nicht kratzfest
- fettsparend
- kein Anhaften der Speisen am Topfboden

Verwendung: Kochgeschirr, Backformen, Alufolie.

Reinigung von Aluminium mit Kunststoffbeschichtung:

Reinigungsmittel	Arbeitsgeräte
– Spülmittel – milde Scheuermilch	– Spültuch – Spülbürste – Schwamm, helle Padseite – Trockentuch

Arbeitshinweise:
- In heißer Spülmittellösung, mit weicher Bürste oder Schwamm reinigen, trocknen.
- Kochgeschirr bei Bedarf einweichen.
- Keine Scheuermittel verwenden.

Silberbesteck

Silber
Silber gehört wie auch Gold zu den Edelmetallen.

Eigenschaften:
- sehr weich
- kratzempfindlich
- teuer

Verwendung: Besteck, Ziergegenstände

Reinigung von Silbergegenständen:

Reinigungsmittel	Arbeitsgeräte
– Spülmittel	– Spültuch – Trockentuch

Silberreinigungsmittel

Arbeitshinweise:
- Besteck aus Silber von Hand in heißer Spülmittellösung spülen, nachspülen, abtrocknen.
- Ziergegenstände und Besteck aus Silber bei Bedarf mit Silberreinigungsmittel gründlich reinigen, dies ist im Handel als Paste, Tuch oder Tauchbad erhältlich.
- Gebrauchsanweisung beachten!

Alternative Silberreinigungsmethoden:
Herkömmliche Silberreinigungsmittel sind umweltbelastend. Bei Anwendung des Silbertauchbades werden Zieroxidationen (dunkle Verzierungen) zerstört und die Silberoberfläche kann angegriffen werden.
Einfache Silberreinigung:

- Zahnpasta: Paste mit weichem Tuch auftragen, polieren, anschließend spülen, trocknen.
- Mikrofasertuch: Leicht angelaufenen Silbergegenstand mit feuchtem Mikrofasertuch polieren, anschließend spülen, trocknen.

Silberbestecke laufen kaum an, wenn sie mit einem Spezialtuch bedeckt aufbewahrt werden.

Besteckkasten mit Spezialtuch für Silberbesteck

Maßnahmen zur Qualitätssicherung:

- Gusseisen ohne Beschichtung, z. B. Herdplatten, nach dem Trocknen leicht mit Öl/Fett einreiben, damit es nicht rostet.
- Für Gusseisen mit Beschichtung keine Scheuermittel oder Edelstahlspirale verwenden.
- In Behältern aus Aluminium keine Lebensmittel aufbewahren. Aluminium ist empfindlich gegen Säuren und Laugen.
- Unbehandeltes Aluminiumgeschirr nicht in der Geschirrspülmaschine reinigen, Oberfläche verfärbt sich.
- Bei beschichteten Töpfen, Pfannen kein Arbeitsgeschirr aus Metall verwenden, Beschichtung wird zerstört.
- Kochgeschirr mit beschädigter Beschichtung darf nicht verwendet werden – Krebsgefahr!
- Emaillierter Stahl ist empfindlich gegen Stoß und Schlag. Er rostet bei Beschädigungen.
- Edelstahlgegenstände mit der Bezeichnung INOX, stainless steel (18/0), sind nur bedingt für die Geschirrspülmaschine geeignet. Sie sind nicht rostfrei.
- Edelstahlspirale nur nass verwenden.

Emaillierter Stahl mit Beschädigungen

Alleswender aus Holz/Kunststoff für beschichtetes Kochgeschirr

Arbeitsaufträge:

1. Erkundigen Sie sich im Fachhandel nach Kochgeschirr aus unterschiedlichen Materialien und ermitteln Sie die Preisunterschiede. Begründen Sie die Preisunterschiede.
2. Weshalb werden in der Großküche Küchenschränke und Arbeitsflächen aus Edelstahl bevorzugt?
3. Stellen Sie die Vor- und Nachteile von beschichtetem Kochgeschirr dar.

16.4 Holz

Holz ist ein Naturprodukt. Es wird aus Bäumen und Sträuchern gewonnen. Der Hauptbestandteil des Holzes sind die Zellulosefasern.

Eigenschaften:
Holz ist hitzeempfindlich und leicht brennbar.
Es hat eine poröse Oberfläche und nimmt dadurch Feuchtigkeit, Farbstoffe, Gerüche und Fett schnell auf. Feuchtes Holz kann quellen und sich wellen. Bei trockener Hitze wird die Feuchtigkeit wieder abgegeben, das Holz zieht sich zusammen und es können Risse entstehen. Holz hat ein schönes, natürliches Aussehen. Es ist leicht zu bearbeiten und hat eine lange Lebensdauer.

Rohholz

Massivholz mit Oberflächenbehandlung

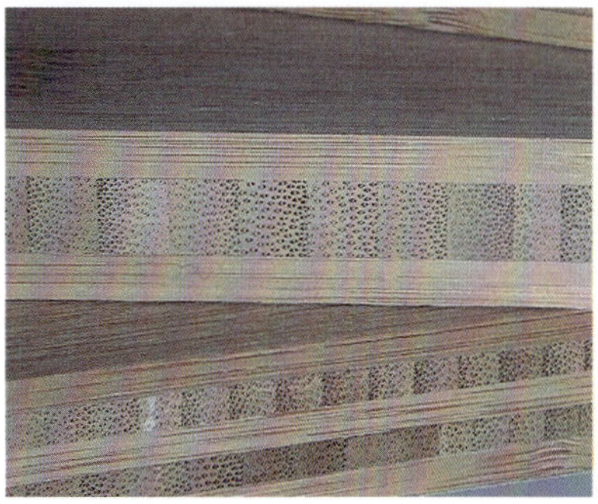

Furniertes Holz

Holzarten

Massivholz
Möbelstücke und Arbeitsgeräte werden aus einem Holz hergestellt

Rohholz
Unbehandeltes Holz mit offenen Poren

Oberflächenbehandeltes Holz
Holz mit geschlossenen Poren

Furniertes Holz
Dünne Platten (Furniere) aus hochwertigen Hölzern werden auf Spanplatten aufgebracht. Die Oberfläche ist immer mit einer Schutzschicht überzogen (Oberflächenbehandlung)

Oberflächenbehandlung	Verwendung
Lackiertes Holz Glatter Überzug, der die Holzporen ausfüllt	Möbel, Türen, Klaviere
Mattiertes Holz Mattglänzender Überzug, der die Holzporen nicht ausfüllt	Möbel, Türen, Verkleidungen
Geöltes oder gewachstes Holz Öle oder Wachse bilden eine dünne Schutzschicht	Möbel, Böden, Treppen
Holz mit Kunststoffbeschichtung z. B. Resopal, Ultrapas	Küchenmöbel, häufig preiswerte Möbel, Gartenmöbel
Holz mit PVC-Folie überzogen Im Handel z. B. „Nachbildung Buche“	Möbel, Fußboden, Türen

Reinigung von Rohholz:

Reinigungsmittel	Arbeitsgeräte
– Allzweckreiniger – Scheuermilch – Spülmittel	– Reinigungstuch – Bürste – Geschirrtuch

Rohholzreinigung

Küchengeräte aus Rohholz schnell und gründlich spülen, nachspülen. Mit Geschirrtuch abreiben und zum vollständigen Trocknen an der Luft aufstellen.
Gründliche Reinigung:
Das feuchte Holz mit Scheuermittel in Faserrichtung bürsten, spülen. Mit klarem Wasser nachspülen, trocknen lassen.

Reinigung von behandeltem Holz:

Reinigungsmittel	Arbeitsgeräte
– Allzweckreiniger	– Mikrofasertuch – Möbelpinsel – Trockentuch

Reinigung einer beschichteten Tischfläche

Möbel, Türen, Verkleidungen werden mit einem nebelfeuchten Mikrofasertuch ohne Reiniger gereinigt. Der Staub in den Ecken und in Schnitzereien wird mit dem Möbelpinsel entfernt. Kunststoffbeschichtetes Holz wischt man mit einer Reinigerlösung ab und reibt es anschließend trocken. Geölte bzw. gewachste Oberflächen werden bei Bedarf mit Spezialöl bzw. Wachs behandelt.

Maßnahmen zur Qualitätssicherung:

- Arbeitsgeräte aus Holz nicht in der Spülmaschine reinigen, da sie die Spüllauge aufnehmen und durch die Trocknungshitze Risse bekommen.
- Rohholzbretter vor Gebrauch mit Wasser abspülen, damit keine Verunreinigungen eindringen können.
- Arbeitsgeräte aus Holz nicht im Wasser liegen lassen, sonst quillt das Holz.
- Holz nie in der Sonne oder auf der Heizung trocknen lassen, es zerspringt. Immer an der Luft zum Trocknen aufstellen.

Arbeitsaufträge:

1. Erkunden Sie, welche Holzarten in Ihrem Ausbildungsbetrieb anzutreffen sind.
2. Stellen Sie fest, welche Oberflächenbehandlung die Möbelstücke Ihres Klassenzimmers haben. Beraten Sie in der Gruppe die Reinigung dieser Möbel.

16.5 Keramische Erzeugnisse

Scherben

Keramik ist der älteste künstliche Werkstoff. Zur Herstellung wird hauptsächlich Ton verwendet, der eine Form bekommt und anschließend gebrannt wird.
Der erste Brand ist der Rohbrand. Der entstandene Gegenstand (Scherben) ist porös und wasserdurchlässig, aber nicht wasserlöslich. Der zweite Brand, der Glasurbrand macht die Gegenstände wasserdicht.

Keramikarten

Tonzeug		Tongut	
dicht gebrannter Scherben		poröser Scherben	
Porzellan weiß	**Steinzeug** gräulich, bläulich	**Steingut** gelblich	**Töpferware** rotbraun

Porzellan

Steinzeug

Steingut

Töpferware

- **Porzellan**
  wird hergestellt aus Kaolin, Feldspat und Quarz.
  Eigenschaften:
  Porzellan ist hart, hat eine glatte Oberfläche und einen hellen Klang, spülmaschinenfest.
  Verwendung:
  Tafelgeschirr, Vasen, Schalen …

- **Steinzeug**
  wird hergestellt aus Ton, Feldspat und Quarz.
  Eigenschaften:
  Steinzeug ist sehr hart, dickwandig, hat eine raue Standfläche, spülmaschinenfest.
  Verwendung:
  Fliesen, Waschbecken, Badewannen, Einmachtöpfe …

- **Steingut**
  wird hergestellt aus Ton, Feld- und Kalkspat, Quarz.
  Eigenschaften:
  dickwandiger als Porzellan, empfindlich gegen Temperaturunterschiede (Glasur bekommt Haarrisse), nicht für Mikrowelle geeignet.
  Verwendung:
  einfaches Tafelgeschirr, Vasen, …

- **Töpferware**
  wird aus Ton hergestellt.
  Eigenschaften:
  sehr stoßempfindlich, nicht für Mikrowelle geeignet.
  Verwendung:
  Blumentöpfe, Vasen, Römertopf

Reinigung von unglasierter Töpferware:

Reinigungsmittel	Arbeitsgeräte
– Spülmittel	– Bürste

Töpferware nur kurz ins Spülwasser geben. Die Poren saugen sich schnell mit der Reinigerlösung voll. Haftenden Schmutz mit weicher Bürste entfernen, klarspülen, zum Trocknen aufstellen.

Tontopf reinigen

Reinigung von glasierter Keramik:

Reinigungsmittel	Arbeitsgeräte
– Spülmittel	– Spülbürste – Spültuch – Geschirrtuch

Aufglasurdekor (Goldrand)

Arbeitshinweise:
- Glasierte Keramik darf nicht mit Scheuermitteln gereinigt werden.
- Die Glasur bekommt dadurch Kratzer, in die leicht Schmutz eindringen kann (vgl. Kunststoffe).

Gegenstände mit Aufglasurdekoration:
Dekoration (Verzierung) wird auf die Glasur aufgebracht und bei niedriger Temperatur aufgeschmolzen. Beim Betasten fühlt man die leichten Erhebungen. Das Muster ist nicht abriebfest. Dieses Geschirr muss von Hand gespült werden.

Inglasurdekor (spülmaschinengeeignet)

Gegenstände mit Inglasurdekoration:
Dekoration wird auf den gebrannten, glasierten Scherben aufgetragen und nochmals gebrannt. Die Dekorfarbe sinkt in die Glasur ein. Das Geschirr ist spülmaschinengeeignet.

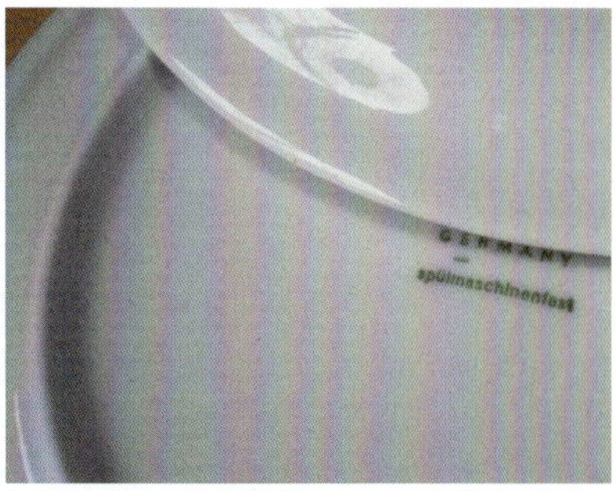

Unterglasurdekor (spülmaschinenfest)

Gegenstände mit Unterglasurdekoration:
Der gebrannte Scherben wird dekoriert, glasiert und nochmals bei hoher Temperatur gebrannt. Das Geschirr ist spülmaschinenfest.

17 Elektrische Küchengeräte reinigen

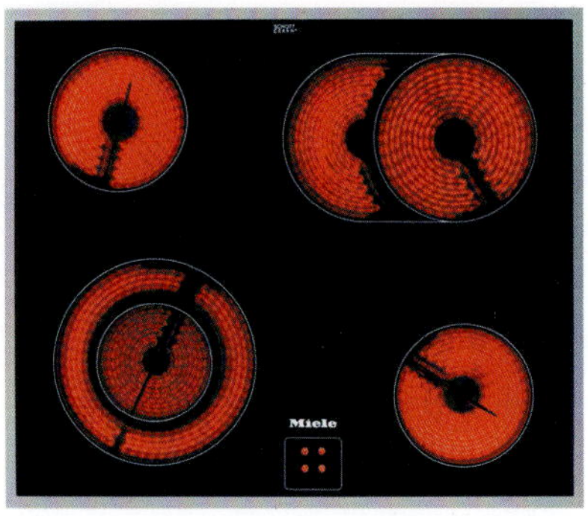

Glaskeramik-Kochfeld

17.1 Elektroherd

Ein Elektroherd besteht aus:

Kochstelle
Kochfeld Kochplatten

Backofen
Ober- und Unterhitze Umluft/Heißluft Grill

Zum Kochfeld gehört eine Glaskeramikplatte, unter der verschiedene Beheizungen (z. B. Strahlungsheizkörper oder Induktion) angebracht sind. Einige Großküchen haben noch Herde mit Kochplatten.

17.1.1 Reinigung des Kochfeldes

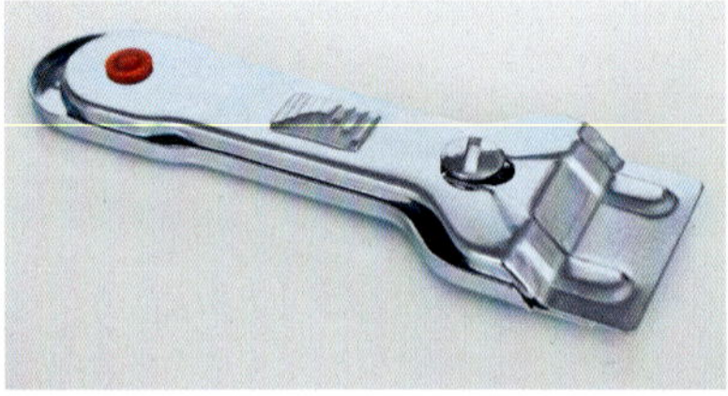
Glasschaber

Reinigungsmittel	Arbeitsgeräte
– Spülmittel – Glaskeramikreiniger	– Holzspieß – Glasschaber – Reinigungstuch – weiches, saugfähiges Trockentuch – Abfallschale

Arbeitsablauf:

- Reinigungsmittel und Arbeitsgeräte bereitstellen
- Schmutzränder zwischen Kochfeldrahmen und Arbeitsplatte vorsichtig mit Holzspieß entfernen
- Glaskeramikplatte mit Spülmittellösung reinigen
- grobe Verschmutzungen mit Glasschaber entfernen
- etwas Glaskeramikreiniger auf Platte geben, mit feuchtem Tuch verreiben, alle Verschmutzungen entfernen (Gebrauchsanweisung beachten)
- Glaskeramikplatte mit Tuch trockenreiben
- Arbeitsergebnis kontrollieren
- Arbeitsgeräte säubern, trocken aufbewahren

Glaskeramikreiniger

Maßnahmen zur Qualitätssicherung:
- Das Glaskeramikkochfeld nicht als Abstellfläche benutzen.
- Rückstände und besonders **zuckerhaltige** Verschmutzungen sofort mit Glasschaber entfernen.
- Keine schadhaften Schaberklingen und keine Rasierklingen verwenden, sie beschädigen die Glaskeramikplatte.
- Reinigungsempfehlung des Kochfeldherstellers beachten.

17.1.2 Reinigung des Backofens

Reinigungsmittel	Arbeitsgeräte
– Spülmittel	– kleiner Eimer – Trockentuch – Reinigungstuch – Edelstahlspirale – Glasschaber – kleine Bürste, Holzspieß – Knieschutz – Handfeger, Kehrschaufel

Backofenspray nur in Ausnahmefällen einsetzen

Arbeitsablauf:

- Reinigungsmittel und Arbeitsgeräte bereitstellen
- Licht im Backofen einschalten
- Backofentür aushängen, auf Arbeitsfläche legen (Geschirrtuch unterlegen), reinigen und trocknen
- herausnehmbare Teile, z. B. Backbleche, Backrost, Seitengitter aus Backofen nehmen, reinigen und trocknen
- Dichtungsgummi – wenn möglich – lösen
- losen Schmutz entfernen
- Innenraum mit Spülmittellösung reinigen
- fest haftenden Schmutz vorsichtig mit Glasschaber entfernen, wenn nötig mit Scheuermilch und/oder nasser Edelstahlspirale bearbeiten
- Backofeninnenraum mit klarem Wasser auswischen, trocknen
- Bedienblende mit feuchtem Reinigungstuch reinigen
- Seitengitter, Backrost und Backbleche einsetzen
- Backofentür einhängen
- Arbeitsergebnis kontrollieren, Licht ausschalten

Knieschutz vor Backofen

Maßnahmen zur Qualitätssicherung:

- Backofen nach dem Abkühlen **sofort** reinigen.
- Hartnäckige Verschmutzungen einweichen.
- Knieschutz erleichtert das Arbeiten, schont die Kniegelenke.
- **Katalytische** Rückwand nicht reinigen.
- Backofenspray ist hochentzündlich und stark reizend, deshalb nur in Ausnahmefällen einsetzen.
- Bei Backöfen mit der Innenausstattung Glatt-Emaille wird die Reinigung erleichtert, da die Oberfläche des Innenraums so glatt ist, dass die Verschmutzungen nicht fest anhaften, sondern leicht mit einem feuchten Tuch beseitigt werden können (Herstellerangaben beachten).

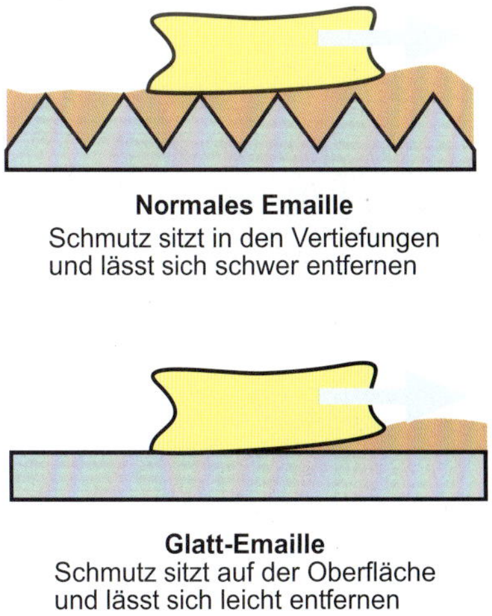

Glatt-Emaille

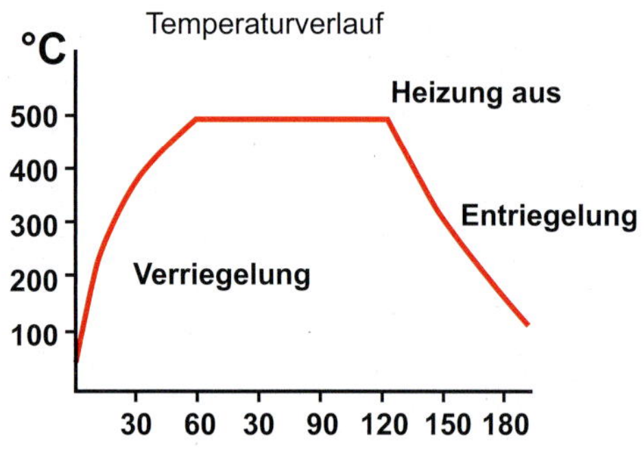

Selbstreinigung

17.1.3 Selbstreinigende Backöfen

Katalytische Selbstreinigung
Die Flächen sind mit einer besonderen Beschichtung (Spezialemaille) ausgestattet, in die chemische Stoffe, genannt Katalysatoren, eingelagert sind.
Folge: Während des Backens und Bratens werden die Verschmutzungen chemisch umgewandelt. Die Flächen müssen nicht gereinigt werden.

Pyrolytische Selbstreinigung
Eine Zusatzheizung erwärmt den Backofen auf 500 °C, die Verschmutzungen zersetzen sich durch die große Hitze. Nach ca. drei Stunden können die veraschten Rückstände mit einem feuchten Tuch ausgewischt werden. Backbleche und Backrost müssen vorher entfernt werden.

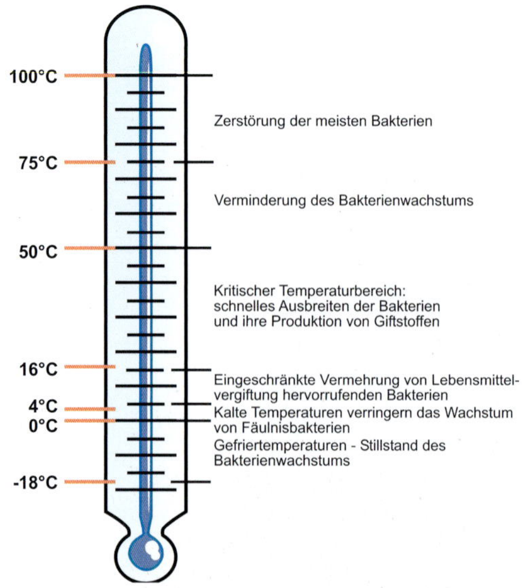

Bakterienthermometer

17.2 Kühl- und Gefriergeräte

Kühlen	Tiefkühlen
Kühlschrank Mehrzonen-Kühlgeräte Temp. 0 bis +14 °C	Gefriertruhe Gefrierschrank Tiefkühlzellen Temp. –6 bis – –35 °C

In den Kühl- und Gefriergeräten sind die Lebensmittel länger haltbar, weil die Vermehrung der krankheitserregenden und lebensmittelzersetzenden Organismen verzögert wird. Allerdings bleiben die Lebensmittel nur zeitlich begrenzt frisch.

Viele Kühlschränke verfügen im oberen Bereich über ein integriertes 4-Sterne-Gefrierfach. Dort können tiefgekühlte Lebensmittel gelagert werden.

Sterne-Gefrierfach
4 Sterne
< –18 °C
Lebensmittel können eingefroren werden und sind mehrere Monate haltbar

Mehrzonen-Kühlgeräte bieten Fächer mit getrennt einstellbaren Temperaturen und unterschiedlicher Luftfeuchtigkeit.

- Kellerzone +8 °C bis +14 °C: für kälteempfindliche Lebensmittel wie Südfrüchte, Kartoffel, Tomaten.
- Kühlzone +2 °C bis +10 °C: entspricht dem Innenraum des herkömmlichen Kühlschranks
- Kaltlager 0 °C bis +3 °C feucht: für kälteunempfindliche, unverpackte pflanzliche Produkte.
- Kaltlager 0 °C bis +3 °C trocken: für verpackte tierische Produkte.

17.2.1 Reinigung der Kühlgeräte

Kühlschränke haben häufig eine automatische Abtauvorrichtung, sie müssen vor der Reinigung nicht abgetaut werden.

Mehrzonenkühlschrank

Reinigungsmittel	Arbeitsgeräte
– Spülmittel – Talkum	– Eimer – Mikrofasertuch – Trockentuch – kleine Bürste – Wattestäbchen – Transportwagen oder Tablett – Kühlbox – Staubsauger

Arbeitsablauf Kühlschrank reinigen:

- Kühlschrank reinigen
- Kühlschrank ausschalten, wenn möglich Netzstecker ausstecken
- Lebensmittel ausräumen, Haltbarkeit und Verpackung prüfen, evtl. aussortieren
- leicht verderbliche Lebensmittel kühl stellen (Kühlbox)
- Lüftungsgitter mit Staubsauger reinigen
- Glasböden, Gemüsefächer und Ablagefächer herausnehmen, mit Spülmittellösung reinigen, klar wischen, trocknen
- Tauwasserrinne säubern, Öffnung mit Wattestäbchen reinigen
- Kühlschrankinnenraum, Türränder, Dichtungsring mit Spülmittellösung reinigen, klar wischen, trocknen
- Türfront und Türgriff mit Spülmittellösung reinigen, trocknen
- Dichtungsring mit Talkum einreiben
- Glasböden, Gemüsefächer und Ablagefächer wieder anbringen
- Arbeitsergebnis kontrollieren
- Lebensmittel nach Temperaturzonen/Kühlzonen geordnet einräumen
- Netzstecker einstecken, Gerät einschalten
- Kühlschrankfunktionen kontrollieren
- Arbeitsplatz und Arbeitsgeräte reinigen, trocken aufbewahren

Tauwasserrinne

Obereres Fach	angebrochene und zubereitete Lebensmittel
Mittleres Fach	Milch und Milchprodukte wie Käse, Sahne, Joghurt etc.
Unteres Fach	Fleisch, Geflügel, Wurst
Obst- und Gemüsefach	Obst und Gemüse
Türfach	Eier, Butter, Getränke

Lagerung der Lebensmittel im Kühlschrank beachten

Maßnahmen zur Qualitätssicherung:
- Kühlschrank regelmäßig reinigen.
- Reste von verschütteten Lebensmitteln sofort entfernen.
- Abgekühlte Lebensmittel im Kühlschrank in geschlossenen Behältern oder gut verpackt lagern.
- Kühlschrank nicht überladen, Luft muss zwischen den Lebensmittel zirkulieren können.
- Kühlschrank nicht zu lange und nicht zu oft öffnen → hoher Energieverbrauch
- Tauwasserrinne nicht zustellen, Öffnung regelmäßig prüfen.
- Bei ausgeschaltetem Kühlschrank Tür einen Spalt geöffnet lassen, evtl. Tuch in Tür klemmen → Verhinderung der Schimmelbildung.

Gefrierschrank

17.2.2 Reinigung der Gefriergeräte

Gefriergeräte arbeiten mit Temperaturen im Minusbereich, das Wachstum der Mikroorganismen kommt zum Stillstand. Bei diesen Geräten ist der Eisansatz problematisch, weil er zu einem höheren Stromverbrauch führt. Deshalb müssen Gefriergeräte regelmäßig abgetaut und gereinigt werden.

Reinigungsmittel	Arbeitsgeräte
– Spülmittel – Talkum	– Metallschüsseln – Eimer – Reinigungstuch – Trockentuch – Handtücher oder größeres Gefäß – Holzspieß bei Bedarf – Transportwagen – Isoliermaterial

Metallschüsseln

Arbeitsablauf Gefrierschrank reinigen:

- zum Abtauen heißes Wasser bereiten
- Reinigungsmittel und Arbeitsgeräte bereitstellen
- Gefrierschrank ausschalten, Netzstecker ziehen
- Schubfächer mit Lebensmittel herausnehmen
- sofort mehrere Metallschüsseln mit heißem Wasser in den Gefrierschrank stellen, auf untersten Boden größeres Gefäß oder Handtücher geben, um das Abtauwasser aufzufangen
- Gefrierschrank schließen

- Gefriergut ausräumen, auf Haltbarkeit und Gefrierbrand prüfen, aussortieren
- Gefriergut in Isoliermaterial lagern und vor Wärme schützen
- Schubfächer reinigen, klar wischen, trocknen
- Metallschüsseln mit abgekühltem Wasser aus dem Gefrierschrank nehmen
- Innenraum mit Spülmittellösung reinigen, klar wischen, **gründlich** trocknen
- Gefrierschrank innen und Gummidichtung reinigen, **gründlich** trocknen
- Schranktüre außen reinigen und trocknen
- Dichtungsring mit Talkum einreiben
- Arbeitsergebnis kontrollieren
- Lebensmittel in Schubfächer einsortieren, in Gefrierschrank einschieben
- Netzstecker einstecken, Gerät einschalten (Super-Taste)
- Arbeitsplatz und Arbeitsgeräte reinigen, trocken aufbewahren.

Isoliermaterial

Gefrierschränke und Gefriertruhen können mit einem automatischen Abtausystem „**No-Frost-System**" ausgestattet sein. Das Abtauen entfällt bei diesen Geräten, eine Reinigung muss trotzdem regelmäßig durchgeführt werden. Diese Geräte haben einen höheren Energieverbrauch.

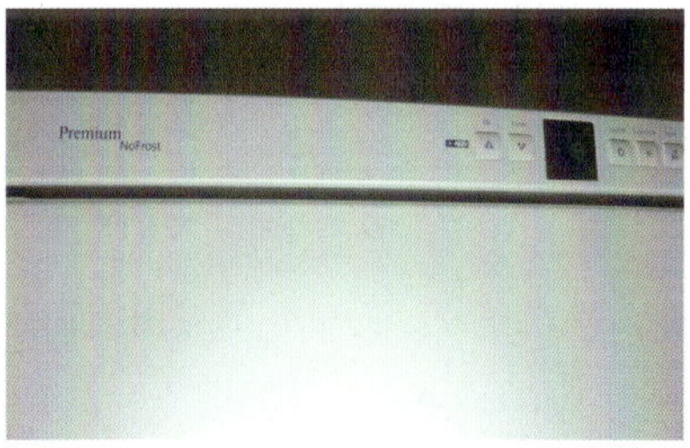

No-Frost-Gerät

Bei Geräten, die mit dem „**Low-Frost-System**" ausgestattet sind, wird die Vereisung im Innenraum ohne zusätzliche Energie verzögert.

Maßnahmen zur Qualitätssicherung:

- Gefriergut zu flacher Packung einschweißen, so wird ein schnelles Einfrieren und Auftauen ermöglicht.
- Lebensmittel nie unverpackt einfrieren. Die Verpackung schützt vor Austrocknung sowie vor Geruchs- und Geschmacksübertragung.
- Gefrierschrank in der kalten Jahreszeit reinigen oder wenn er wenig befüllt ist.
- Mit zunehmendem Reifansatz (Eisstärke) erhöht sich der Stromverbrauch.
- Arbeitsablauf Gefrierschrank reinigen entspricht dem Ablauf der Gefriertruhenreinigung.

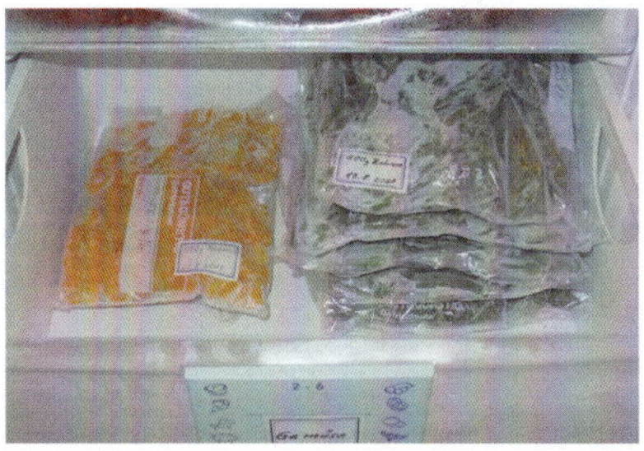

flaches Gefriergut

Salz mit Einfülltrichter in den Vorratsbehälter füllen

Klarspüler rechtzeitig nachfüllen

Kleine, leichte und empfindliche Teile im oberen Geschirrkorb einordnen

17.3 Geschirrspülmaschine reinigen und pflegen

Eine große Arbeitserleichterung im Haushalt ist die Geschirrspülmaschine. Ohne eine fachgerechte Bedienung und regelmäßige Pflege ist das Spülergebnis schlecht und die Lebensdauer des Gerätes wird herabgesetzt.

17.3.1 Aufbau der Geschirrspülmaschine

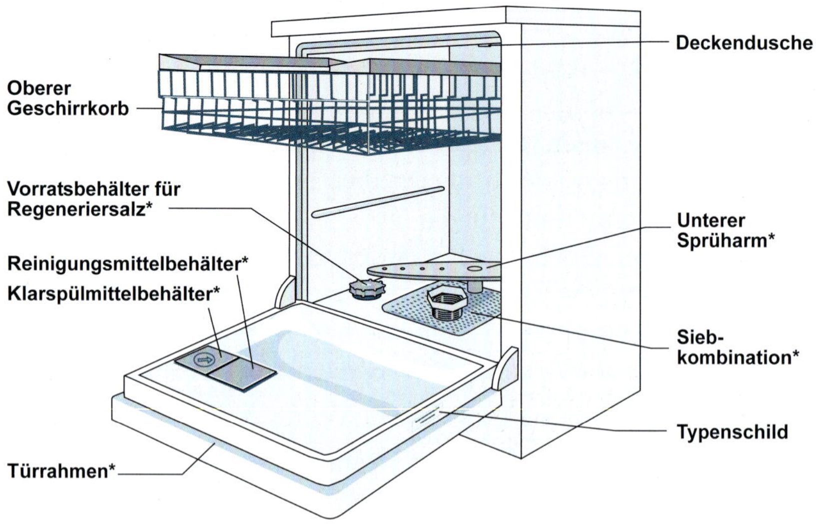

* Kritische Stellen regelmäßig kontrollieren, nachfüllen bzw. reinigen

17.3.2 Bedienungsregeln

- Grobe oder leicht anhaftende Speisereste auf dem Geschirr vor dem Einräumen entfernen.
- Auf ein Vorspülen bei Haushaltsmaschinen verzichten.
- Besteck unsortiert mit den Griffen nach unten in den Besteckkorb geben.
- Leichte Teile in oberen Geschirrkorb geben.
- Einzelne Geschirrteile dürfen sich nicht berühren.
- Sprüharme müssen bewegungsfrei sein.
- Geschirr-Reiniger-Pulver genau dosieren; bei Unterdosierung können fetthaltige Verschmutzungen im Innenraum entstehen.
- Nur voll beladen in Betrieb nehmen.

17.3.3 Programmablauf

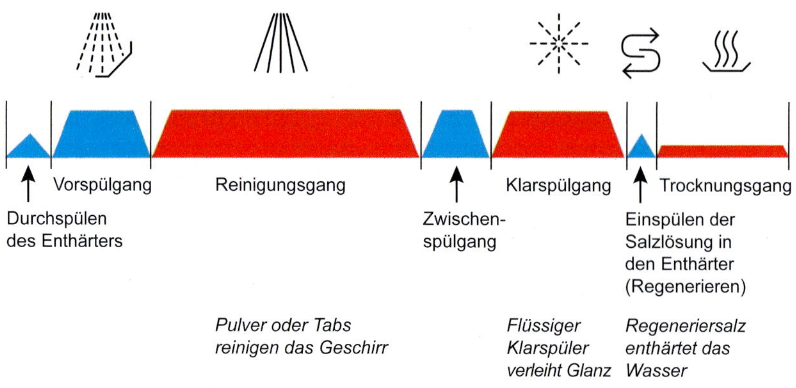

17.3.4 Reinigung und Pflege der Geschirrspülmaschine

Der Innenraum der Geschirrspülmaschine wird bei jedem Spülgang gereinigt. Trotzdem sollten in bestimmten Zeitabständen folgende Reinigungs- und Pflegearbeiten durchgeführt werden.

- Siebe im Spülraum reinigen:
  Siebkombination entriegeln, herausnehmen, groben Schmutz entfernen, unter fließendem Wasser reinigen, eventuell Spülbürste verwenden.
- Sprüharme reinigen:
  Speisereste können sich in den Düsen und der Lagerung der Sprüharme festsetzen. Deshalb Sprüharme bei Bedarf entfernen, mit Holzspieß reinigen.
- Türdichtungen und Tür reinigen:
  Türdichtungen feucht abwischen, mit Talkum pflegen. Türscharniere mit kleiner Bürste reinigen. Türrahmen, Türinnen- und Türaußenseite mit Reinigerlösung und Mikrofasertuch gründlich reinigen, trocknen.

Siebkombination herausnehmen

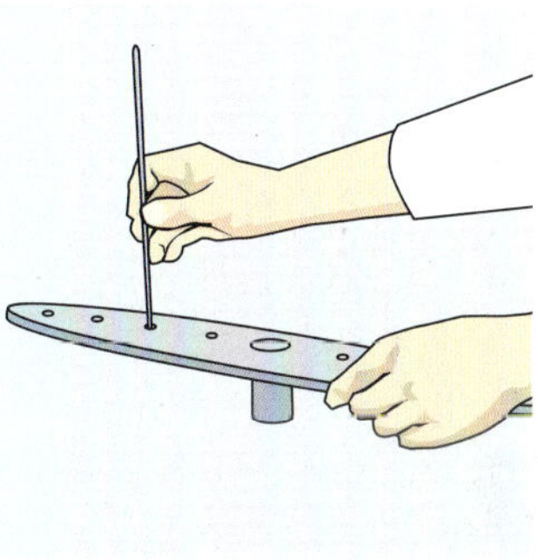

Sprüharm reinigen

Maßnahmen zur Qualitätssicherung:

- Reiniger-Tabs mit verschiedenen Zusätzen(z. B. 5 in 1) nur bei neueren Maschinen verwenden.
- Etiketten auf Gläsern vor dem Spülen entfernen, Klebstoff bleibt in der Siebkombination hängen.
- In die Geschirrspülmaschine gehören nicht Holzgegenstände, Aluminium ohne Oberflächenbehandlung, Porzellan mit Aufglasurdekor.
- Niedere Temperaturen sind für Gläser besser als hohe. Teure Gläser von Hand spülen.
- Heißes Geschirr ist stoßempfindlich! Deshalb erst herausnehmen, wenn es abgekühlt ist.
- Zuerst unteren Geschirrkorb, dann oberen Geschirrkorb ausräumen, so kann kein Restwasser auf das Spülgut tropfen.

Arbeitsaufträge:

1. Der Kühlschrank ist ein „Energiefresser". Halten Sie 5 Tipps zum Stromsparen schriftlich fest.
2. Das Geschirr ist nach dem Spülen in der Maschine nicht sauber. Nennen Sie mögliche Ursachen.
3. Informieren Sie sich im Internet unter www.aktionstag-nachhaltiges-waschen.de über nachhaltiges Spülen von Hand und mit der Maschine.

18 Fußbodenbeläge und deren Reinigung

18.1 Harte Fußbodenbeläge – Steinfußböden

Stein ist ein Naturmaterial. Er wird im Steinbruch abgebaut und zu Platten verarbeitet.

Eigenschaften:
- wasserfest
- tritthart
- schallleitend
- lange Nutzungsdauer
- fußkalt

Marmor

Terrazzo

Steinzeugfliesen

Je nach Bearbeitung unterscheidet man:

bruchraue Steine	polierte Steine
– Oberfläche rau, porös – empfindlich gegen Fette und Farbstoffe – hoher Kraftaufwand bei der manuellen Reinigung	– glatte Oberfläche – glänzend oder matt – empfindlich gegen Kratzer – leicht zu reinigen

Steinfußbodenarten

Naturstein	Kunststein	Gebrannter Kunststein
Abbau im Steinbruch	Zerkleinerte Natursteine in Zement gebunden	Keramischer Fußbodenbelag (vgl. Kap. 16.5)
z.B. Granit, Marmor, Jura	z.B. Terrazzo, Steinteppich, Waschbetonplatten	z.B. Steinzeugfliesen, Feinsteinzeugfliesen (glasiert u. unglasiert)

Reinigung von harten Fußbodenbelägen:

Reinigungsmittel	Reinigungsverfahren
– Allzweckreiniger – Alkoholreiniger	– Trockenreinigung – Feuchtreinigung – Nassreinigung

Maßnahmen zur Qualitätssicherung:
- Kalkhaltige Steinfußböden (Marmor, Solnhofener Platten, Travertin) nicht mit säurehaltigen Reinigern behandeln, da sich die Oberfläche auflöst.
- Für polierte Steine, glasierte und polierte Fliesen Alkoholreiniger verwenden. Wischpflegemittel hinterlassen einen unschönen Film.
- Unglasierte Fliesen nach Herstellerangaben mit Spezialmittel behandeln.

18.2 Elastische Fußbodenbeläge

Elastische Fußbodenbeläge	
Linoleum	Kunststoff/PVC

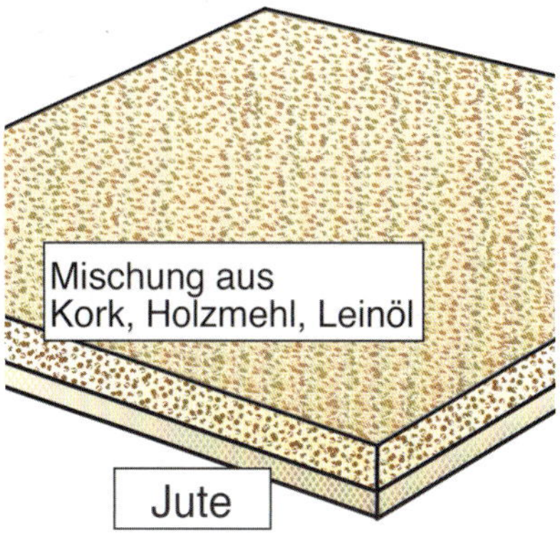

Aufbau Linoleumboden

Linoleum
Linoleum ist ein Naturprodukt. Es wird aus Kork, Holzmehl, Leinöl sowie Harzen und Farbpigmenten hergestellt. Die Mischung wird heiß auf Jutegewebe gewalzt und verfestigt. Häufig erhält die Oberfläche eine Polyurethan(PU)-Beschichtung, dadurch wird der Belag abriebfest und die Pflegeeigenschaften verbessern sich.

Eigenschaften:
- elastisch
- trittschalldämmend
- fußwarm
- strapazierfähig
- empfindlich gegen Seifen, Säuren und starke Mechanik

Reinigung von elastischen Fußbodenbelägen:
Reinigungsmittel und -verfahren für die Unterhaltsreinigung.

Reinigungsmittel	Reinigungsverfahren
– Allzweckreiniger – Neutralreiniger	– Trockenreinigung – Feuchtreinigung – Nassreinigung

Linoleum
Unterseite Jutegewebe

Zur Grundreinigung wird eine Scheibenmaschine mit hellem Pad eingesetzt. Pads mit starkem Abrieb rauen die Oberfläche auf; der Bodenbelag ist nicht mehr wasserfest. Anschließend wird ein Pflegefilm mit Bohnerwachs, Selbstglanzemulsion oder Wischpflegemittel aufgetragen.

Maßnahmen zur Qualitätssicherung:
- Stark alkalische Reiniger (z. B. Schmierseife) verursachen eine gelbe Verfärbung.
- Saure Reiniger schädigen den Bodenbelag.
- Vorsicht bei der Nassreinigung – Wandabschlüsse sind nicht wasserfest. Bei Nässe besteht die Gefahr, dass das Linoleum verrottet.

PVC-Belag

Kunststoff-/PVC-Belag
Kunststoffbeläge werden aus Kohle, Erdöl, Weichmachern, Füllstoffen und Farbpigmenten hergestellt (vgl. Kapitel Kunststoffe).

Eigenschaften:
- strapazierfähig
- elastisch
- pflegeleicht
- druckempfindlich
- wasserfest
- empfindlich gegen Lösungsmittel

Reinigung von Kunststoff-/PVC-Belag:

Unterhaltsreinigung

Reinigungsmittel	Reinigungsverfahren
– Allzweckreiniger – Neutralreiniger – Wischpflegemittel	– Trockenreinigung – Feuchtreinigung – Nassreinigung

Die Grundreinigung ist bei PVC-Bodenbelägen einfacher als bei Linoleum. Beim Einsatz von Scheibenmaschinen können Pads mit starkem Abrieb benutzt werden.

Schmelzstellen von glühenden Zigarettenkippen

Maßnahmen zur Qualitätssicherung:
- Saure Reinigungsmittel können Flecke hinterlassen.
- Lösungsmittelhaltige Reiniger beschädigen den Belag.
- Nicht mit Wachs behandeln – Fleckenbildung.
- Glühende Zigarettenkippen verursachen Schmelzstellen, die nicht mehr zu entfernen sind.
- Entsorgung ist sehr umweltbelastend.

Arbeitsaufträge:
1. Bestimmen Sie die Steinfußböden im Schulgebäude und auf dem Schulgelände. Fragen Sie Hausmeister/Facility Manager nach der Pflege dieser Steinfußböden.
2. Ihre Nachbarin behauptet, dass Linoleum ein Naturmaterial ist. Finden Sie heraus, ob diese Aussage stimmt und begründen Sie Ihre Meinung.
3. Besuchen Sie zusammen mit Ihrer Klasse ein Fachgeschäft für Fußbodenbeläge. Erkundigen Sie sich nach Qualität, Preis, Verwendung und Reinigung der PVC-Beläge.

18.3 Textile Fußbodenbeläge

Teppichboden, Teppiche, Läufer, Brücken zählen zu den textilen Fußbodenbelägen. Sie bestehen hauptsächlich aus textilen Fasern (s. S. 34 ff.) und lassen sich in Auslegeware und abgepasste Ware unterteilen.

Eigenschaften:

- fußwarm
- trittschallisolierend
- problematisch in der Hygiene
- leicht verschmutzend; bei der Unterhaltsreinigung keine rückstandslose Schmutzentfernung
- gute Wärmedämmung
- wohnliches Aussehen

Herstellungsarten

Webverfahren | Tufting-Verfahren | Nadelvlies

Webverfahren

Webteppichboden

Gewebe bestehen aus Kette und Schuss, die kreuzweise miteinander verbunden sind.

Tufting-Teppichboden

Mithilfe zahlreicher Nadeln wird Teppichgarn in eine Trägerschicht eingearbeitet. Dabei entstehen verschiedene Ausführungen: Schlingenflor (Bouclé), Schnittflor (Velours) und Schnittschlinge (Cut-Loop). Beim Schlingenflor wird das Garn so eingestickt, dass eine Schlinge entsteht, beim Velours wird diese dann aufgeschnitten und die Schnittschlinge ist eine Kombination aus Schlinge und Velours.

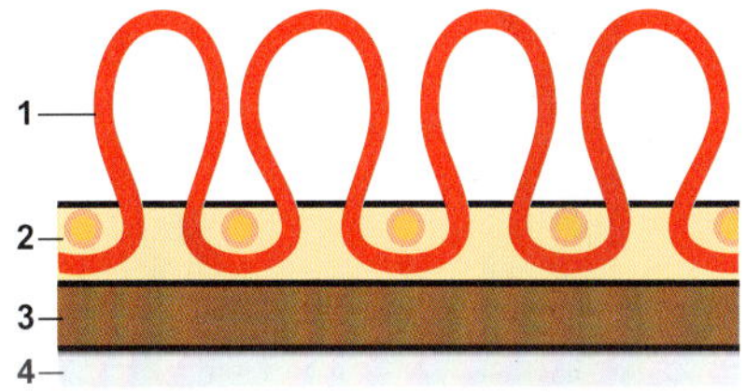

1 Nutzschicht 3 Rücken
2 Trägermaterial 4 Untergrund

Querschnitt durch einen Teppichboden Schlingenflor (geschlossene Schlinge)

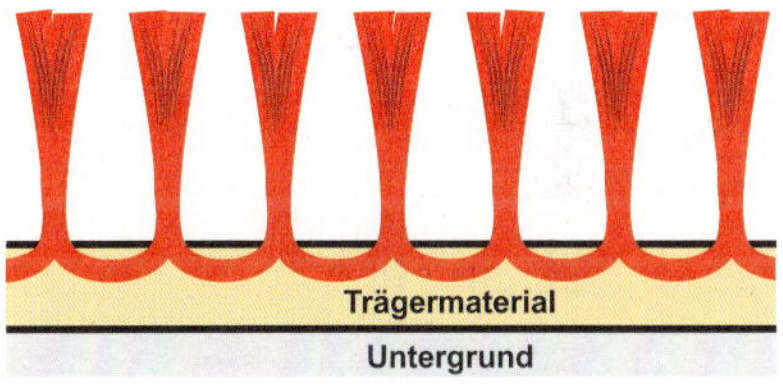

Schnittflor/Velours (offene Schlinge)

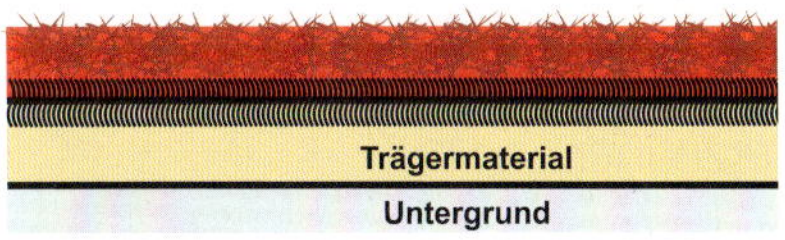

Nadelvlies

Unterhaltsreinigung	Grundreinigung
Staubsaugen, Bürstsaugen, Fleckentfernung	Shampoonierung, Sprühextraktion

Reinigung von textilen Fußbodenbelägen:

Reinigungsmittel	Arbeitsverfahren
– Wasser – Feinwaschmittel	– Trockenreinigung

Zur Unterhaltsreinigung genügt ein Saugen mit dem Bürst- oder Klopfsauger. Bei höherem Flor (hohe Schlingen) sollte eine glatte Düse verwendet werden. Die meisten Flecke kann man mit (Mineral-)Wasser entfernen. Vorher sollte geprüft werden, ob der Belag Nässe verträgt. Für hartnäckige Flecke kann im Privathaushalt Feinwaschmittelschaum verwendet werden. Man trägt ihn mit einem weichen Tuch auf und massiert ihn vorsichtig in das Gewebe ein.

Bürstsaugen

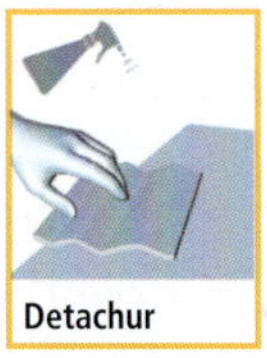

Spezialmittel Detachur

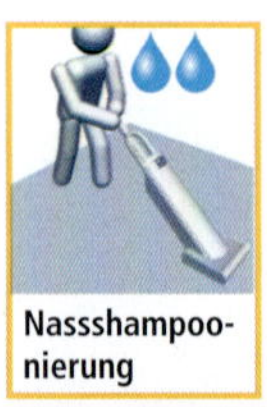

Scheibenmaschine mit Schaumerzeuger

Sprühextraktionsgerät

Fleckentfernung (Detachur)
Im Großhaushalt nennt man die Fleckentfernung Detachur.
Die wasserlöslichen Flecken werden mit der Faserpadmethode entfernt. Eine Scheibenmaschine mit Mikrofaserpads bearbeitet nur mit Wasser (ohne Reinigerlösung) die Flecken. Kleinere Stellen können auch von Hand mit dem Hand-Faserpad oder dem Mikrofaser-Handschuh entfernt werden. Für wasserunlösliche Flecken (Kugelschreiber, Schuhcreme Teer, Kaugummi, Rost) gibt es Spezialmittel. Sie werden nach Gebrauchsanweisung aufgetragen.

Shampoonierung

Reinigungsmittel	Arbeitsgeräte
– Teppichshampoo	– Bürstsauger – Scheibenmaschine mit Schaumerzeuger

Arbeitsablauf:

- Belag mit Bürstsauger entstauben
- Teppichschaum an den Rändern und den erreichbaren Stellen von Hand einarbeiten
- zwei Bahnen Shampoo mit der Scheibenmaschine auftragen, Shampoozufuhr unterbrechen
- Teppichschaum mit überlappenden Kreisbewegungen in den Belag einarbeiten
- Shampooreste und Schmutz nach dem Trocknen mit dem Bürstsauger absaugen

Sprühextraktion

Reinigungsmittel	Arbeitsgeräte
– Sprühextraktionsreiniger	– Bürstsauger – Sprühextraktionsgerät

Arbeitsablauf:

- Belag mit Staub- oder Bürstsauger entstauben
- Reinigungsmittel nach Dosieranleitung verdünnen und in den Frischwasserbehälter geben
- Pump- und Saugmotor anschalten
- Reinigerlösung bahnenweise auf den Boden sprühen
- Belag mit dem Sprühextraktionsgerät bearbeiten, die Arbeitsperson muss dabei rückwärts gehen
- Vorgang ohne Reinigerlösung wiederholen, das Mittel wird zusammen mit dem gelösten Schmutz aufgesaugt und in den Schmutzwasserbehälter geleitet
- Belag trocknen lassen

Maßnahmen zu Qualitätssicherung:

- Flecken sofort behandeln!
- 90 % der Flecken lassen sich mit Wasser entfernen.
- Reinigungsmittel vollkommen aus dem Flor entfernen, damit es nicht zu einer beschleunigten Wiederanschmutzung kommt.
- Die Bürstwalze des Bürstsaugers regelmäßig auf Abnutzung und Verschmutzung durch Haare und Flusen kontrollieren.
- Teppich nicht in feuchtem Zustand betreten.
- Während der Grundreinigung Räume gut lüften.
- Für Allergiker sind textile Fußböden nicht geeignet, da der Feinschmutz nicht restlos entfernt werden kann.
- Filtersysteme regelmäßig kontrollieren.

18.4 Holzfußboden

Holzfußböden sind ein Naturmaterial. Die Oberfläche ist meistens mit einer lackähnlichen Schutzschicht überzogen (versiegelt), gewachst oder geölt. Dadurch ist die Reinigung und Pflege nicht mehr so aufwendig. Die Holzfußböden erfreuen sich einer zunehmenden Beliebtheit.

Eigenschaften:

- schönes, wohnliches Aussehen
- pflegeleicht
- lange Haltbarkeit
- empfindlich gegen Stoß, Kratzer
- empfindlich gegen Nässe
- Kork ist fußwarm, trittschalldämmend, elastisch

Parkettboden

Holzfußbodenarten

Parkett | Dielen | Kork | Laminat

Parkettboden
Vollholzelemente oder eine Verbindung von Holz und Holzwerkstoffen, die auf dem Untergrund verklebt werden.
Oberflächenbehandlung: versiegelt, geölt oder gewachst

Dielenboden

Dielenboden
Raumlange Bretter, die auf den Untergrund genagelt werden.
Oberflächenbehandlung: gewachst, versiegelt, geölt

Korkfußboden

Kork
Kork wird aus der Borke der Korkeiche gewonnen. Korkplatten bestehen aus Korkschrot, das mit Bindemitteln zu Blöcken gepresst, in Platten geschnitten und ggf. gefärbt wird.
Kork ist empfindlich gegen starke Mechanik und gegen Nässe.
Oberflächenbehandlung: versiegelt, gewachst, geölt oder mit PVC beschichtet

Laminatboden

Laminat
Laminat besteht aus Pressspanplatten, die mit einer speziellen Kunstharzbeschichtung versehen sind. Oft sieht die Oberfläche dem Holz ähnlich.
Oberflächenbehandlung: versiegelt

Reinigung von Parkett, Dielenböden, Kork:

Reinigungsmittel	Arbeitsverfahren
– Allzweckreiniger	– Trockenreinigung – Feuchtwischverfahren – Pflegen nach Anweisung des Herstellers

Reinigung von Laminat:

Reinigungsmittel	Arbeitsverfahren
– Allzweckreiniger – Alkoholreiniger – Wischpflegemittel	– Trockenreinigung – Feuchtwischverfahren (nebelfeucht)

Holz mit Brandflecken

Maßnahmen zur Qualitätssicherung:
- Holzfußböden nie nass reinigen.
- Durch Teppiche und Läufer kann der Holzfußboden vor Kratzern geschützt werden.
- Umgeworfene brennende Kerzen, glimmende Zigarettenkippen hinterlassen Brandflecken – Brandgefahr!
- Keine Scheuermittel und kratzenden Gegenstände für behandeltes Holz verwenden.
- Keine heißen Gegenstände auf Holz abstellen.

Arbeitsauftrag:
Erkundigen Sie sich nach den Fußbodenbelägen in Ihrem Betrieb. Fertigen Sie eine Tabelle an, in der Sie die Fußbodenarten, Behandlungsmittel, Reinigungsgeräte und Reinigungsverfahren auflisten. Vergleichen Sie die Ergebnisse mit denen Ihrer Mitschülerinnen und Mitschüler.

18.5 Übersicht zur Reinigung von Bodenbelägen

Bodenbelag	Reinigen	Reinigungsmittel	Pflegen
polierte Steinböden, glasierte Fliesen	Kehren, Staub saugen, feucht wischen, nass wischen	Allzweckreiniger, Neutralreiniger, nie Scheuermittel verwenden!	Wegen Rutschgefahr nie mit Bohnerwachs bearbeiten!
bruchraue Steine, unglasierte Fliesen	Kehren, Staub saugen, feucht wischen, nass wischen	Allzweckreiniger, Alkoholreiniger, Seifenreiniger, nie saure Reiniger verwenden!	Wachsfreie Wischpflegemittel, Spezial-Steinpflegemittel
Linoleum	Kehren, Staub saugen, feucht wischen	Allzweckreiniger, Neutralreiniger	Wachshaltige Wischpflegemittel, Hartflüssigwachs (dünn auftragen), Selbstglanz-Emulsionen
Kork, versiegelt	Kehren, Staub saugen, feucht wischen	Allzweckreiniger, Neutralreiniger, Korkwisch- und Pflegemittel	Wischpflegemittel mit wasserlöslichen Polymeren je nach Oberflächenbehandlung
PVC	Kehren, Staub saugen, feucht wischen, nass wischen	Allzweckreiniger, Neutralreiniger, Alkoholreiniger, nie Lösemittel verwenden, nie Scheuermittel verwenden!	**Pflege in der Regel unnötig!** Wischpflegemittel mit wasserlöslichen Kunst–stoffen, Wischglanzmittel, Selbstglanz-Emulsion
Parkett, versiegelt	Kehren, Staub saugen, feucht wischen	Allzweckreiniger, Neutralreiniger	Parkettpflegemittel, Selbstglanz-Emulsionen
Dielen	Kehren, Staub saugen, feucht wischen	Allzweckreiniger, Neutralreiniger, nie Scheuermittel verwenden!	Wachs, wachshaltige Wischpflegemittel (als Oberflächenschutz)
Laminat	Kehren, Staub saugen, nebelfeucht wischen	Allzweckreiniger, Neutralreiniger, Alkoholreiniger, Laminatreiniger	**Pflege in der Regel unnötig!** Wischpflegemittel mit wasserlöslichen Kunststoffen
Textile Bodenbeläge	Staub saugen, Shampoonieren, Sprühextrahieren	Teppichschaum, Sprühextraktionsmittel	

19 Reinigung und Pflege von Räumen

19.1 Fensterreinigung

Fenster müssen regelmäßig gereinigt werden, denn starker Schmutz kann das Glas zerstören. Es wird matt und stumpf.

Reinigungsmittel	Arbeitsgeräte
– Allzweckreiniger – Glasreiniger	– kleiner Eimer – Reinigungstuch – Trockentuch – Handfeger und Kehrschaufel – Einwascher – Abzieher – Teleskopstange – Fensterklinge – Fensterleder – Poliertücher – standfeste Trittleiter

Fensterbank und Fensterrahmen reinigen

Glasfläche einwaschen

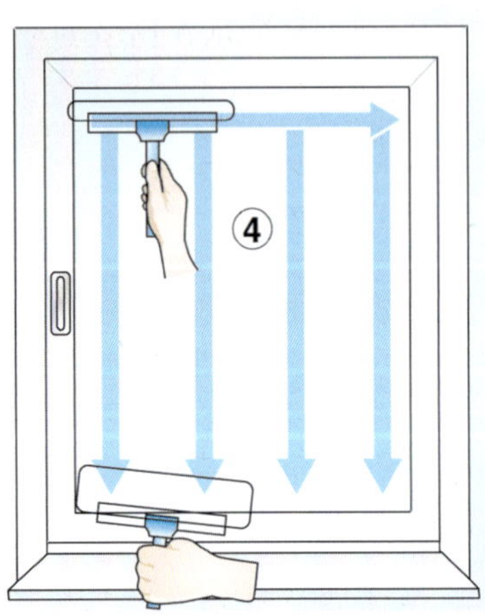

Glasfläche abziehen

Arbeitsablauf:

- Reinigungsmittel und -geräte bereitstellen
- Gardinen zur Seite ziehen oder abhängen
- Fensterbänke abräumen
- Fensterbänke innen und außen abkehren, Spinnweben entfernen (1)
- Fensterrahmen innen und außen und Fensterbank außen mit Reinigerlösung abwischen, anschließend trocken reiben. Wasser erneuern oder zwei Eimer verwenden (2)
- Fensterscheiben innen und außen mit dem Einwascher reinigen (3)
- Reinigerlösung mit Abzieher entfernen, die Bahnen sollen sich dabei überlappen (4)
- herunterlaufendes Wasser mit dem Einwascher auffangen
- Abzieher nach jeder Bahn an feuchtem Tuch abwischen

- Polier-, Leinentuch oder Fensterleder keilförmig falten, restliche Wasserflecken aufnehmen (5)
- Fensterbank innen abwischen und trocken reiben (6)
- Arbeitsergebnis kontrollieren
- Gegenstände wieder auf Fensterbänke stellen, Gardinen ausrichten
- Arbeitsgeräte reinigen und trocken aufbewahren

Restfeuchte entfernen

Keilform

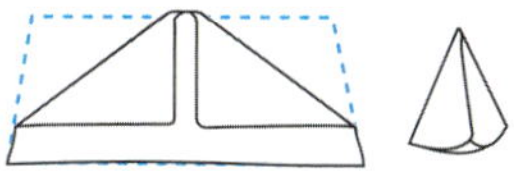

Maßnahmen zur Qualitätssicherung:

- Wasserempfindliche Fußböden vor der Reinigung im Bereich der Fenster abdecken.
- Zum Polieren kein Zeitungspapier verwenden.
- Gummilippen von Zeit zu Zeit erneuern, da die Abziehkante spröde wird.
- Fenster nie reinigen, wenn die Sonne darauf scheint. Durch die Sonnenstrahlen läuft das Glas blau an.
- Keinen Spiritus verwenden, da er leicht entflammbar ist.
- Bei mehreren Fenstern Serienarbeit anwenden: Zuerst alle Fenster innen, dann anschließend außen reinigen. Mit frischer Reinigerlösung Glasscheiben reinigen.
- Auf Sicherheit achten. Für hohe Fenster Teleskopstange oder Trittleiter verwenden.
- Abends und auch bei starken Regengüssen ggf. Rollläden herunterlassen. Das erspart Reinigungsarbeit und verhindert Wärmeverlust.

Reinigung mit Teleskopstange

Arbeitsauftrag:

Fenster werden im Privathaushalt oft anders gereinigt als in diesem Kapitel beschrieben.
Reinigen Sie ein Fenster so, wie Sie es zu Hause durchführen, ein Fenster nach der Methode Ihres Ausbildungsbetriebes und ein Fenster nach der beschriebenen Methode.
Ermitteln Sie die Zeit und vergleichen Sie die Reinigungsergebnisse.

19.2 Türreinigung

Tür

Reinigungsmittel	Arbeitsgeräte
– Allzweckreiniger – Möbelpolitur	– Reinigungswagen mit kleinem Eimer – Mikrofasertuch – Staubwedel – Tritthocker für große Türen

Unterhaltsreinigung

Arbeitshinweise:
Wie oft Türen eine Reinigung benötigen, hängt vom Verschmutzungsgrad ab (Häufigkeit der Türbenutzung, Kleinkinder in der Familie …).
Bei leichten Verschmutzungen genügt es, mit einem feuchten Tuch über die angeschmutzten Stellen zu gehen.
Loser Feinschmutz kann mit dem Staubwedel entfernt werden.

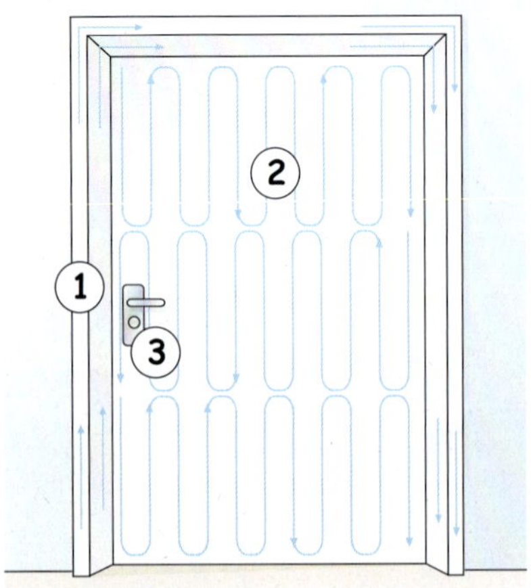

(1) Türrahmen
(2) Türblatt
(3) Türklinke

Arbeitsablauf Türreinigung

Grundreinigung

Arbeitsablauf:

- alle Arbeitsmittel und -geräte bereitstellen
- bei geöffneter Tür Türrahmen (Türfutter und Türzargen) mit Mikrofasertuch nebelfeucht reinigen (1)
- Türfalz oben und seitlich abwischen Türblatt innen und außen schlangenförmig von oben nach unten reinigen; dabei die Faserrichtung beachten (2)
- Türklinke, Türgriff, Türschild, Beschläge, Scharniere reinigen und bei Bedarf mit Metallpflegemittel behandeln (3)
- Arbeitsergebnis kontrollieren
- Arbeitsgeräte reinigen, trocknen, aufbewahren

19.3 Schrankreinigung

Schränke können aus Kunststoff, Pressspanplatten mit Kunststoffüberzug, furniertem Holz, Massivholz oder Metall hergestellt sein. Im Wohnbereich ist die Oberfläche der Schränke meistens aus Holz oder mit einem Kunststoffüberzug versehen.

Kleiderschrank

Reinigungsmittel	Arbeitsgeräte
– Neutralreiniger	– Staubtuch – Mikrofasertuch – Eimer – kleine Bürste, z. B. für Scharniere – Trockentuch – Staubsauger

Unterhaltsreinigung eines Kleiderschranks, Oberfläche furniertes Holz

Arbeitshinweise:
Tür des Schrankes regelmäßig mit Staubtuch oder feuchtem Mikrofasertuch entstauben.
Griffspuren an der Tür mit feuchtem Tuch entfernen.

Grundreinigung eines Kleiderschranks, Oberfläche furniertes Holz

Arbeitsablauf:

- Schrank ausräumen
- Oberbekleidung auf Bügeln nach Möglichkeit im Freien lüften
- Bekleidung für Reinigung, Kleidersammlung aussortieren
- losen Schmutz mit Staubsauger entfernen
- Einlegeböden entfernen und feucht reinigen, trocknen
- Schrankinnenseiten mit feuchtem Reinigungstuch in der Reihenfolge 1–7 bearbeiten: Rechte Seitenwand, Rückwand, linke Seitenwand, Oberseite, Bodenfläche, Scharniere, Schranktür innen
- Schrankflächen außen in der gleichen Reihenfolge wie innen reinigen
- Griffleisten materialgerecht reinigen
- Schubladen entleeren und reinigen, Fugendüse benutzen (8)
- Schrankinhalt einräumen, Sauberkeit der Gegenstände kontrollieren
- Arbeitsergebnis kontrollieren
- Arbeitsgeräte reinigen, trocknen und aufbewahren

Arbeitsablauf Kleiderschrankgrundreinigung

Maßnahmen zur Qualitätssicherung:

- Schränke aus Holz nie nass reinigen (s. S. 129).
- Schränke aus Kunststoff sind weniger empfindlich gegen Nässe und können mit feuchtem Tuch gereinigt werden.
- Flecken nicht mit Scheuermittel entfernen. Bei Massivmöbeln Hinweise des Herstellers beachten.
- Auf Möbelpflegemittel verzichten. Sie hinterlassen eine Fettschicht, die den Staub bindet.
- Reihenfolge der Arbeitsschritte einhalten – Kräfte sparen.
- Schranksockel nicht vergessen.
- Bei Feuchtreinigung Schränke nicht sofort einräumen, sondern bei geöffneter Tür trocknen lassen.
- Geöffnete Schranktüren nicht als Kleiderhaken benutzen, sie verziehen sich.

Schranktür nicht als Kleiderhaken benutzen

Nassreinigung verboten

19.4 Reinigung von Bewohnerzimmern

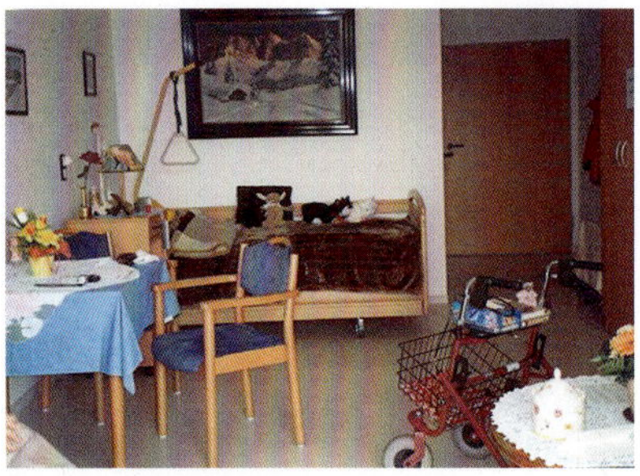

Bewohnerzimmer

Wohnzimmer, Schlafzimmer, Kinderzimmer, Arbeitszimmer, Esszimmer gehören zum Wohn- und Schlafbereich. Sie werden von den Bewohnern täglich benutzt und müssen deshalb laufend gereinigt und gepflegt werden. Die Häufigkeit der Reinigung hängt ab von der Personenzahl, Alter und Beruf der Bewohner. Z. B. Kleinkinder verschmutzen den Wohnbereich mehr als ein kinderloses, berufstätiges Ehepaar.

Regelmäßig sollten folgende Reinigungsarbeiten in einem Bewohnerzimmer eines Seniorenheims durchgeführt werden:

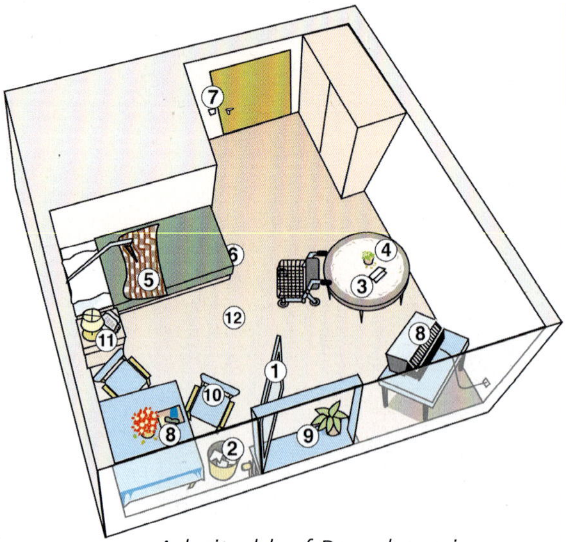

Arbeitsablauf Bewohnerzimmerreinigung

Arbeitsablauf:

- Raum lüften, Heizung ausschalten (1)
- Abfallbehälter leeren, neuen Folienbeutel einlegen (2)
- umherliegende Gegenstände aufräumen (3)
- Zimmerpflanzen und Schnittblumen versorgen (4)
- Betten richten (5)
- Spinnweben entfernen, Ecken und Leisten kontrollieren (6)
- Türgriffe reinigen (7)
- sichtbare Verschmutzungen entfernen von:
  Telefon, Fernseher (8)
  Fensterbänken (9)
  Sitzmöbeln, Schrank, Nachttisch (10)
  horizontalen Flächen (11)
- Fußbodenbelag reinigen (12)
- Arbeitsergebnis kontrollieren

Grundreinigung
Alle beweglichen Gegenstände gründlich reinigen und aus dem Zimmer nehmen.

Arbeitsablauf:

- Vorhänge, Gardinen abnehmen, reinigen
- Decke mit Breitwischgerät je nach Material trocken oder feucht reinigen
- Lampen und Lichtschalter reinigen
- Wände je nach Material trocken oder feucht reinigen
- Fenster, Türen, Heizkörper reinigen
- Fußboden reinigen und pflegen
- Arbeitsergebnis kontrollieren
- Arbeitsgeräte reinigen, trocknen und zusammen mit den Arbeitsmitteln aufbewahren

Maßnahmen zur Qualitätssicherung:
- Von oben nach unten arbeiten, d. h. mit der Decke beginnen und zuletzt den Fußboden reinigen.
- Rechts neben der Tür beginnen, im Kreis nach links arbeiten.
- Horizontale (waagerechte) Flächen häufiger reinigen als vertikale (senkrechte) Flächen.
- Möbelstücke vor der Fußbodenreinigung zur Seite schieben.
- Bettwäsche nach zwei bis drei Wochen wechseln.

Nasszelle Seniorenheim

19.5 Reinigung von Sanitärräumen

Waschräume, Bäder, Duschen, Toiletten gehören zu den Sanitärräumen. Sie bieten ideale Lebensbedingungen für Mikroorganismen (Feuchtigkeit, Wärme und Nährstoffe in Form von Schmutz). Sanitärräume müssen deshalb regelmäßig gründlich gereinigt werden.

Die Häufigkeit der Reinigung hängt ab von der Personenzahl, dem Alter, der Berufsgruppe, die diese Räume nutzt. Viele Sanitäranlagen werden täglich gereinigt, manche auch mehrmals täglich, wie z.B. öffentliche Toiletten.

Waschbeckenreinigung

Reinigung der sanitären Einrichtungsgegenstände

Waschbecken

Reinigungsmittel	Arbeitsgeräte
– kalklösender Sanitärreiniger – Rohrreiniger	– gelbes Mikrofasertuch – gelbes Trockentuch – Saugglocke

Waschbecken und Armaturen werden nass gereinigt. Es sollen Kalkablagerungen und Seifenreste entfernt werden.

Dabei ist unbedingt auf eine ergonomisch günstige Körperhaltung zu achten (Knie gebeugt, Rücken gerade, leicht abstützende Hand) (s. a. S. 2ff.).

Anwendung der Saugglocke

Tägliche Unterhaltsreinigung
Losen Schmutz (z. B. Haare) abspülen, Becken Armaturen innen und außen mit gelbem Mikrofasertuch ohne Reinigungsmittel reinigen; Tuch auswaschen, wringen, Waschbecken und Armaturen mit ausgewrungenem Tuch trocknen.

Wöchentliche Unterhaltsreinigung
Arbeitsablauf wie bei der täglichen Reinigung, jedoch Sanitärreiniger bei der Arbeit verwenden. Umliegende Wände und Fliesen mit Sanitärreiniger abwischen, trocknen.

Grundreinigung
Wasserhahnsieb abschrauben und in Kalklöser legen. Ablauf mit Stöpsel und Lüftungsschlitz gründlich reinigen (eventuell mit Dampfreiniger-Turbodüse). Bei Rohrverstopfungen zunächst mit Saugglocke Verunreinigungen entfernen. Siphon öffnen und reinigen. Nur bei hartnäckigen Verstopfungen Rohrreiniger nach Gebrauchsanweisung verwenden.

Reinigung von WC und Urinalen:

Reinigungsmittel	Arbeitsgeräte
– WC-Reiniger – Neutralreiniger	– rotes Mikrofasertuch – Toilettenbürste – rotes Trockentuch

WC-Reinigung

Toilettenschüsseln, WC-Brillen, Spülkasten und Urinale werden nass gereinigt. Spülung bei Toiletten und Urinale betätigen. WC-Reiniger auf Toilettenschüsseln, Urinalen, unter den Spülrand und auf die umliegenden Fliesen auftragen, mindestens 5 Minuten einwirken lassen. Toilettenschüsseln und Urinale von innen mit Bürste reinigen, spülen, Spülkästen, beide Seiten von Deckel und Sitz, Toilettenschüssel und Urinale außen mit rotem Tuch abwischen. Umliegende Wände und Fliesen mit rotem Tuch reinigen, trocknen. Alle Tücher anschließend zur Wäsche geben!

Geflieste Wände

Reinigungsmittel	Arbeitsgeräte
– kalklösender Sanitärreiniger – Neutralreiniger	– gelbes Mikrofasertuch – Einwascher – Fliesenabzieher

Reinigerlösung mit dem Einwascher auftragen, einwirken lassen, mit klarem Wasser abbrausen oder abwischen. Mit dem Fliesenabzieher wie bei der Fensterreinigung verfahren. Restliche Feuchte mit dem Mikrofasertuch entfernen. In stark verschmutzten Sanitärräumen kann bei nässeunempfindlichem Material der Hochdruckreiniger eingesetzt werden.

Reinigung von gefliesten Wänden

Unterhaltsreinigung einer Nasszelle im Seniorenheim

Reinigungsmittel	Arbeitsgeräte und Hilfsmittel
– Neutralreiniger – kalklösender Sanitärreiniger – WC-Reiniger	– rotes und gelbes Mikrofasertuch – rotes und gelbes Trockentuch – Breitwischgerät – Eimer mit Presse – Folien- und Hygienebeutel – Toilettenpapier – Handtücher, Seife

Arbeitsablauf:

- alle Arbeitsmittel, -geräte und Hilfsmittel bereitstellen
- Abfalleimer leeren, neuen Folienbeutel einlegen Hygienebehälter leeren, nass reinigen, Folienbeutel einlegen (1)
- Toilettenpapier, Seifen- und Handtuchspender, Hygienebeutel prüfen, bzw. nachfüllen (2)
- sichtbare Verschmutzungen mit gelbem Tuch entfernen von Türen, Türgriff, Lichtschalter (3)
  Spiegel und Glasregalen (4)
  Seifenspender, Handtuch-, Papierhalter (5)
  Waschbecken mit Armaturen(6)
  Wandfliesen im Spritzbereich (6)
  Armaturen von Duschen, Trennwänden
- Spülkasten, Toilette, Bidet, Urinal mit rotem Tuch reinigen und trocknen (7)
- Fußboden nass reinigen (8)
- Arbeitsergebnis kontrollieren
- Reinigungstücher und Wischbezüge zur Wäsche geben
- für nächstes Zimmer frische Reinigungstücher und Wischbezüge verwenden

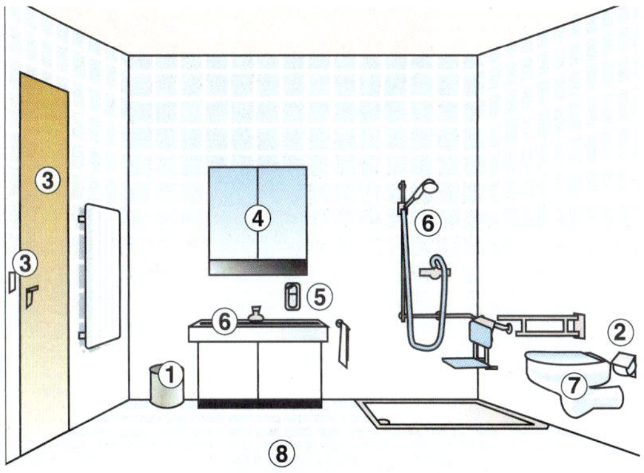

Nasszelle Seniorenheim
Arbeitsablauf Unterhaltsreinigung

Grundreinigung einer Nasszelle im Seniorenheim

Arbeitsablauf:

- alle Reinigungsmittel, Arbeitsgeräte und Hilfsmittel der Unterhaltsreinigung bereitstellen
  Hinzu kommen:
  Hochdruckreiniger, Einwascher, Fliesenabzieher
- alle beweglichen Gegenstände reinigen und aus dem Zimmer nehmen
- Decke mit Breitwischgerät je nach Material trocken oder feucht reinigen
- Beleuchtung nebelfeucht reinigen
- Türen gründlich reinigen
- gesamte Wandfliesen mit Hochdruckreiniger nass reinigen, abziehen und mit Mikrofasertuch trocknen, oder mit Einwascher reinigen, abziehen und trocknen
- sanitäre Einrichtungsgegenstände reinigen
- Fußboden nass reinigen
- Arbeitsergebnis kontrollieren
- Nasszelle trocknen lassen, einräumen
- Reinigungstücher und Wischbezüge zur Wäsche geben
- Arbeitsmittel und Geräte reinigen und aufbewahren

Abflusssieb

Wasserhahn mit Grünspan

Maßnahmen zur Qualitätssicherung:

- Nichts in den Abfluss geben, was nicht hineingehört!
- Ein Sieb im Waschbecken beugt gegen Verstopfungen vor.
- Die Einwirkungsdauer der Entkalker muss beachtet werden.
- Regelmäßige Reinigung verhindert Verkalkungen.
- Sanitärreiniger nie mischen; es können giftige Gase entstehen.
- Verzicht auf Essigreiniger. An den Armaturen kann sich Grünspan bilden. Grünspan entsteht, wenn die Chrom-Nickel-Oberfläche der Armaturen beschädigt ist. Das Kupfer der Wasserrohre verbindet sich dann mit der Essigsäure. Grünspan ist sehr giftig.
- Im Privathaushalt auf Desinfektionsreiniger verzichten.
- Hochdruckreiniger zur Grundreinigung der Sanitärräume im Großhaushalt verwenden. Dampfreiniger nur in Privathaushalten einsetzen. Mit diesen Geräten wird der Schmutz in schwer zugänglichen Stellen, Ecken, Fugen Abflüssen entfernt.
- Die durchgeführten Reinigungsarbeiten werden im Reinigungsplan durch Unterschrift dokumentiert.

19.6 Arbeiten nach Reinigungsplänen

Der Reinigungsplan informiert in kurzer und übersichtlicher Darstellung, WANN, WO, WIE, WOMIT und durch WEN gereinigt werden soll. An diesen Plan müssen sich alle Mitarbeiter halten.

Die Reinigungspläne hängen in den betreffenden Arbeitsbereichen aus. Sie werden für jeden Betrieb individuell erstellt.

Erdgeschoss	Mitarbeiter: Frau Müller								
Wo?	Was? Wie?	Wann?							Womit?
Raum/Ort	**Reinigungsaufgabe**	**Wochentag**							**Arbeitsmittel**
		Mo	Di	Mi	Do	Fr	Sa	So	
Nasszellen	– Abfalleimer leeren	U	U	U	U	U	U	U	Folienbeutel einlegen
	– Toilettenpapier, Seifenspender, Hygienebeutel nachfüllen	S	S	S	S	S	S	S	Toilettenpapier, Flüssigseife, Hygienebeutel
	– Spiegel, Ablage, Oberkante Heizkörper		U			U			gelber Eimer gelbes Tuch
	– Türen, Türgriff	U			U				gelber Eimer gelbes Tuch
	– Waschbecken, Armaturen, Dusche, Fliesen im Spritzbereich, Handtuchhalter, Seifenspender feucht/nass reinigen	U	U	U	U	U	U	S	gelber Eimer gelbes Tuch
	– Spülkasten, WC-Objekt, Sitz, Deckel), WC-Bürste nass reinigen	U	U	U	U	U	U	S	roter Eimer rotes Tuch
	– Fußboden nass reinigen	U			U				gelber Eimer Breitwischgerät
	– Fußboden feucht reinigen		U	U		U	U	S	

Reinigungsplan für eine Unterhalts- und Sichtreinigung in einem Seniorenheim

U = Unterhaltsreinigung S = Sichtreinigung

20 Nähmaschinen

Entscheidend für die Auswahl einer Nähmaschine ist die Art der Verwendung, die Häufigkeit des Gebrauchs und die Fähigkeit der Bedienung.

20.1 Aufbau von Nähmaschinen

① Hauptschalter und Lichtschalter
② Handrad
③ Garnrollenstifte
④ Achse für Spulen
⑤ Einstellung Stichlänge
⑥ Einstellung Stichbreite
⑦ Einstellung der Fadenspannung
⑧ Nähfuß
⑨ Stichplatte

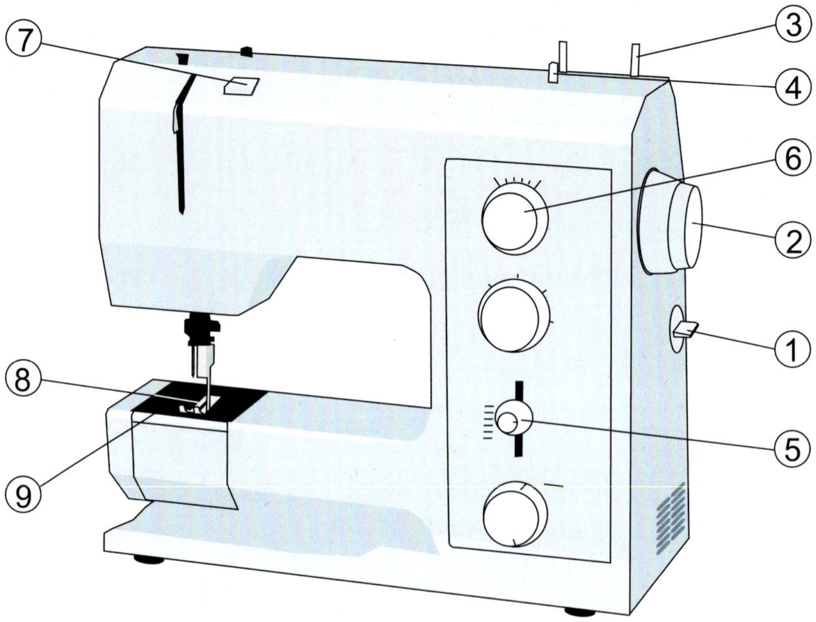

20.2 Nähmaschine zum Nähen vorbereiten

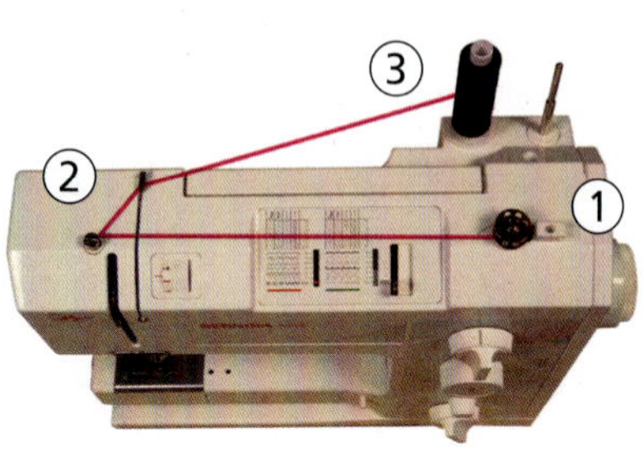

Unterfaden aufspulen

Unterfaden aufspulen

Arbeitsablauf:

- Nähwerk nach Bedienungsanleitung ausschalten, sonst läuft die Nadel beim Aufspulen mit
- leere Spule auf die Spulenvorrichtung stecken (1)
- Faden auf Garnrollenstift (3) stecken und um die Vorspannung (2) zur leeren Spule führen (1)
- Faden im Uhrzeigersinn mehrmals um die leere Spule wickeln
- Nähmaschine mit Fußanlasser (Pedal) in Bewegung setzen
- Faden in gleichmäßigem Tempo aufspulen

Spule einlegen, Spulenkapsel einsetzen

Arbeitsablauf:

- Spulenkapsel greifen
- Spule so einlegen, dass sich die Spule im Uhrzeigersinn dreht (1, 2)
- Faden durch den Schlitz führen und unter die Feder ziehen (3, 4)
- Spule dreht sich im Uhrzeigersinn (4)

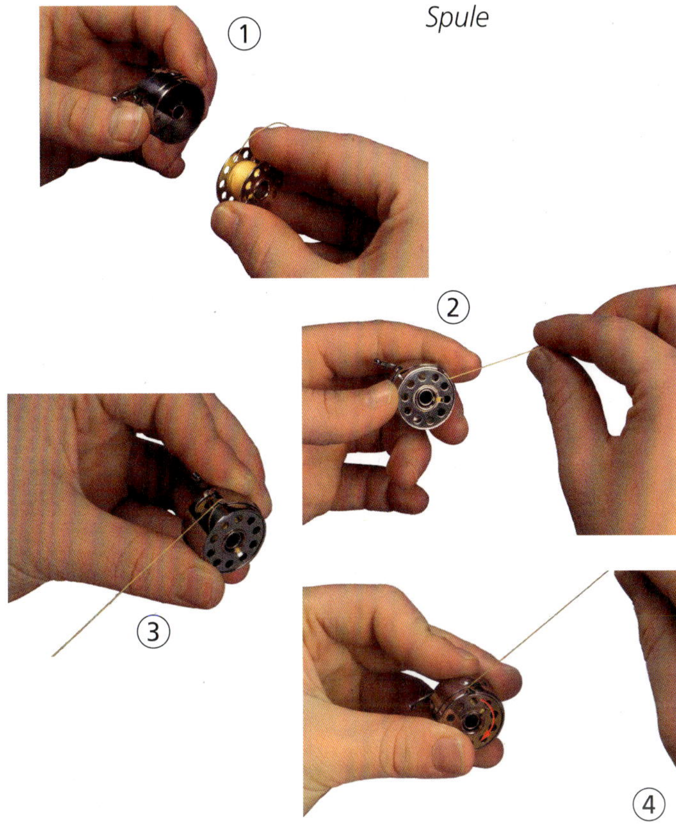

Spule

Oberfaden einfädeln

Arbeitsablauf:

- Faden auf Garnrollenstift stecken
- am Handrad drehen, bis die Nadel oben steht
- Oberfaden nach Bedienungsanleitung einfädeln
- Faden von vorne in Nadel einfädeln, ca. 15 cm durch das Nadelöhr ziehen

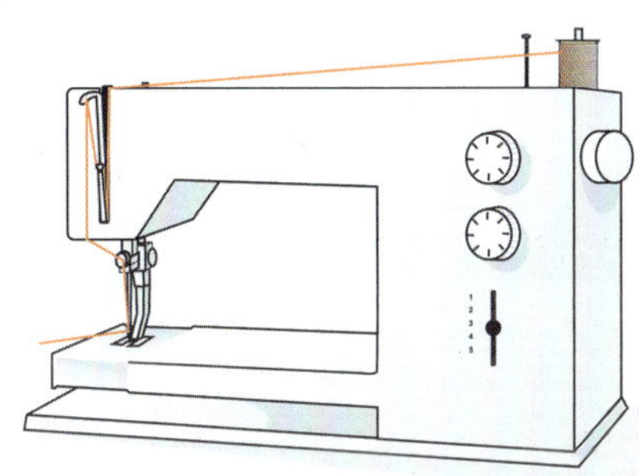

Oberfaden einfädeln

Unterfaden heraufholen

Arbeitsablauf:

- Ende des Oberfadens locker zu sich hin halten
- Handrad eine ganze Drehung nach vorne drehen
- am Oberfaden leicht ziehen, Unterfaden wird aus dem Stichloch gezogen
- Oberfaden und Unterfaden unter dem Nähfuß nach hinten ziehen

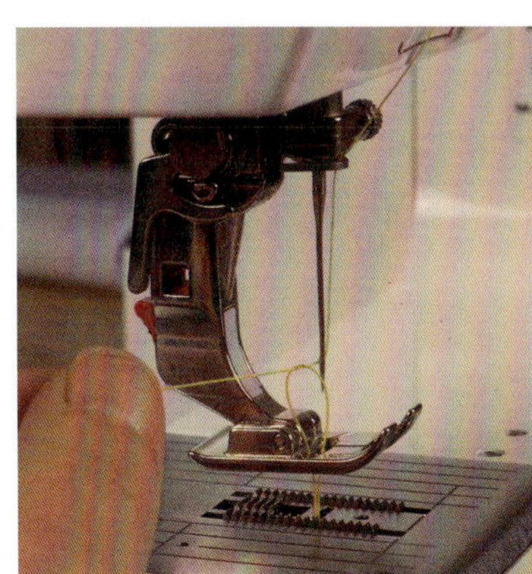

Unterfaden heraufholen

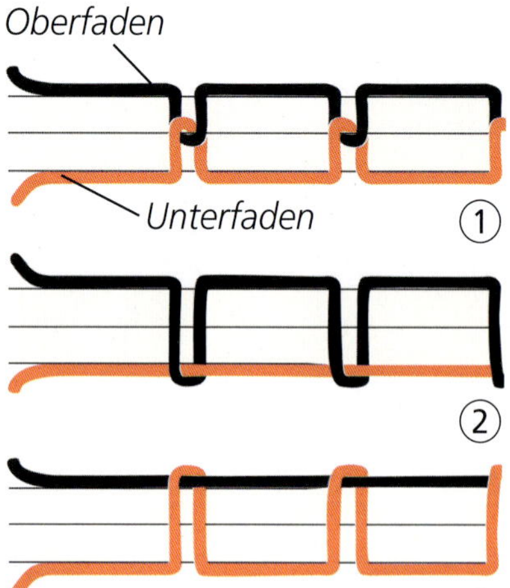

① ② ③

Fadenspannung einstellen

Um ein gleichmäßiges Stichbild zu bekommen, müssen Ober- und Unterfaden die gleiche Stärke haben. Stoff doppelt legen, Geradstich steppen (ca. 20 cm) ohne zu vernähen.

- Fadenspannung ist richtig, wenn die Fadenverschlingung des Oberfadens zwischen den Stofflagen liegt (1).
- Ist die Fadenverschlingung auf der Stoffunterseite sichtbar, muss die obere Fadenspannung etwas gestrafft werden (2).
- Ist die Fadenverschlingung auf der Stoffoberseite sichtbar, muss die obere Fadenspannung etwas gelockert werden (3).

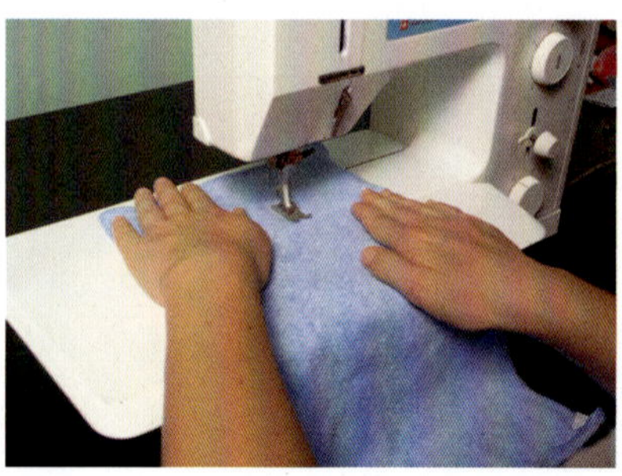

④

20.3 Nähen mit der Maschine

Zu Beginn der Näharbeit immer eine Stichprobe nähen, um die Fadenspannung zu kontrollieren.

Arbeitshinweise:
Die Hände führen locker den Stoff, also nicht festhalten oder schieben; die eine Hand liegt rechts vor der Maschine, die andere kurz dahinter (4).
Beim Nähen liegen die größeren Stoffteile links von der Maschine.
Durch Verstellen der Nadelposition kann die Nahtbreite verändert werden:

Nadelstellung links:	Nahtbreite 1,0 cm (5)
Nadelstellung Mitte:	Nahtbreite 0,7 cm (6)
Nadelstellung rechts:	Nahtbreite 0,5 cm (7).

Steppfußbreit steppen: Steppfußkante und Stoffkante schließen genau ab. Nadelstellung Mitte = 0,7 cm (8).
Kantig steppen: der Steppfuß wird so auf den Stoff gelegt, dass die Stepplinie nahe an der Stoffkante verläuft (9).

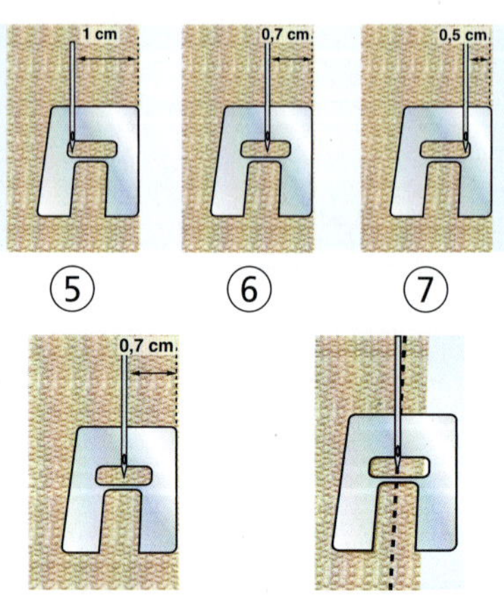

⑤ ⑥ ⑦ ⑧ ⑨

Nadelpositionen

Nähstörungen

Bei Störungen der Nähmaschine sind folgende Ursachen zu überprüfen:

- Sind Ober- und Unterfaden richtig eingefädelt?
- Stimmt die Garnstärke von Ober- und Unterfaden?
- Ist der Unterfaden gleichmäßig aufgespult?
- Stecken Fadenreste in der Spannungsfeder oder Staubflusen in der Greiferbahn?
- Ist die Nadel richtig eingesetzt?
  Flache Seite des Kolbens zeigt nach hinten und wird bis zum Anschlag hochgeschoben.
- Ist die Nadel beschädigt, z. B. Nadelspitze abgebrochen, Nadelspitze stumpf?

Nadel einsetzen

20.4 Reinigung und Pflege von Nähmaschinen

Reinigen

Beim Nähen verbleiben Staubflusen und Fadenreste unter der Stichplatte und um den Greiferbereich. Diese müssen entfernt werden. Deshalb regelmäßig nach der Näharbeit die Maschine kontrollieren.

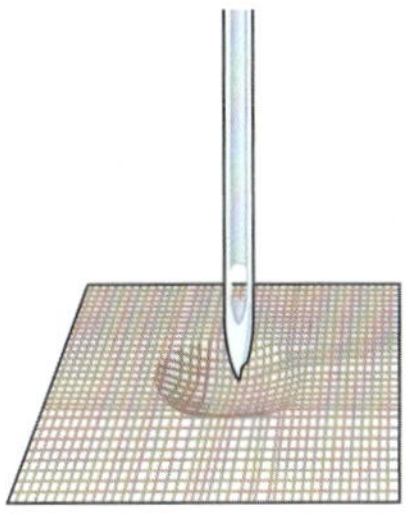

Stumpfe Nadelspitze

Arbeitsablauf:

- Netzstecker ziehen
- Stichplatte entfernen (1)
- mit dem Pinsel den Staub entfernen (2)
- die Spulenkapsel und den Greifer reinigen (3)
- Nähmaschinengehäuse nebelfeucht abwischen

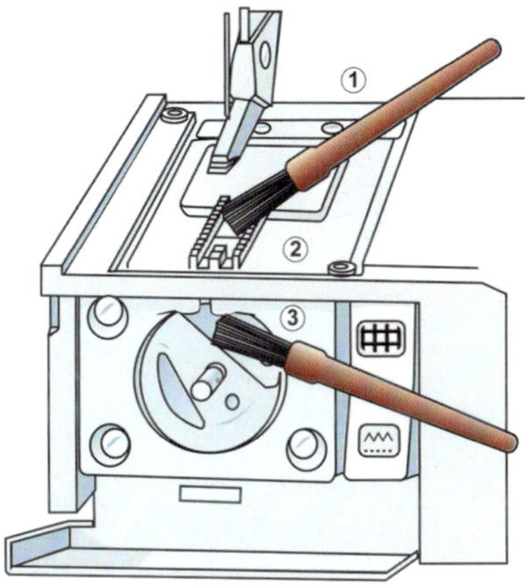

Nähmaschine reinigen

Spulengehäuse ölen

Regelmäßiges Ölen ist wichtig, um einen leichten Lauf zu erhalten.

Arbeitshinweise:
- Nähmaschine nach Bedienungsanleitung mit speziellem Nähmaschinenöl ölen, Hinweise des Herstellers beachten.
- Auf einem Probetuch so lange nähen, bis Öl verteilt ist und keine Ölflecken auf dem Stoff sichtbar sind.

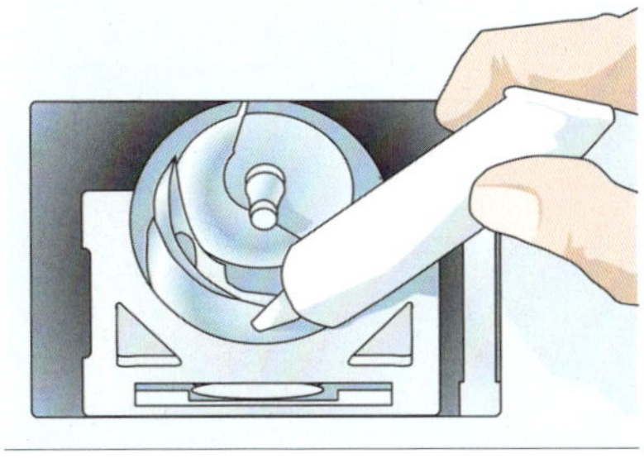

Spulengehäuse ölen

20.5 Unfallverhütung

Beim Arbeiten mit der Nähmaschine sind die allgemeinen Regeln der Unfallverhütung zu beachten (s. Kap. 2). Zusätzlich gilt:

- vor dem Auswechseln der Nähnadel oder Nähfüße immer Hauptschalter ausschalten
- beim Nähen die Hände nicht vor der Nadel führen
- nicht ins laufende Handrad greifen
- lange Haare beim Nähen zusammenbinden, sie können sonst durch den Fadenheber in die Maschine geraten
- die Nähmaschine muss einen sicheren Stand haben
- nie Nadeln in den Mund nehmen

20.6 Arbeits- und Hilfsmittel beim Nähen

Folgende Grundausstattung wird zum Nähen benötigt:

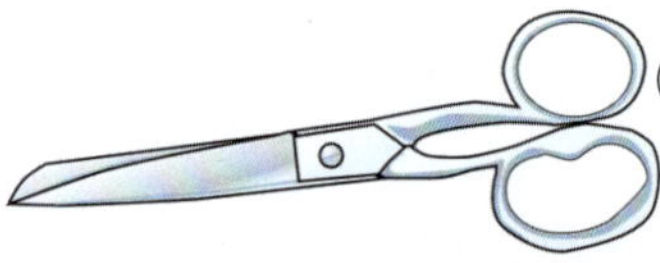

Die **Nähschere** (1) wird zum Zurückschneiden der Nahtzugabe und Säume benutzt sowie zum Abschneiden von Fäden und kleinen Stoffstücken.

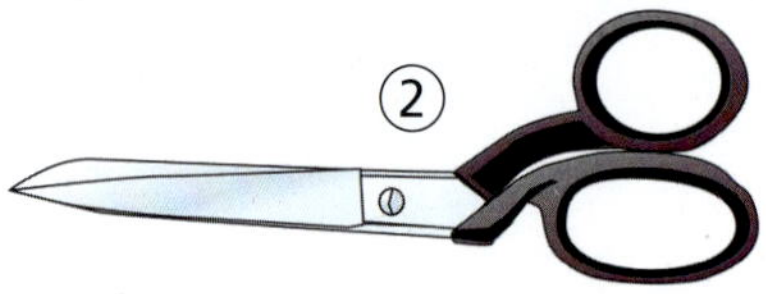

Die **Zuschneideschere** (2) ist für das Zuschneiden von Stoffen vorgesehen. Diese Scheren haben eine lange Schneide und können auch dicke Stoffe schneiden.

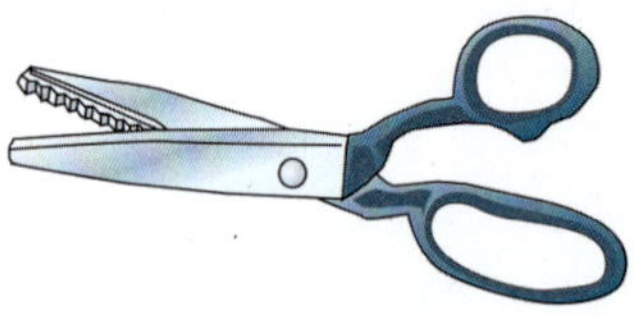

Die **Zackenschere** (3) wird bei nur wenig ausfransenden Stoffen benutzt.

Mit dem **Pfeiltrenner** (4) (Auftrenner) werden Knopflöcher aufgeschnitten und Nähte aufgetrennt.

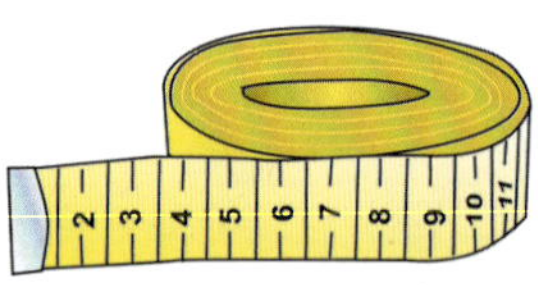

Das **Maßband** (5) dient zum Abmessen von großen Stofflängen.

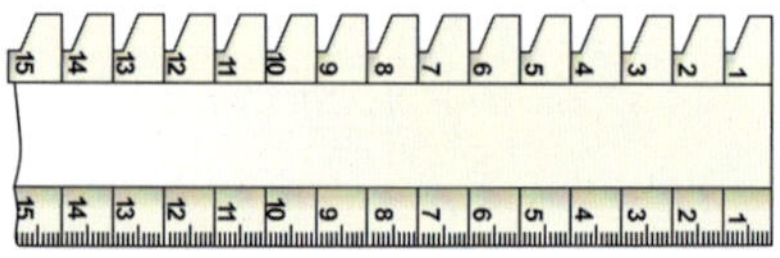

Das **Handmaß** (6) wird zum Abmessen von kleinen Stoffteilen benutzt.

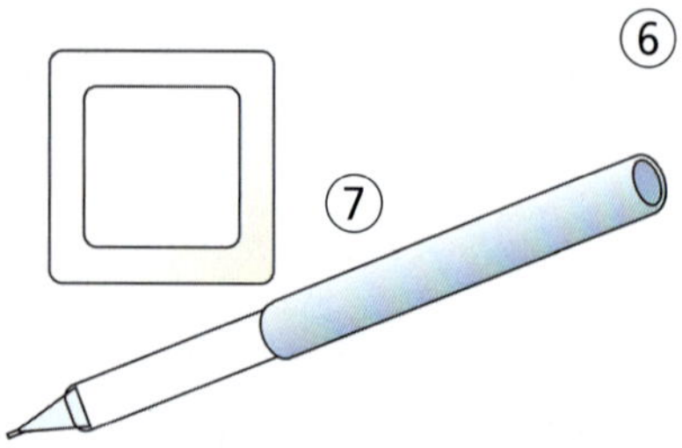

Die **Schneiderkreide** (7) oder der Kreidestift wird zum Anzeichnen auf Stoff benutzt.

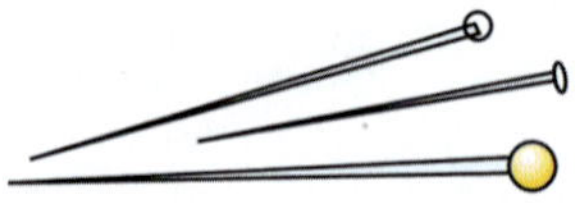

Stecknadeln (8) werden zum Zusammenstecken von Stoffteilen verwendet . Es gibt sie mit Metallköpfen, Glasköpfen und Kunststoffköpfen. Sie sollen rostfrei sein.

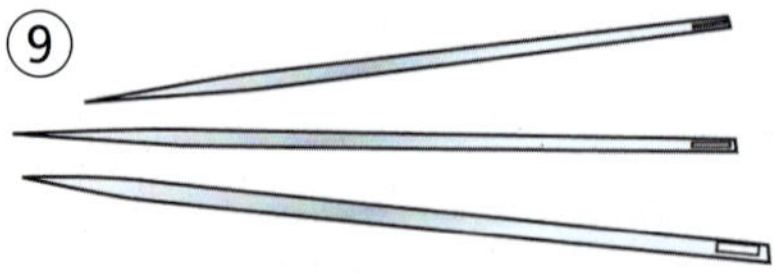

Bei **Nähnadeln** (9) wird die Nadelstärke in Nummern angegeben. Je höher die Zahl, desto feiner die Nadel. Nadelstärke 80 – 90 wird am meisten gebraucht.

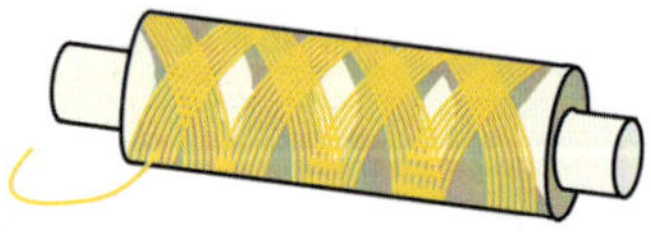

Beim **Nähgarn** (10) müssen Stärke, Farbe und Material zum Stoff passen.

Das **Bügeleisen** (11) dient zum Bügeln zwischen den Nähvorgängen.

Maßnahmen zur Qualitätssicherung:
- Scheren sollen scharf sein, nachgeschliffen werden können und bequem in der Hand liegen.
- Nähscheren nie zum Schneiden von Papier verwenden, sie werden dadurch stumpf.
- Die Anschaffung von Zackenschere und Zuschneideschere lohnt sich nur bei häufigem Einsatz.
- Stecknadeln mit Kunststoffköpfen schmelzen beim Bügeln.

20.7 Arbeitsplatzgestaltung

Näh- und Bügelplatz sollten dicht beieinander stehen und sinnvoll angeordnet sein.

Näharbeitsplatz: Nähmaschine (1) so aufstellen, dass das Licht von vorne oder von links kommt. Der Tisch (2) sollte eine bequeme Arbeitshöhe (ca. 74 cm) haben. Neben der Nähmaschine nur Arbeitsmaterialien bereitlegen, die benötigt werden, z. B. Scheren, Stecknadeln, Abfallschale … (3)

Der Arbeitsstuhl (4) mit Rückenlehne sollte höhenverstellbar sein und eine bequeme Sitzfläche haben.

Bügelarbeitsplatz: Bügelbrett (5) und Bügeleisen (6) in der Nähe des Nähbereiches aufstellen. Auf Lichteinfall achten.

21 Nähtechniken

21.1 Wäschenähte

Einfache Naht

Die einfache Naht ist eine schnelle und einfache Kantenversäuberung, die Nahtenden werden einzeln versäubert. Die einfache Naht findet man häufig bei Oberbekleidung.

Arbeitsablauf:

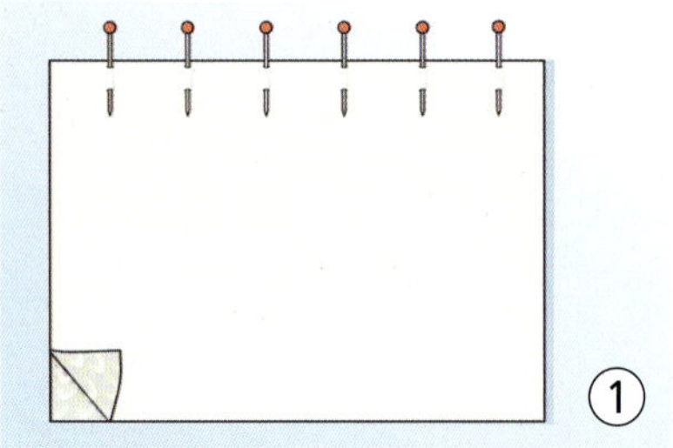

- Stoffoberseite auf Stoffoberseite legen
- Schnittkante auf Schnittkante legen
- stecken (Stecknadeln immer senkrecht zur Stoffkante stecken) (1)

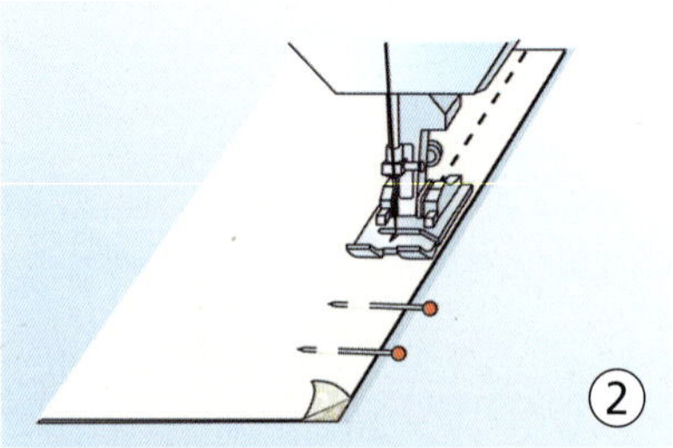

- Stoffteile mit Geradstich (Stichlänge 2,5) zusammennähen (Nahtbreite 1-1,5 cm) (2)
- Nahtanfang und Nahtende vernähen

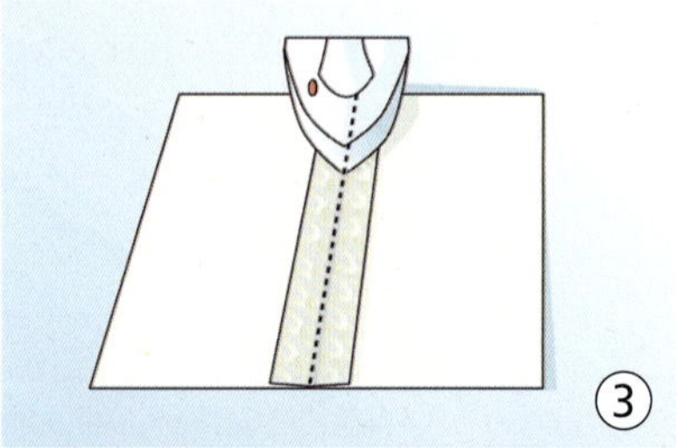

- Naht ausbügeln (3)

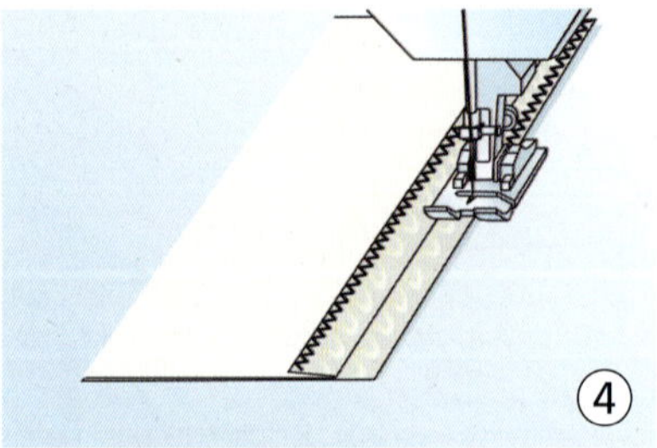

- Kanten einzeln mit Zickzackstich versäubern (Stichbreite 4, Stichlänge 2) (4)

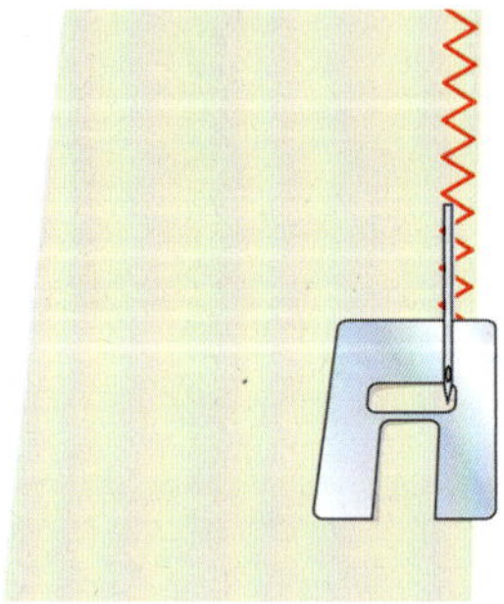

Versäuberung mit Zickzackstichen

Arbeitshinweis:
- Beim Versäubern mit Zickzackstichen muss die Stoffkante so unter das Füßchen geführt werden, dass die Nadel einmal in den Stoff und einmal dicht neben die Stoffkante sticht.

Industrienaht

Die Industrienaht ist wie die einfache Naht eine schnelle und einfache Kantenversäuberung, die Nahtzugaben werden gemeinsam versäubert.

Arbeitsablauf:

- Stoffoberseite auf Stoffoberseite legen
- Schnittkante auf Schnittkante legen
- stecken (1)

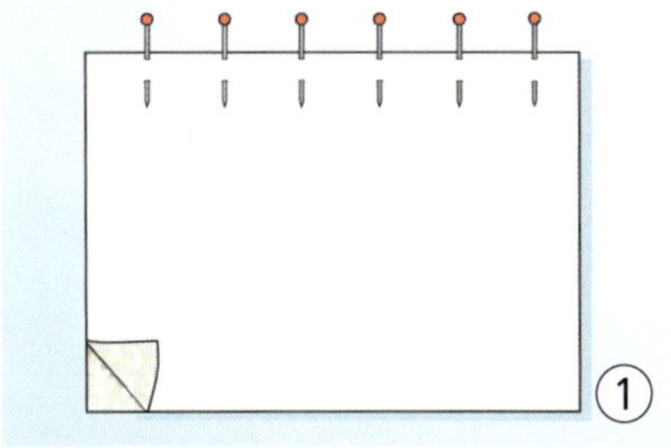

- Stoffteile mit Geradstich (Stichlänge 2,5) steppfußbreit (Nahtbreite = 0,7 cm) zusammennähen (2)
- Nahtanfang und Nahtende vernähen

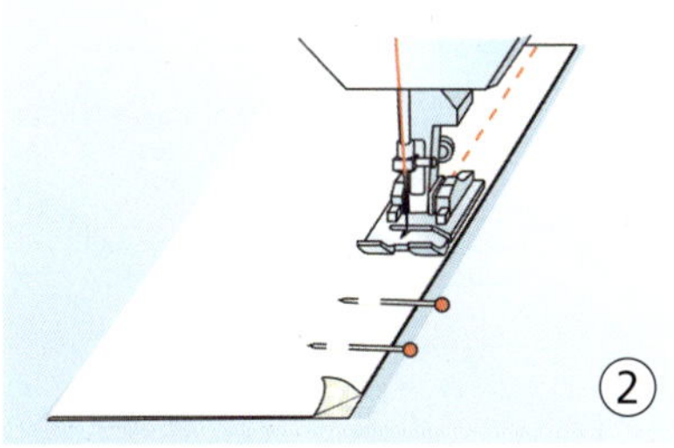

- Kanten gemeinsam mit Zickzackstich (Stichbreite 4, Stichlänge 2) versäubern (3) (s. S. 156)

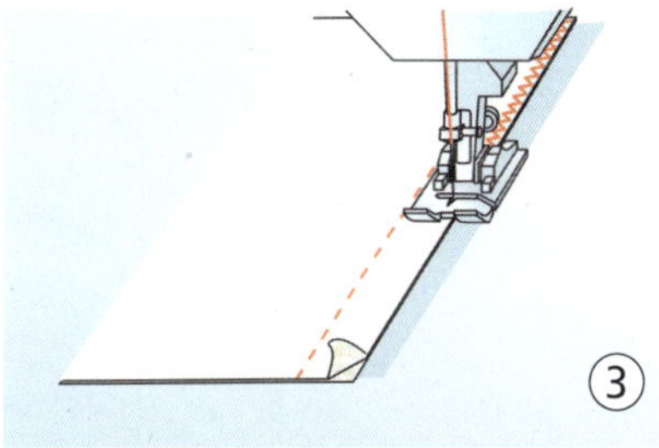

- Nahtzugabe auf eine Seite bügeln (4)

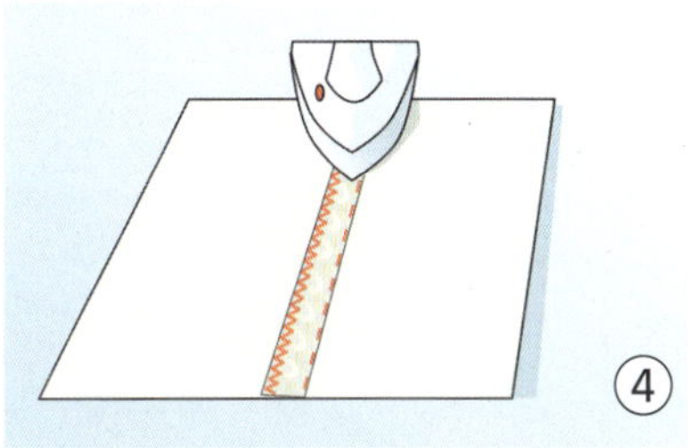

Handnaht

Reißen in Kleidungsstücken kleine Nahtenden, werden diese mit der Hand ausgebessert. Die Nähmaschine muss nicht aufgebaut werden.

Arbeitablauf:

- Anfang der Naht mit Knoten sichern (1)
- mit Vorstich beginnen (2)
  wieder zum Einstich zurückstechen und so dicht aneinanderschließend Stich an Stich reihen
- Nahtende sichern: Den letzten Stich einige Male übernähen und den Faden auf der Rückseite durch die vorhergehenden Stiche ziehen, Faden nicht abreißen

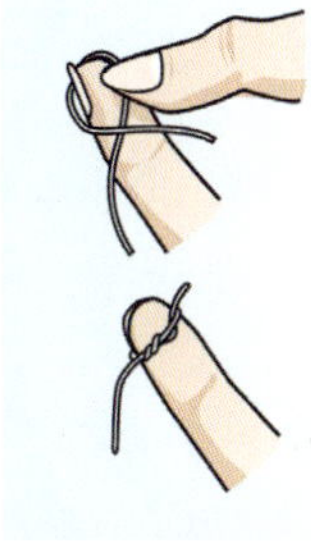

(1)

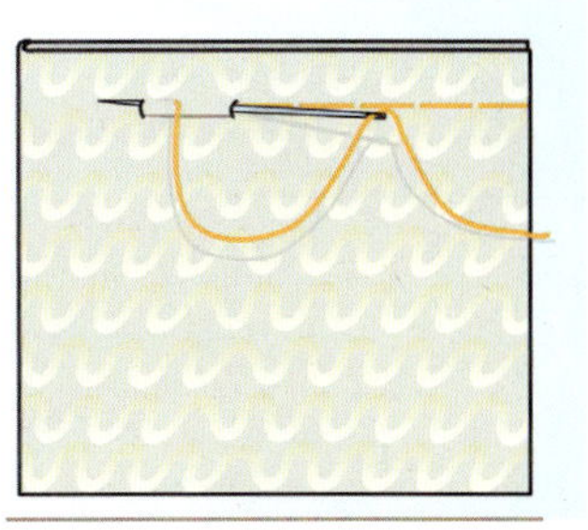

(2)

Rechts-Links-Naht

Die Rechts-Links-Naht wird auch Doppelnaht genannt. Sie wird zweimal genäht: zuerst auf der rechten und dann auf der linken Stoffseite. Die Naht ist geeignet für:

- Gegenstände aus sehr dünnem Stoff, der stark ausfranst
- stark strapazierte Gegenstände, z. B. Kinderkleidung, Arbeitskleidung

Arbeitsablauf:

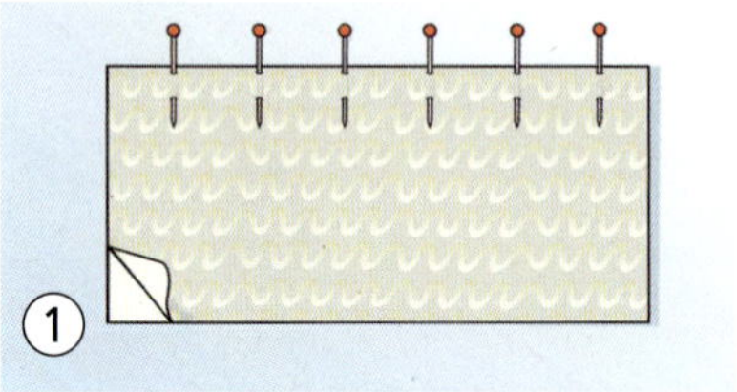

- Stoffunterseite auf Stoffunterseite
- Schnittkante auf Schnittkante legen
- stecken (1)

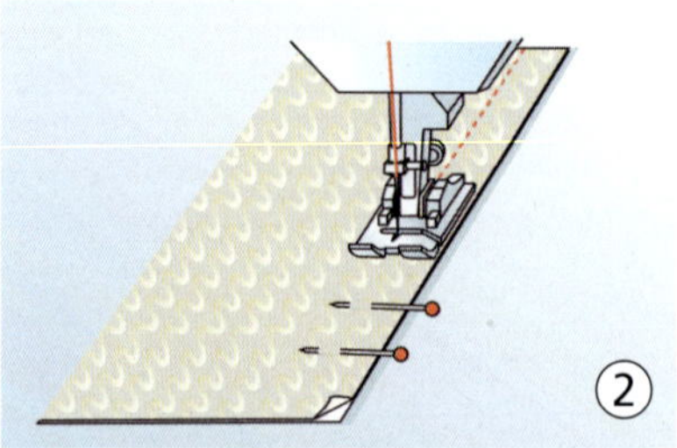

- 0,5 cm breit absteppen (= erste Naht) (2)

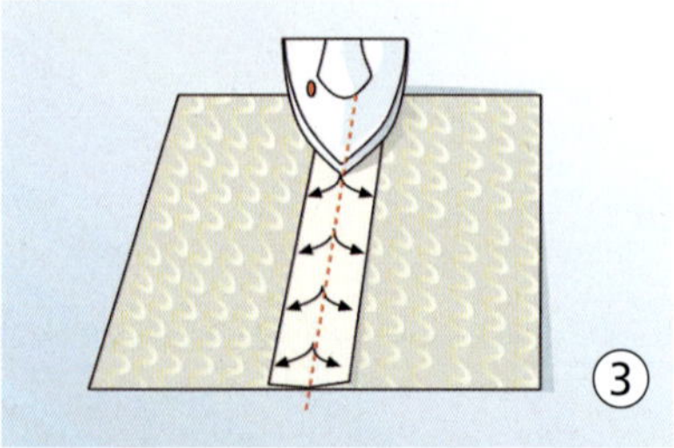

- Naht gut auseinanderbügeln (3)

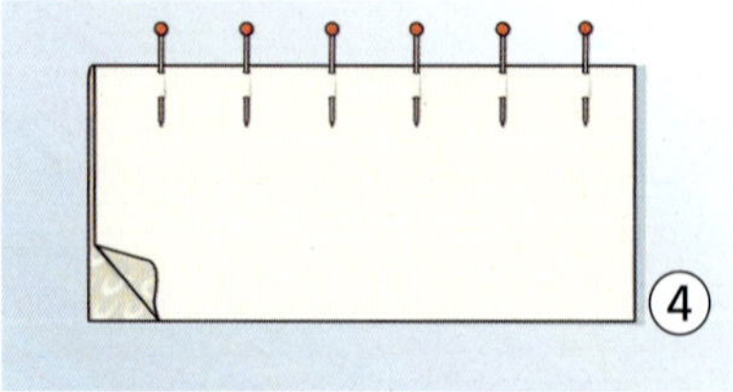

- Stoffteil wenden, Stoffoberseite liegt auf Stoffoberseite, Naht liegt in der Umbruchkante
- bügeln und stecken (4)

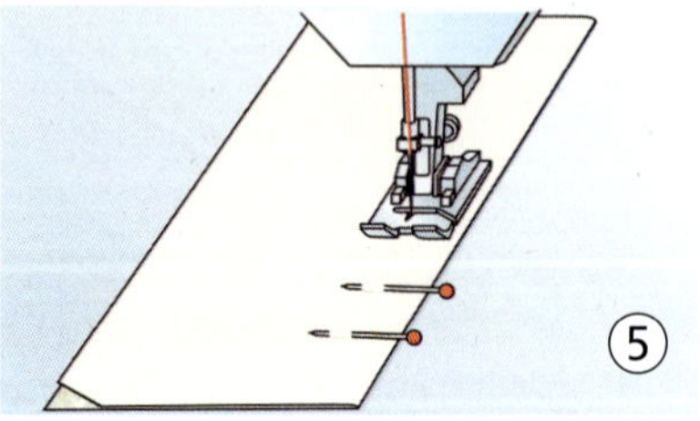

- 0,7 cm breit (steppfußbreit) von der Umbruchkante steppen (= zweite Naht) (5)
- Naht auf eine Seite bügeln

21.2 Säume

Der Saum dient der Versäuberung von Kanten.
Die Breite des Saumes hängt von der Stoffdicke und vom Nähgegenstand ab.

Offenkantiger Saum

Der Saum ist einfach zu nähen. Er ist nicht geeignet für Stoffe, die leicht ausfransen. Die Stoffkante ist sichtbar.

Arbeitsablauf:

- auf der Stoffunterseite doppelte Saumbreite anzeichnen (1)

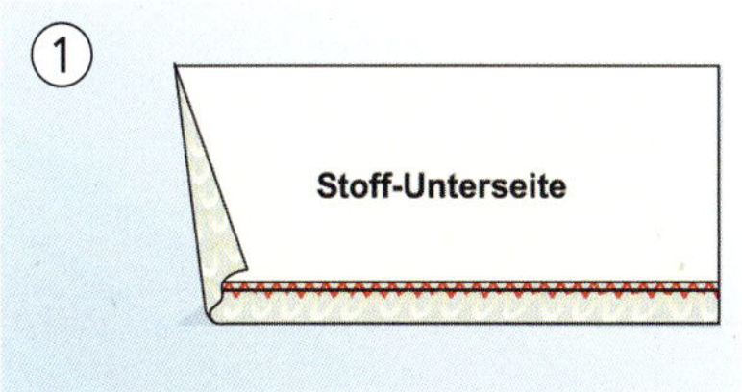

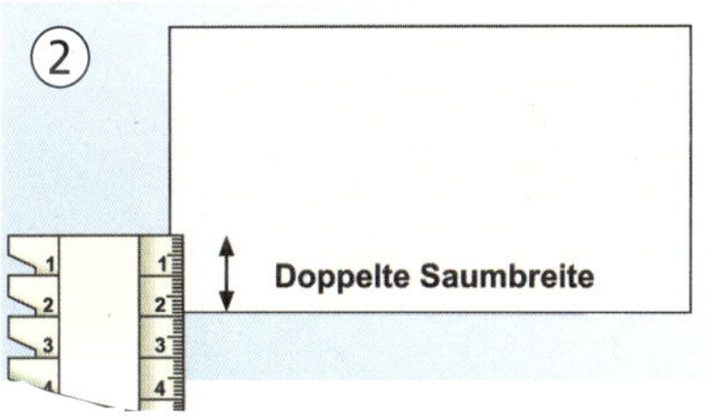

- Stoffkante mit Zickzackstich (s. S. 156) (Stichlänge 2, Stichbreite 4) versäubern (2)

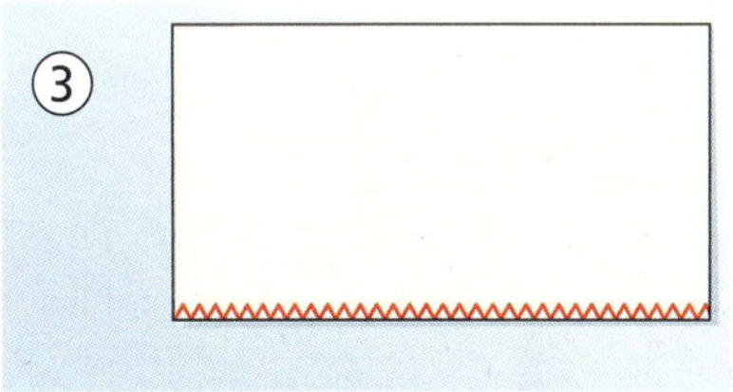

- Stoffkante zur Stoffunterseite bis an die angezeichnete Linie umschlagen, bügeln, stecken (3)

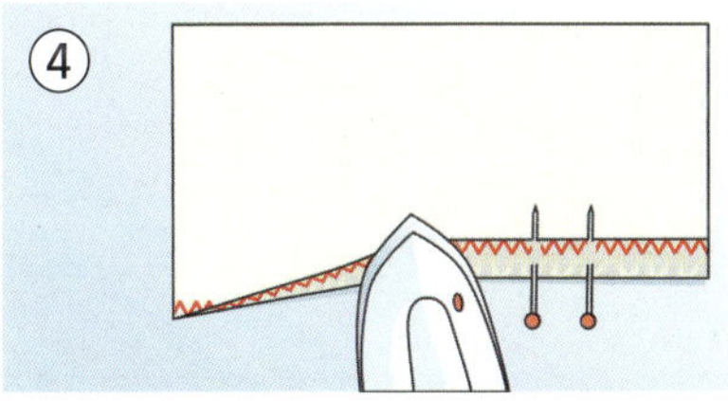

- Saum auf Stoffunterseite steppen (Stichlänge 3) (4)
- Saumanfang und Saumende vernähen

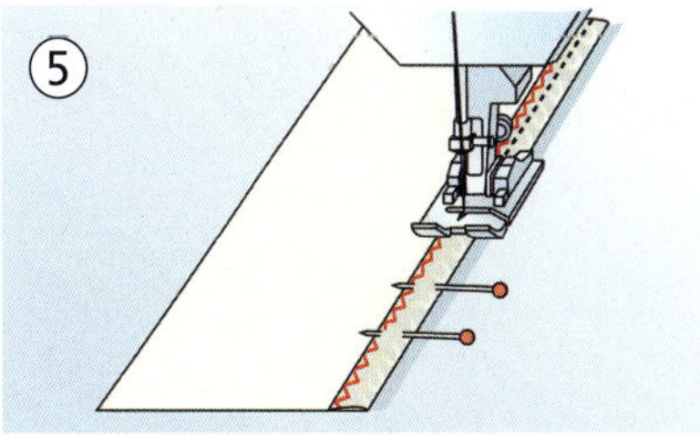

Eingeschlagener Saum

Der eingeschlagene Saum hat einen Einschlag und einen Umschlag. Er ist sehr haltbar und bei groben Stoffen sehr dick.

Arbeitsablauf:

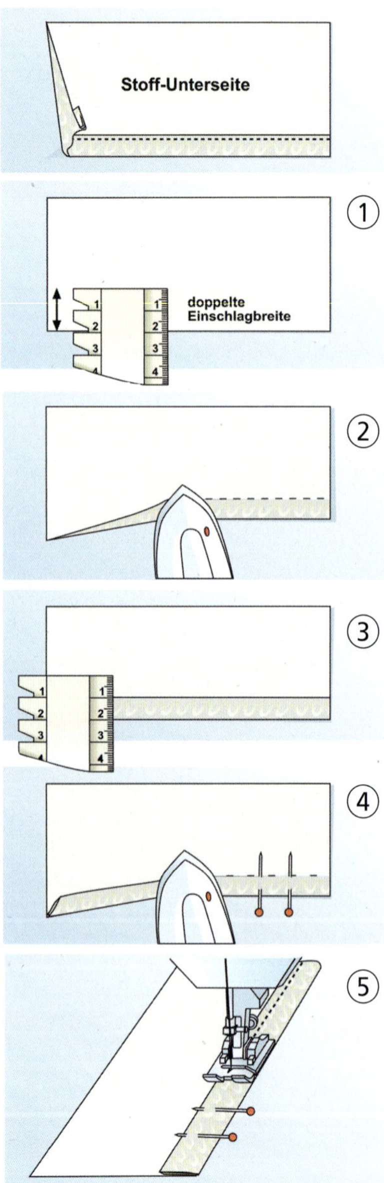

- auf Stoffunterseite doppelte Einschlagbreite anzeichnen (1)
- Stoffkante zur Stoffunterseite bis an die angezeichnete Linie umschlagen, bügeln (2)
- wieder auf Stoffunterseite doppelte Saumbreite anzeichnen (entspricht umgeschlagen der Saumbreite) (3)
- eingeschlagene Saumkante bis zur angezeichneten Linie umschlagen, bügeln, stecken (4)
- Saum auf Stoffunterseite kantig steppen (Stichlänge 3) (5)

Handsaum

Der Handsaum ist aufwendiger zu arbeiten und nicht so strapazierfähig wie der Maschinensaum. Garnfarbe soll zur Stofffarbe passen, damit die Stiche auf der Vorderseite kaum zu sehen sind.
Nadel- und Garnstärke sind der Stoffdicke anzupassen.
Der Saumstich wird von rechts nach links genäht.

Arbeitsablauf:

- Nadel mit passendem Garn bereitlegen (1)

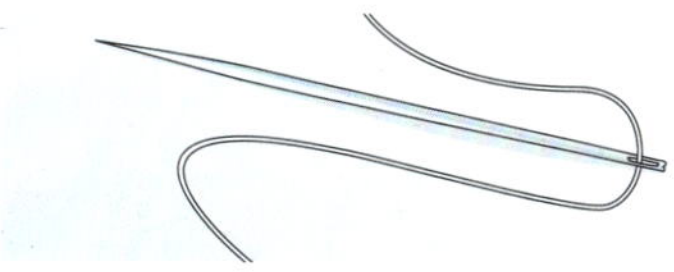
①

- auf Stoffunterseite doppelte Einschlagbreite anzeichnen (2)

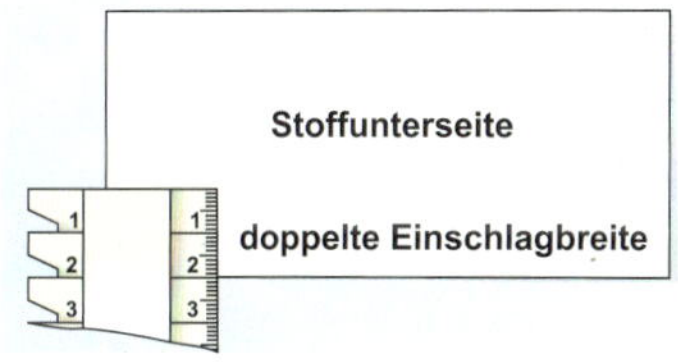

②

- Stoffkante bis zu angezeichneter Linie umschlagen, bügeln (3)

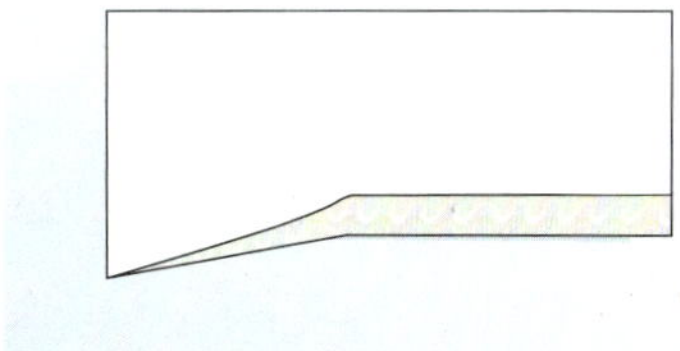
③

- auf Stoffunterseite doppelte Umschlagbreite anzeichnen (4)

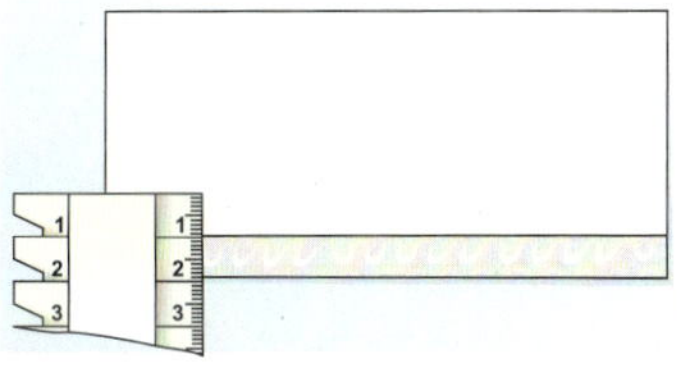

④

- eingeschlagene Saumkante bis zur angezeichneten Linie umschlagen, bügeln, stecken (5)

⑤

- mit der Nadel vom Oberstoff (2–3) Gewebefäden greifen und die Nadel durch die Bruchkante stechen (6)

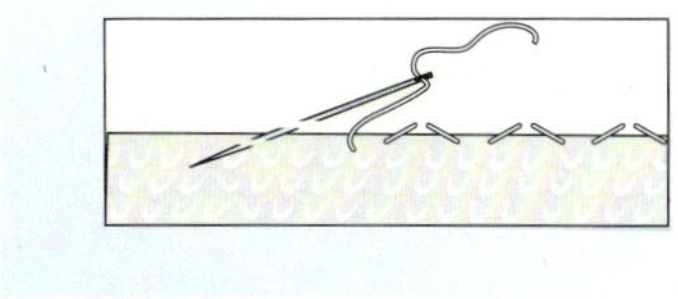
⑥

- Anfang und Ende mit Rückstichen versehen

21.3 Knöpfe und Aufhänger

Knöpfe werden immer auf doppeltem Stoff angenäht. Wie ein Knopf angenäht wird, hängt vom Verwendungszweck ab.

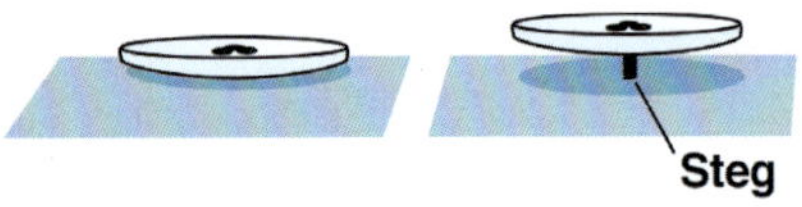

Knöpfe können flach (z.B. dünne Stoffe, Zierknöpfe) oder mit Steg angenäht werden (z.B. Hemden, Jacken).

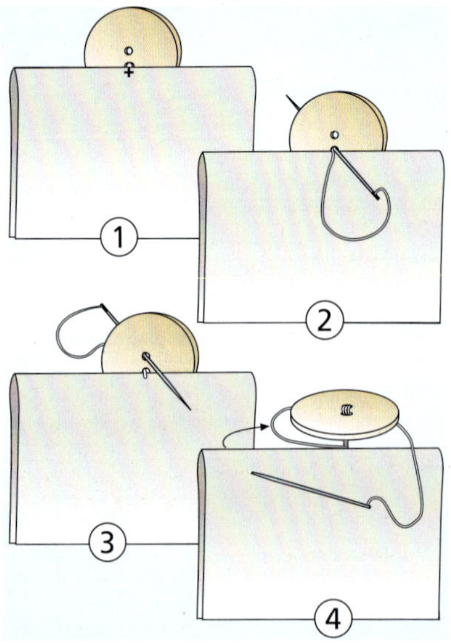

Knöpfe annähen nach REFA-Methode

Arbeitsablauf:

- Nähstelle anzeichnen
- Garn doppelt nehmen, am Ende verknoten, Stoffbruch bilden, Nadel von hinten durch den Stoff stechen
- Knopf hinter die Bruchkante legen (1)
- Nadel durch den Stoffbruch und das untere Loch stechen (2)
- Nadel von hinten durch das obere Loch zurückstechen (3- bis 4-mal wiederholen) (3)
- Garn um den Stiel wickeln, Faden zur Rückseite stechen und mit zwei Schlingenstichen vernähen (4)

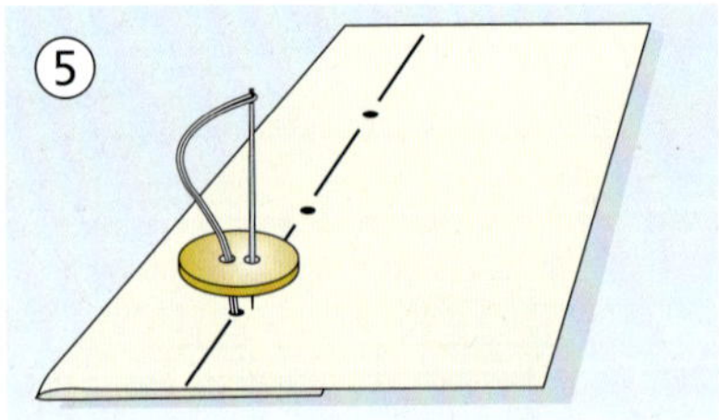

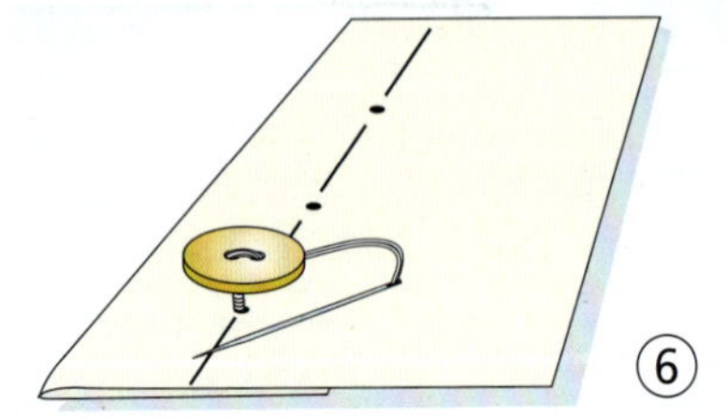

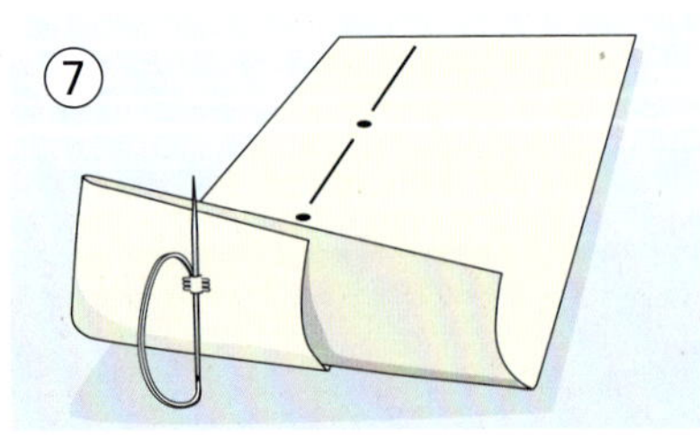

Knöpfe annähen nach der konventionellen Methode

Arbeitsablauf:

- Annähstelle anzeichnen
- Garn doppelt nehmen, am Ende verknoten
- Knopf auf markierte Stelle legen, Nadel von Stoffunterseite durch den Stoff und den Knopf stechen (5)
- Nadel von Stoffoberseite durch das zweite Loch des Knopfes wieder auf die Stoffunterseite stechen, mehrmals wiederholen Stiel mit Nähfaden umwickeln (6)
- Faden auf der Stoffunterseite vernähen (7)

Aufhänger befestigen

Aufhänger können parallel oder längs zum Saum befestigt werden. Für Aufhänger wird Nahtband verwendet.

Je nach Art der Befestigung mit der Nähmaschine wird unterschieden in:

- aufgenähte Aufhänger (1)
- eingeschobene Aufhänger (2)

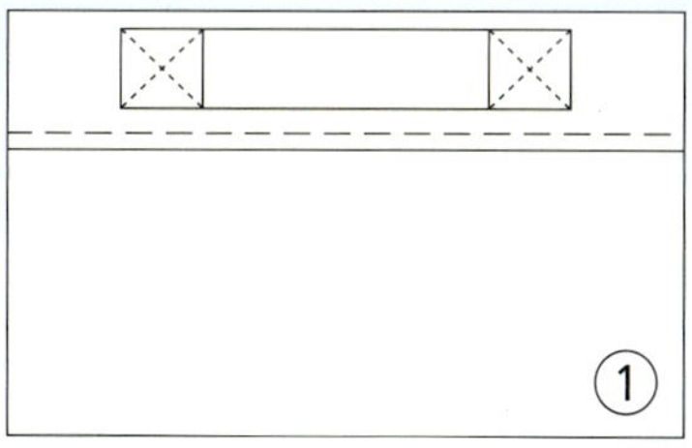

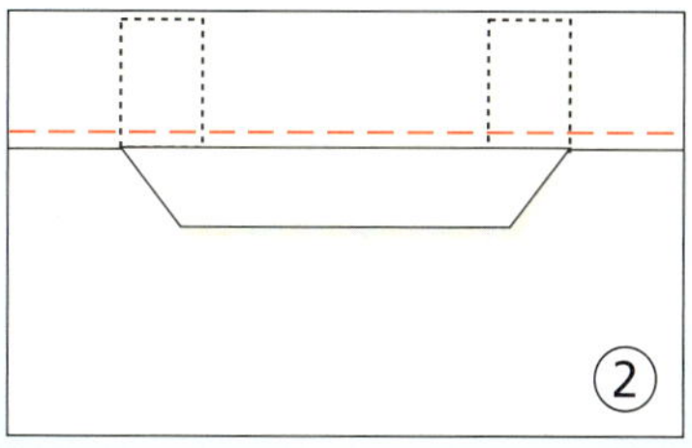

Aufgenähte Aufhänger

Arbeitsablauf:

- Nahtband an Schnittstellen einbügeln
- an beiden Enden in Quadrat- und Diagonalform aufsteppen

Schnelle und einfache Ausführungen für aufgenähte Aufhänger mit Zickzackstich (Stichbreite 4, Stichlänge 1):

Technik A:

Band auflegen und die beiden Enden mit Zickzackstich befestigen (3).

Technik B:

Die beiden Enden übereinanderlegen und zusammen an einem Punkt mit dichtem Zickzackstich annähen (4).

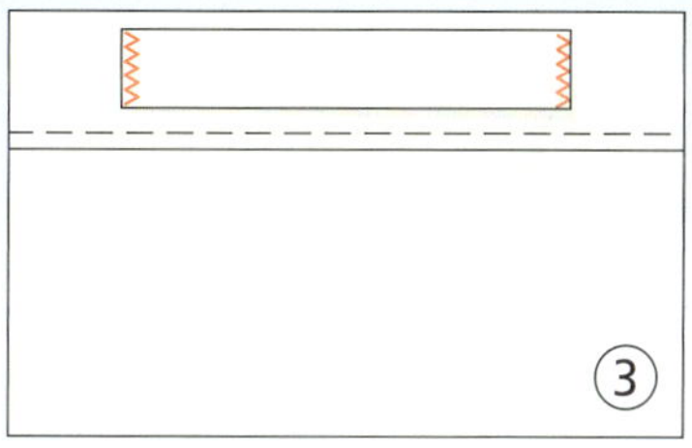

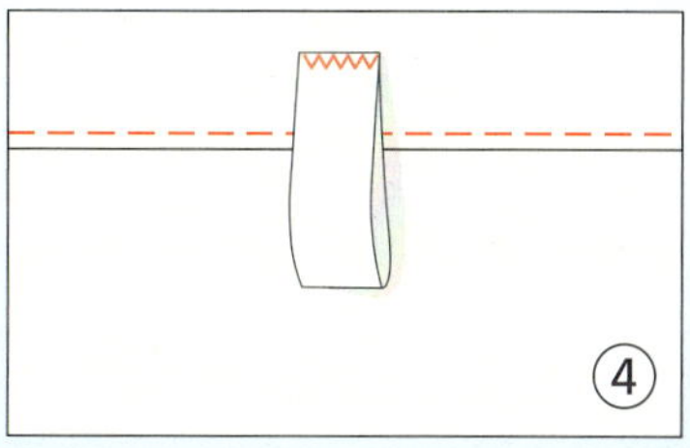

Eingeschobene Aufhänger

Arbeitsablauf:

- Bandenden in den Saum einschieben (5), stecken, Schlinge zeigt nach unten
- Saum kantig steppen

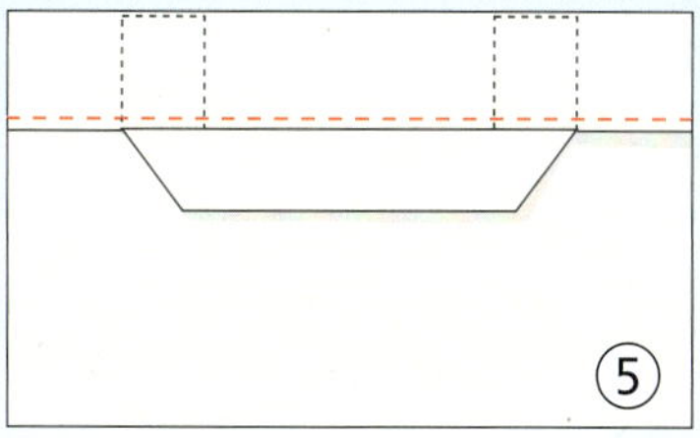

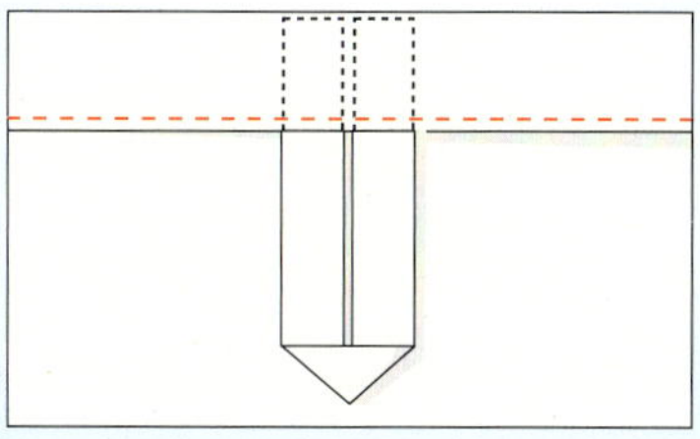

21.4 Ausbesserungsarbeiten

Bei Ausbesserungsarbeiten werden häufig vereinfachte Techniken angewendet.

Schnellflicken

Der Schnellflicken ist für einfach auszubessernde Wäsche- und Bekleidungsstücke geeignet.

Arbeitsablauf:

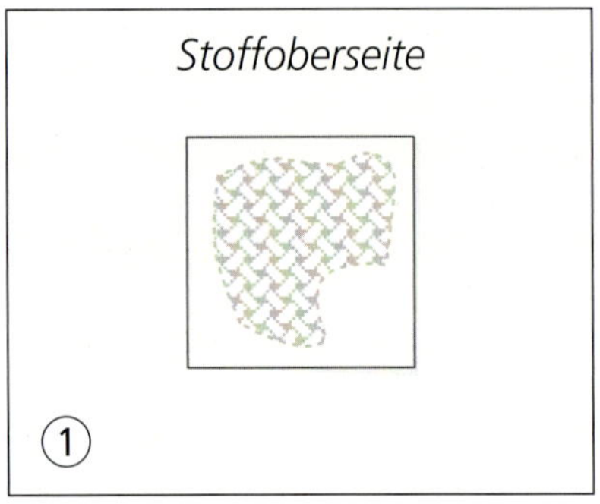

- Flicken 1,5 cm größer zuschneiden als die schadhafte Stelle (1)

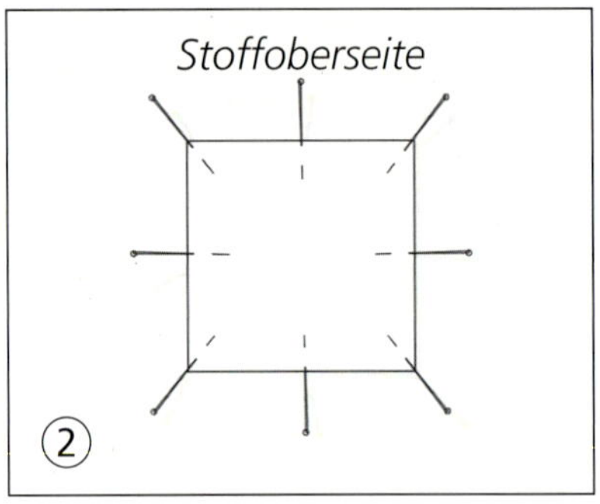

- zugeschnittenen Flicken gerade auf die Stoffoberseite stecken, evtl. heften (2)

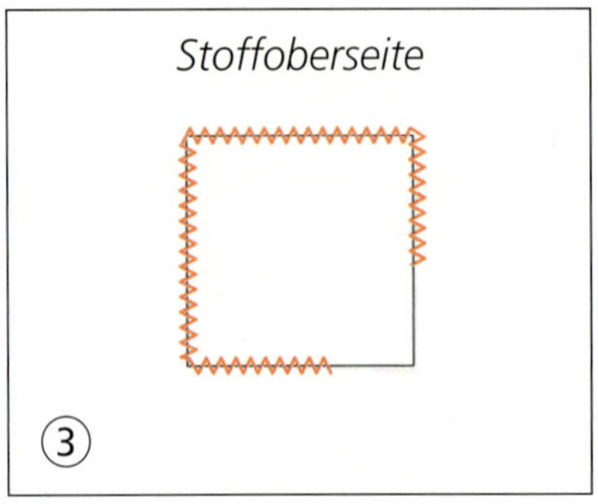

- Flicken mit dichtem Zickzackstich befestigen (Stichbreite 4, Stichlänge 1) (3), nicht in einer Ecke mit dem Nähen beginnen

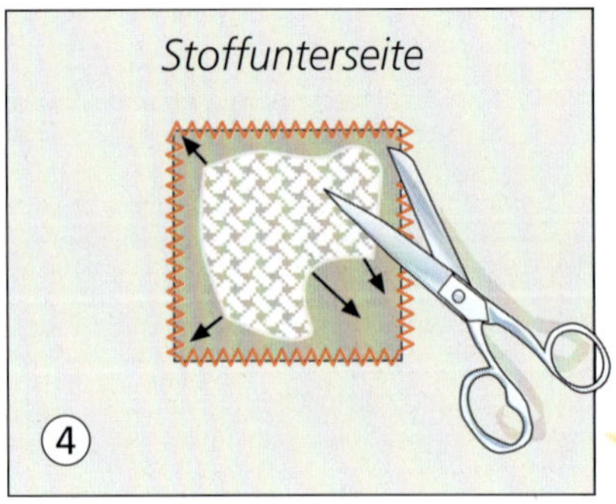

- auf der Stoffunterseite die schadhafte Stelle bis zur Zickzacknaht zurückschneiden (4)

Maßnahmen zur Qualitätssicherung:
Beim Ausbessern von schadhaften Stellen müssen
- sich Flickstoff und Stoff der Kleidung in Stärke, Material und Farbe entsprechen,
- Flickstoffe vorher gewaschen sein.

Stopfen mit der Nähmaschine

Arbeitsablauf:

- Stopffuß einsetzen
- Transporteur versenken
- Geradstich einstellen
- bei Bedarf Stoff in Stopfrahmen spannen
- Stoff mit beiden Händen vor und zurück bewegen, dabei über die schadhafte Stelle in den unbeschädigten Stoff nähen
- Enden ungleichmäßig abrunden

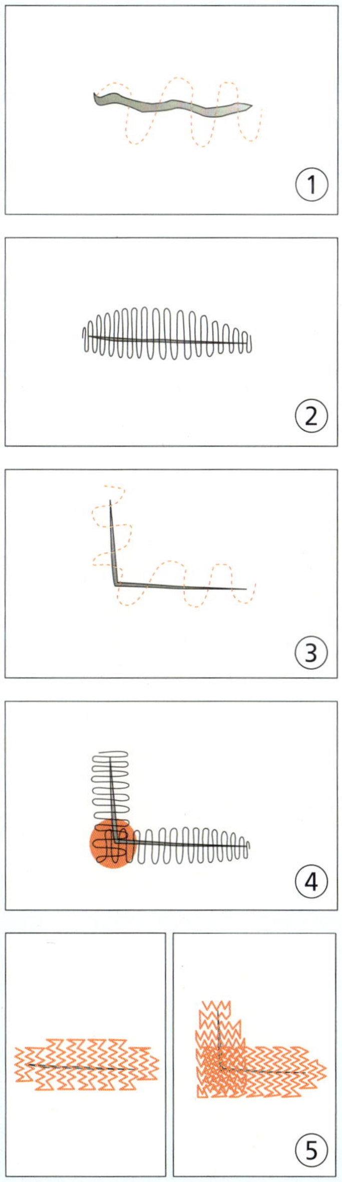

Stopfen: Riss

Arbeitsablauf:

- Kanten großzügig zusammennähen (1)
- Stoff fadengerade vor und zurück bewegen (2)

Stopfen: Triangel (Winkelriss)

Arbeitsablauf:

- Kanten großzügig zusammennähen (3)
- Längsriss stopfen, Nadel stecken lassen, Stoff drehen, Querriss stopfen (4)
- Ecke doppelt bearbeiten

Schnelle und einfache Technik

Arbeitsablauf:

- normalen Steppfuß einsetzen, Transporteur nicht versenken
- Zickzackstich einstellen (Stichbreite 4, Stichlänge 1)
- Kanten großzügig zusammennähen
- mit Zickzackstich vor- und rückwärts nähen (5)

Patchmaschine

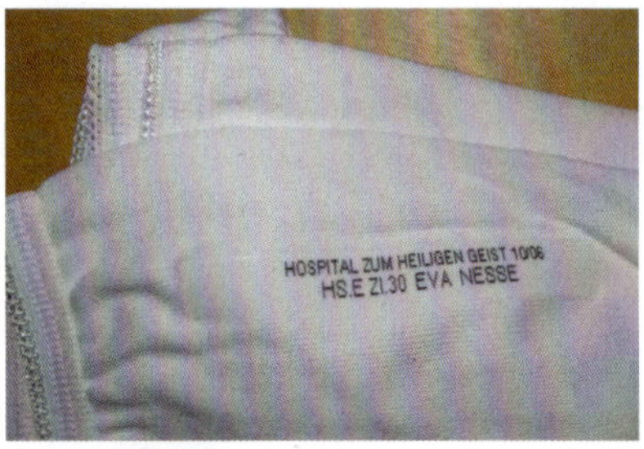

Kennzeichnung von Bewohnerwäsche

Zur Kennzeichnung der Bewohnerwäsche wird in Heimen eine Patchmaschine eingesetzt.

In Krankenhäusern werden schadhafte Stellen der OP-Kleidung mit Patchteilen ausgebessert, aus hygienischen Gründen dürfen keine Stichstellen auf der OP-Wäsche sein.

Die beschichteten Etiketten werden mit Hitze auf die Kleidung aufgetragen bzw. aufgeklebt.

Sie werden in verschiedenen Größen und Farben angeboten.

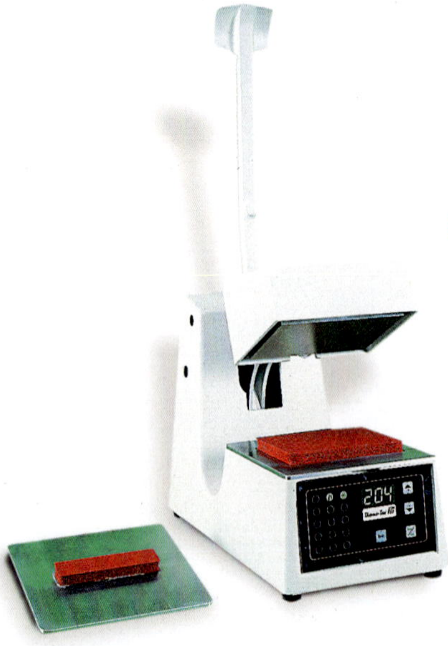

Maßnahmen zur Qualitätssicherung:
- Beim Stopfen ein Stück Stoff unter die schadhafte Stelle legen; das Gewebe wird strapazierfähiger.
- Beim Maschinenstopfen Enden ungleichmäßig abrunden.
- Dünne und brüchige Stellen am Gewebe sollten sofort ausgebessert werden, bevor große Löcher entstehen.
- Bei Handstichen das Fadenende schräg abschneiden, es lässt sich mit der schrägen Schnittfläche leichter einfädeln.

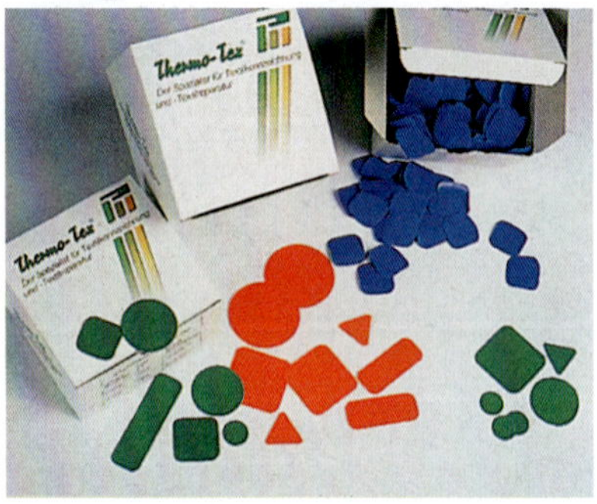

Patchteile

Arbeitsaufträge:
1. Zeichnen Sie den Stichverlauf beim Stopfen mit der Nähmaschine. Was soll beim Stopfen beachtet werden? Begründen Sie Ihre Meinung.
2. Erstellen Sie eine Arbeitsprobe: zwei Aufhänger (parallel zum Saum) mit verschiedenen Techniken aufnähen.
3. Erstellen Sie eine Arbeitsprobe der einfachen Naht und der Rechts-Links-Naht. Welche Vor- und Nachteile haben diese Nähte?
4. An einer Jeanshose und an einem Kissenbezug ist ein Knopf anzunähen. An welchem Stück wird die REFA-Methode und an welchem die konventionelle Methode durchgeführt? Begründen Sie Ihre Meinung.
5. Erkundigen Sie sich in Ihrem Ausbildungsbetrieb nach den Näh- und Ausbesserungsarbeiten. Vergleichen Sie Ihre Ergebnisse in der Klasse.

Literaturverzeichnis

Arbeit und Gesundheit, Fachmagazin für Sicherheit und Gesundheit bei der Arbeit, Universum Verlag GmbH, Postfach 5720, 65175 Wiesbaden • Arbeitsgemeinschaft der Verbraucherverbände e.V.: Laminatboden • Arbeitsgemeinschaft der Verbraucherverbände e.V.: Fußböden • Baur, Hoffmann, Neitzert: Hauswirtschaftlich handeln, Reinigung, Bildungsverlag EINS GmbH Troisdorf • Baur, Hoffmann: Hauswirtschaftlich handeln, Textilpflege, Bildungsverlag EINS GmbH Troisdorf • Behrends, R.: Haushaltspflege, Verlag Eugen Ulmer & Co Stuttgart • Behrends, R.: Textilpflege, Verlag Eugen Ulmer & Co Stuttgart • Böhme/Grüning/Liersch/Pfaller/Scholz/Steggewentz: Fachwissen Gebäudereinigung, Verlag Europa-Lehrmittel GmbH & Co. KG Haan-Gruiten • Bubke/Hemmersbach/Keden: Lernsituationen Hauswirtschaft, Lernfelder 1-4, 7, Bildungsverlag EINS GmbH Troisdorf • Bundesanstalt für Arbeitsschutz: Sicherheit im Haushalt • Busse, Hloch, Lichtenberg, Schmidt-Weller, Schwartau-Schuldt: Haushaltsführung aktuell, Verlag Handwerk und Technik GmbH Hamburg • Das Online-Fachlexikon rund ums Bauen – Für Architekten und Planer – baunetzwissen.de (www.baunetzwissen.de, gefunden am 30.8.2011) • Dietz, P.: Erfolgsbuch Haushaltstechnik in der Hauswirtschaft, Hans Holzmann Verlag GmbH & Co KG Bad Wörishofen • Doering, A.-L.: Haus- und Textilpflege, Verlag Handwerk und Technik GmbH Hamburg • Eberle/Hermeling/Hornberger/Menzer/Ring: Fachwissen Bekleidung, Verlag Europa-Lehrmittel GmbH & Co. KG Haan-Gruiten • Ernzerhof, P.: Checkkarten zur Hausreinigung, Schneider Verlag Hohengehren GmbH • Fontaine: Technologie für Bekleidungsberufe, Bildungsverlag EINS GmbH, Troisdorf • fundus, Fachmagazin für die Hauswirtschaft, Reinhardt + Reichenecker GmbH, Industriestraße 45, 72585 Riederich • Gensthaler, C.: Hauswirtschaft heute Fachstufe, Bildungsverlag EINS GmbH Troisdorf • Gensthaler, C.: Hauswirtschaft heute Grundstufe, Bildungsverlag EINS GmbH Troisdorf • Hauptberatungsstelle für Elektrizitätsanwendung e.V., HEA-, Verlags- und Wirtschaftsgesellschaft für Elektrizitätswerke m.b.H., VWEW, Frankfurt • Hauthal, H.G./Wagner,G.: Reinigungs- und Pflegemittel im Haushalt, Verlag für chemische Industrie H. Ziolkowsky GmbH Augsburg • Henkel KGaA Beratung Anwendungstechnik: Informationsschrift, Düsseldorf • Hloch, H.G./Krüßmann, H./Puchta, R./Stübler, E.: Reinigung und Pflege von Textilien im Haushalt, Verlag Neuer Merkur GmbH München • Huth, E.: „Bewusst bewegen", in: Rationelle Hauswirtschaft 24. 8. 1997 • Industrieverband Körperpflege und Waschmittel e.V.: Produktinformation, Frankfurt • Klug/Simpfendörfer: Haushaltsführung – Reinigungsarbeiten, Verlag Handwerk und Technik GmbH Hamburg • Langhoff, A.: Arbeitsgestaltung und Unfallverhütung, Verlag Handwerk und Technik GmbH Hamburg • Lutz, W.: Lehrbuch für Reinigungs- und Hygienetechnik, ecomed Verlag, Landshut • Lutz. W.: Handbuch Reinigungs- und Hygienetechnik, 28. Ergänzungslieferung: Huth, E.: Ergonomie und Gesundheitsschutz, 4/2000, 29. Ergänzungslieferung: Huth. E.: Arbeitsplatzbezogenes Lernen – am Beispiel „Bewusst bewegen", 6/2000. 30. Ergänzungslieferung: Huth. E. Gefährdungsbeurteilung für Reinigungsarbeiten – am Beispiel der Schulreinigung. 9/2000. Ecomed Verlag. • Mehringer, S./Mitschek, C.: Haushaltstechnik, Bildungsverlag EINS GmbH Troisdorf • Mitschek, C./Mitschek, L./Schabacker, M./Strehler, A.: Planen, Bauen, Wohnen, Verlag H. Stam GmbH Köln • Naarmann, H./Nesso, M.J.L.: Arbeit planen, steuern, gestalten, Verlag Handwerk und Technik GmbH Hamburg • Reinigungs Markt, Fachmagazin für Gebäudereinigung, -management, -technik und Hygiene, Knittler Medien GmbH, Mindersbacher Str. 3, 72224 Ebhausen • rhw rationelle Hauswirtschaft und rhw praxis, Verlag Neuer Merkur GmbH, Paul-Gerhardt-Allee 46, 81245 München • Ruhl, T.: Ideen im Haushalt, HEEL Verlag GmbH Königswinter • Schinkel, A.: Reinigungstechnologie, Bildungsverlag EINS GmbH Troisdorf • Schlieper, C.: Hauswirtschaft braucht Helferinnen und Helfer, Verlag Handwerk und Technik GmbH Hamburg • Schlieper, C.: Lernfeld Hauswirtschaft, Verlag Handwerk und Technik GmbH Hamburg • Schwartau-Schuldt, S.: Umweltfreundlich haushalten, Verlag Handwerk und Technik GmbH Hamburg • Simpfendörfer/Klug: Haushaltsführung und Haushaltspflege, Verlag Handwerk und Technik GmbH Hamburg • Simpfendörfer/Klug: Haushaltsführung als Dienstleistung, Verlag Handwerk und Technik GmbH Hamburg • Sinn/Reiter/Wieter: Wäschepflege im Haushalt, Verlag Handwerk und Technik GmbH Hamburg • Test, Stiftung Warentest, Lützowplatz 11-13, 10785 Berlin • Verbraucherzentrale Baden Württemberg e.V., Betrifft: Textilien 1998 • Verlag- und Wirtschaftsgesellschaft für Elektrizitätswerke mbH., VWEW: Strompraxis,Frankfurt • Völker, U./Brückner, K.: Von der Faser zum Stoff, Verlag Handwerk und Technik GmbH Hamburg

Bildquellenverzeichnis

Aktion DAS SICHERE HAUS, Deutsches Kuratorium für Sicherheit in Heim und Freizeit e. V. (DSH), Hamburg: S. 13/1 • Alno AG, Pfullendorf: S. 112/4 • Armstrong DLW AG, Bietigheim-Bissingen: S. 90/1 • Bauknecht Hausgeräte GmbH, Schorndorf: S. 59/1; 67/1 • BERNINA Nähmaschinen GmbH, Steckborn/Schweiz: S. 158/1 • Beuth Verlag GmbH, Berlin, wiedergegeben mit Erlaubnis des DIN Deutsches Institut für Normung e.V. Maßgebend für das Anwenden der DIN-Norm ist deren Fassung mit dem neuesten Ausgabedatum, die bei der Beuth Verlag GmbH, Burggrafenstraße 6, 10787 Berlin, erhältlich ist: S. 15 • Bremer Baumwollbörse, Bremen: S. 35/1 • Buzil-Werk Wagner GmbH & Co. KG, Memmingen: S. 101/5 • Candy Hoover GmbH, Ratingen: S.60/6; 61/1 • Centralin Gesellschaft, Kirchner GmbH & Co. KG, Mettmann: S. 126/3 • COLLO GmbH, Bornheim: S. 132/3; 133/1 • Dalli-Werke GmbH & Co. KG, Stolberg: S. 52/4 • Deutsches Rotes Kreuz, Generalsekretariat Berlin: S. 17/3 • dpa-Infografik GmbH, Frankfurt/M.: S. 11/1 • 3M Deutschland GmbH, Neuss: S. 101/4; 106/3; 117/2 • Electrolux Hausgeräte Vertriebs GmbH, Nürnberg: S. 70/1 • Euromop Deutschland, Remagen: S. 109/6 • European Commission, Brüssel, S.62/1 • Fakir-Hausgeräte GmbH, Vaihingen: S. 144/4 • Fissler GmbH, Idar-Oberstein: S. 126/1 • fit GmbH, Hirschfelde: S. 52/5 • Fotolia Deutschland, Berlin, © www.fotolia.de: S. 31/1 (Picture-Factory); 132/2 (Pixelot) • Gastro-Cool GmbH & Co. KG, Kaarst (Küchen-Schotte ®): S. 135/1; 136/1 • W. L. Gore & Associates GmbH, Feldkirchen-Westerham: S. 42 • Groupe SEB Deutschland GmbH, Offenbach/Main: S. 45/4; 75/1 • Hailo-Werk, Haiger: S. 73/2; 74; 75/2; 110/6,7 • HEA – Fachgemeinschaft für effiziente Energieanwendung e. V., Berlin: 113/1 • Henkel KGaA, Düsseldorf: S. 52/3,6; 56/3 • Hülsta-Werke, Stadtlohn: S. 89/1 • HVBG, Sankt Augustin: S. 12/2,3 • Ideal Standard GmbH, Bonn: S. 112/1 • Ikea Deutschland GmbH & Co. KG, Hochheim-Wallau: S. 8/1 • Imperial-Werke GmbH & Co., Bünde: S. 122/2 • Internationaler Verband der Wasch-, Pflege- und Reinigungsmittelhersteller (A.I.S.E.), Brüssel: S. 57; 64; 104/2-4 • Alfred Kärcher GmbH & Co. KG, Winnenden: S. 113/4,5; 115; 116/1,3; 117/3; 144/2,5,8 • Krüper, Werner, Steinhagen: S. 25/1; 27/1 • LANXESS AG, Leverkusen: S. 51/2 • Karlhans Lehmann GmbH, Neustrelitz: S. 111/2 • Matzen, Käthe, Hamburg: S. 152/1 • Meissner Bleikristall GmbH, Meissen: S. 118/4 • MFB Friedhelm Beseke, Langenfeld: S. 128/4 • Miele + Cie. KG, Gütersloh: S. 32/1; 58/1; 62/4; 69/2,3; 76; 77/1; 78/1; 113/3; 114/1-4 • MKF GmbH Repräsentanz Deutschland, Jutta Kalina, Mühltal: S. 77/2 • Nilfisk-Advance, Rellingen: S. 144/7 • Parador GmbH & Co. KG, Coesfeld: S. 146/2 • Poliboy Brandt & Walther GmbH, Bremen: S. 100/1; 126/4 • Procter & Gamble Service GmbH, Schwalbach am Taunus: S. 52/1,2 • Prothmann, Rolf: „5 Minuten Zeit für Sicherheit", Jedermann-Verlag, Heidelberg: S. 103/1 • Real-SB-Warenhaus GmbH, Düsseldorf: S. 48/2 • RÖMERTOPF Keramik GmbH, Ramsbach-Baumbach: S. 131/1 • RUSSKA Ludwig Bertram GmbH, Laatzen: S. 112/3 • Sanfor Service, Trade Mark, Cluett, Peabody & Co. Inc., Henfenfeld: S. 44/1,4,5 • Schürr Schuhvertrieb GmbH, Schwarzenbach a.d. Saale: S. 11/3 • Siemens AG, München: S. 58/2; 73/1; 75/3 • Simon, Margarete, Fichtenberg: S. 37/5; 38/2; 43/2; 45/3; 50/1; 78/2; 133/2; 135/2; 136/2; 137 • Heinrich Steffensmeier GmbH & Co. KG, Essen: S. 143/1 • Stiftung Warentest, test 10/2006 (Kati Hammling): S. 68/4,5 • teamdress Stein Deutschland GmbH, Hamburg: S. 11/2 • Theophel, Eberhard, Gießen: S. 120 • Thermo-Tex Nagel GmbH, Schuttenwald: S. 174/2,3 • Tilo GmbH, Lohnsburg/Österreich: S. 146/1 • Ungerer, Prof. Dr. Otto: Der gesunde Mensch (HT 4181), Hamburg: S. 18/2-4 • Verlag Europa-Lehrmittel, Nourney, Vollmer GmbH & Co. KG, Haan-Gruiten:, aus „Fachwissen Gebäudereiniger", 1. Aufl.: S. 116/2 • Verlag Handwerk und Technik GmbH, Hamburg: S. 2; 3/1-4; 4; 5; 6; 7/1; 20/4; 36/4; 39/2; 46/1,2; 47/2; 55/2; 60/1; 69/1; 102; 110/8; 118/2,5; 121/1,3; 125/3; 128/2; 129/2; 130; 131/4; 153/2; 174/1 • VERMOP Salmon GmbH, Wertheim: S. 96/1; 101/3; 108; 109/1,2; 110/1,5; 111/1,3-5 • Vileda GmbH, Weinheim: S. 106/2; 109/4,5,11 • Weller, Jürgen, Schwäbisch-Hall: S. 7/2,3; 10/1; 13/2; 19; 20/1; 21/2; 25/2; 29; 38/3; 41/3,4; 45/1,2; 46/3; 49/6-8; 63/2-4; 70/2; 72/9; 81/4; 86; 89/4; 91; 92; 93; 96/2; 100/2; 101/1,2; 105/1-7; 106/1; 117/4; 119/2; 122/1; 123; 124; 125/2; 126/2; 127; 129/1; 131/2,3; 141/2; 142; 146/3; 149/3; 151/2,3; 154; 155/1; 156; 158/2; 159/1-4,6; 160/4; 161/1; 173/1,2 • WMF AG, Geislingen/Steige: S. 118/3 • www.scala-murgasse.at: S. 125/1

Illustrationen: Scott Krausen, Mönchengladbach

S

T

U

V

W

Z